面向未来的智慧学习场景

数字化转型背景下的学校教与学

吴悦 钟杨 主编

华东师范大学出版社

·上海·

图书在版编目（CIP）数据

面向未来的智慧学习场景：数字化转型背景下的学校教与学 / 吴悦，钟杨主编. -- 上海：华东师范大学出版社，2025. -- ISBN 978 - 7 - 5760 - 6018 - 8

Ⅰ. G42

中国国家版本馆 CIP 数据核字第 2025TC6384 号

面向未来的智慧学习场景
——数字化转型背景下的学校教与学

主　　编　吴　悦　钟　杨
责任编辑　黄诗韵
责任校对　王丽平
装帧设计　卢晓红

出版发行　华东师范大学出版社
社　　址　上海市中山北路 3663 号　邮编 200062
网　　址　www.ecnupress.com.cn
电　　话　021 - 60821666　行政传真 021 - 62572105
客服电话　021 - 62865537　门市(邮购)电话 021 - 62869887
地　　址　上海市中山北路 3663 号华东师范大学校内先锋路口
网　　店　http://hdsdcbs.tmall.com

印 刷 者　常熟高专印刷有限公司
开　　本　787 毫米×1092 毫米　1/16
印　　张　20.5
字　　数　360 千字
版　　次　2025 年 4 月第 1 版
印　　次　2025 年 4 月第 1 次
书　　号　ISBN 978 - 7 - 5760 - 6018 - 8
定　　价　98.00 元

出 版 人　王　焰

目 录

序　言

上海市娄山中学创建于1965年,学校校园环境优美,教学设施齐全,是长宁区一所深受老百姓欢迎的优质初中。在当今信息爆炸、技术日新月异的时代,如何直面数字时代教育领域前所未有的变革与挑战,实现跨越式发展,是学校面临的新课题。

2021年初,长宁区成为全国首个教育数字化转型实验区,这给娄山中学的发展带来了千载难逢的机遇。为顺应长宁区教育数字化转型的大势,全校上下共同谋划,描绘出一幅初中学校数字化转型的宏伟蓝图。

《面向未来的智慧学习场景——数字化转型背景下的学校教与学》这本书正是在这样的背景下应运而生的。本书的作者都是学校的一线教师,他们既是学校蓝图的描绘者,也是学校数字化转型的耕耘者。正是他们探索实践,努力进取,使学校始终走在长宁区教育数字化转型的前列。

在这本书中,我们可以看到,智慧学习场景的构建是一个多维度、多层次的过程,涉及政策的引领、问题的直面、发展的赋能、教学的创新、教研的生态、成效的评估等多个方面。对这些内容进行深入探讨,不仅为我们提供了一个全面了解智慧学习场景的窗口,更为我们指明了实现教育数字化转型的具体路径。

特别值得一提的是,本书在探讨智慧学习场景的构建时,不仅关注了技术的应用,还强调了人的主体性。无论是提升师生的数字素养,还是变革学生的学习方式,都体现了以人为本的教育理念。这种以人为中心的教育创新,正是我们所倡导和追求的。

本书的作者们以敏锐的洞察力捕捉到了教育数字化转型的脉搏。他们通过深入的实践和研究,积累了宝贵的经验和启示。本书不仅系统地阐述了智慧学习场景的理论基础,更通过丰富的案例分析,展示了智慧学习场景在不同学科中的创新应用,对于推动教育实践的深入发展具有重要的指导意义。

作为教育者,我们深知教育的数字化转型是一项系统工程,需要政府、学校、教师、学生以及社会各界的共同努力。本书的出版为我们提供了一个交流和学习的平台,我期待更多的教育工作者投身于教育数字化转型的实践中,共同推动教育的创新发展。

最后,我要感谢所有为本书的出版付出努力的作者、编辑和工作人员。

我相信,随着本书的出版,我们对智慧学习场景的理解将更加深入,对教育数字化转型的探索将更加坚定。让我们携手并进,共同迎接教育的数字化未来。

谨以此序,庆祝本书成功出版!

原上海市娄山中学校长　钟　杨
2024 年 11 月

前　言

　　长宁教育始终以建设质量一流的活力教育为目标，即顺天性而教，循规律而育，激发师生生命潜能，实现师生自由而全面的发展。通过教育数字化转型的激发，转变了教与学的方式，推动了区域教育的高质量发展。上海市娄山中学积极响应区域教育发展的号召，努力把打造以学生为中心的智慧活力育人场作为学校教育数字化转型的着眼点和立足点。与师生的智慧对话、与时代的脉搏共鸣，每一次思考都是对既有认知的挑战，每一个笔触都凝结着对真理不懈追求的汗水。

　　本书旨在通过探索教育数字化转型的学校实践路径，强调改变育人方式的重要性。我们认为，关键在于利用更智慧的学习环境、更智慧的学习内容和更智慧的学习方式，共同打造一个智慧活力育人场。这个育人场始终以学生为中心，使学生进入学校就能感受到学习氛围，获得学习资源，在人文气息中受到学习熏陶。被数字赋能的育人场让学生始终能够得到教育和成长，为他们的全面发展奠定坚实的基础，进而推动学校教育实现高质量发展。

　　本书将深入探索和发现数字赋能教学方式转型的关键点，而这些创新的实践将为我们老师的实践活动带来前所未有的启示和实质性的帮助，将以更高效、更互动、更个性化的方式来打造一个育人场，推动我们的教学实践迈向新的高度。

一、智慧学习场景的框架构建

　　在实践探索中，我们直面教学化转型过程中学校所面临的问题和挑战，进一步认识了数字化转型背景下学校育人的内涵，以及如何通过政策的引导来实现教育目标与技术发展的和谐统一，并通过深入分析解决策略，逐步实现数字化有效赋能教育发展，提升师生数字素养，变革学生的学习方式。我们的意图是为教育工作者提供一个清晰的路线图,帮助他们在教育的数字化浪潮中,不仅能够适应变化,更能够引领变化。

本书展示了智慧学习场景的宏伟蓝图,详细描绘了其总体构想(见下图),这是我们研究的基石。我们将深入探讨智慧学习场景的原型设计、内容建设以及实践应用,这些要素构成了我们研究的核心。

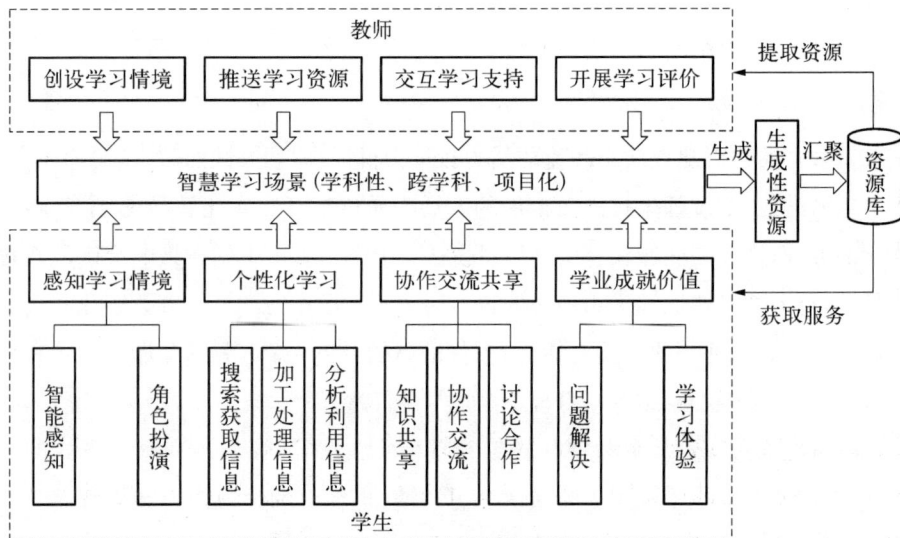

智慧学习场景应用示意图

我们坚信,智慧学习场景的构建不仅是教育数字化转型的关键,更是引领学生进入一个全新学习纪元的灯塔。它将为学生提供充满智慧的学习环境、学习内容和学习方式,激发他们的潜能,从而促进他们全面发展。

二、 智慧学习场景的内容研究

本书将全面剖析构建智慧学习场景的精髓,依次深入探讨智慧学习场景的本质、特征、构建原则、价值诉求、原型设计、内容建设。这些分析研究旨在提供一个清晰的思路,帮助我们理解智慧学习场景的核心要素,并探索如何有效地将其应用于实际教学中,以促进学生的全面发展和教育的创新。

(一)智慧学习场景的原型设计

这一研究基于当前课程改革的要求,以学生为中心,以培养学生面向未来的学习力为核心理念。我们将探讨学习场景的情境性、互动性、连通性、个性化、多样化等关键要素,并进行顶层设计。这不仅为智慧学习场景的构建提供了理论基础,而且为实现学与教方式的变革、提高教学效能提供了实践指导。

我们相信,通过深入研究智慧学习场景的原型设计,我们可以为教育工作者提供有力的工具和策略,以支持他们在教育实践中的创新和改进。这不仅是智慧学习场景建设与应用的前提,更是推动教育现代化的关键一步。

(二)智慧学习场景的内容建设

随着5G、AI、大数据等前沿技术的发展,我们有机会构建一个全新的智慧服务平台和一系列典型的学习场景。这些平台和场景将支持线上与线下、虚拟与现实、课内与课外的全场景教与学应用,实现精准化教学、可视化教学、个性化学习,以及智能化评测和科学化管理。这不仅是智慧学习场景建设与应用的基础,更是教育现代化的重要里程碑。

目前,我校已借助长宁区数字基座的建设,成功构建了智慧服务平台,并根据学校的实际情况以及教师与学生的数字化需求,打造了多个典型学习场景。这些场景包括满足学科常态化教与学的智慧教室,面向国家课程、基础课程领域打造的数字化智慧教室,以及面向探究、拓展课程和综合活动的智慧空间。我们还建立了电视台级别的新闻演播室、智慧AI乒乓教学系统、流动图书馆等学科类智慧学习场景,并构建了跨学科学习场景。

在信息化、网络化的时代背景下,我们的创新实验室不再局限于传统的物理空间,而是融合了"互联网+"的思维模式,以实现资源共享、数据互通和信息的高效传递。我校构想的创新实验室硬件包括智能化阳光房、植物自然研究实验室和屋顶花园生态农场这三大核心部分,以及多功能跨学科创新教室、模拟飞行教室等数字化学习中心。通过这些创新实践,我们可以为教育工作者提供有力的工具和策略,以支持他们在教育实践中的创新和改进。

三、智慧学习场景的特色营造

近年来,我校在区教育局的关心和大力支持下,在教育数字化环境建设方面取得了显著进展,初步形成了泛在的学习环境,让有形有限的物理空间得以拓展为无形无限的数字空间,为学生打开了更广阔的自主学习天地。

（一）"底座"打造数字化的常态智慧教室

学校的常态教室已全部完成数字化配置,并建设了智慧教学平台,配备了常态化录播设备。教室门前的电子班牌不仅展示学校活动、班级风采,发布学校通知和学生个人成长足迹,还实现了家校互动、校长信箱等功能。同时,灯光、扩音和纸笔设备等所有电子设备全部接入学校物联管理系统。

（二）"三方"赋能数字化的学习活动中心

学校建设了多个学习活动中心,以满足学生多样化的学习需求。其中,自然和环境智能学习研究中心由智能化阳光房、植物自然研究实验室和屋顶花园生态农场三部分组成(见左图),通过实时信息采集技术实现空间的互联互通和设备的信息共享。此外,我们还有多功能跨学科创新教室、模拟飞行教室和校园电视台等,为学生的个性化和跨学科学习提供了丰富的资源和条件。

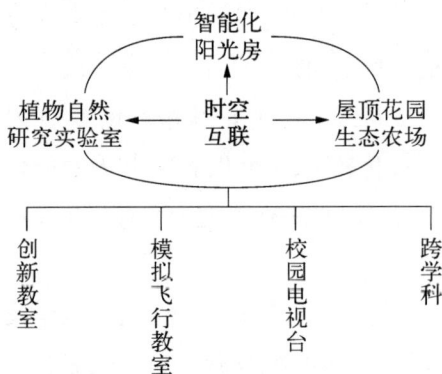

数字化学习活动的时空互联网

（三）"五育"并举

我校在各楼层共享区域建设了五个开放式数字化的"五育"学习智慧空间,分别是学史空间、AI体育与健康融合创新空间、创新空间、艺术空间、科技空间。基于数字化与虚拟现实技术,这些空间增强了学习的时空感和细节感,在为学生创造自主学习条件的同时,也为跨学科的拓展学习提供了可能性,促进了学生德智体美劳全面发展。

四、智慧学习场景赋能的主要内容

教育数字化转型改变了学校的教育生态,也必然引领学习内容的变革。在数字化背景下,人工智能时代的学习内容必须是科学的、智能的,要有利于学生综合素养的提升,尤其要注重培养学生的科学精神和创新实践能力。

（一）在国家课程校本化中增强人工智能学习内容

在我校的信息科技课程中,我们融入了算法教学,采用差异化教学策略,以满足不同层次学生的学习需求。这种因材施教的教学方式不仅提升了学生的计算思维,而且为他们未来在信息技术和人工智能领域的深入学习和职业发展奠定了坚实的基础。

（二）在拓展学习中引入人工智能学习内容

我们依托中央电教馆人工智能课程设计了"花园里的人工智能"单元教学，将机器学习、大数据技术和智能语音技术等内容的学习融入单元教学中，以问题解决为导向，融合跨学科知识，连接生活经验，让学生亲身体验人工智能在生态保护和可持续发展中的应用。

（三）在学科实践中开发人工智能学习内容

生境花园课程依托数字基座，以项目化学习为形式，已经成了学校的网红课程，不仅深受学生们的喜爱，也受到了社会各界的关注。此外，我们还开发了实验感知、电子技术、视频采播等学习内容，真正让人工智能学习成为学校课程的重要组成部分。

五、 智慧学习场景的的践行特点

教育数字化转型的学校实践除了解决"学什么"的问题，更重要的是要解决"怎么学"的问题。为了让学生学得更主动、更有活力、更高效、更有智慧，我们从学生的身心发展和个性特点出发，创新了更多样的学习方式。

（一）营造"情境＋互动"的学习场景

利用具体的情境和话题，以及各种形式的互动与体验，让学生在学习中沉浸感受、互动交流、自主探究和协作学习。数字赋能教学，利用多媒体显示、虚拟现实技术等手段，让教学环境更情境化、更沉浸式。

（二）引导"自主＋探究"的学习方式

教育数字化转型使学习方式的多样化成为可能。无论是在学科教学还是在跨学科教学中，我们都注重培养学生的自主学习和探究学习能力，通过整合学习内容、学习资源以及学习情境，帮助学生进行探究学习，发展思维能力和创造性解决问题的能力。

（三）打造"数据＋精准"的教学模式

教育数字化转型为课堂教学提供更多更有效的技术支持，我校在此基础上逐渐形成了数据驱动精准教学的"三阶两定一动"靶向教学模式：课前定学情分析、教学目标，动态推送学习资源；课中定教学策略、评价标准，动态调整教学深度、广度和节奏；课后定分层教学方案、个性辅导策略，动态完善高精准数字作业。以学生核心素养培育为靶心，依托纸笔作业的伴随式数据分析，以学定教，实施靶向教学，提质增效。

六、 结语与启示

在数字化转型背景下,不同学科教研组通过创设智慧学习场景来实现教学创新,推动各教研组的发展与提升。语文学科通过沉浸式学习,创设智慧学习场景,让学生深入体验语文学习内容;数学学科采用精准化教学方法,通过智慧学习场景来提高教学的针对性和效果;英语学科为实现教学评的一致性,即教学、学习、评价的整合,运用智慧学习场景来提升学习效率;政史学科则利用数字情景化手段,数字化展现学科内容,增强学生的学习体验;理化学科通过数字化实验来模拟实验场景,提高学生对科学实验的理解和操作能力;艺术学科采用代入融合式教学,借助智慧学习场景让学生更好地体验和理解艺术与音乐;地理、生物学科利用虚拟增强现实技术,创设生动的学习场景,激发学生对生物和地理学科的兴趣;体育学科通过数字智能化手段,将体育教学与科技结合,增强体育教学的互动性和趣味性;信息技术学科通过设计具有作业拓展性的智慧学习场景,鼓励学生在完成作业的同时,拓展知识面和提升技能。每个学科都强调了智慧学习场景的三个阶段——思考与创设、实践与探索、应用与成效,这体现了从理论到实践再到评估的良性过程。

我们相信,通过大家的共同努力,我们一定能够充分利用数字化技术,为学生提供更加丰富、更加个性化的学习方式和方法,迎接教育数字化转型的美好未来,为培养未来的创新人才贡献我们的力量。

上海市娄山中学校长　吴　悦

第一章

智慧学习场景打造的多重背景

第一节　政策引领：数字化转型背景下学校育人发展新要求

在全球化的浪潮中，新一轮科技与产业革命正悄然推动社会生产力的革新。与此同时，互联网和人工智能等前沿技术迅猛发展，正全面重塑教育的面貌。信息社会的发展对教育的高质量、公平性以及个性化提出了更高的要求。2012 年，《教育信息化十年发展规划（2011—2020 年）》提到"以建设优质教育资源和信息化学习环境为基础，创新学习方式和教育模式为核心，致力于构建个性化、终身学习的信息化环境与服务"①，并明确指出 2020 年要形成与国家教育现代化发展目标相适应的教育信息化体系。我国开始以教育信息化逐步推进教育现代化。

"十三五"期间，党的十九大报告强调了"网络教育"的重要性，标志着我国正式进入教育信息化 2.0 时代②。2019 年，国家层面针对 2035 年的远景目标发布了纲领性文件《中国教育现代化 2035》，文件中提出了"加快信息化时代教育变革"的战略目标，并着重指出了"构建智能化校园，并统一建设一体化智能化教学、管理与服务平台"的重要性，为新时代教育现代化指明了方向③。同年，中共中央在《中共中央关于坚持和完善中国特色社会主义制度推进国家治理体系和治理能力现代化若干重大问题的决定》中提出："发挥网络教育和人工智能优势，创新教育和学习方式，加快发展面向每个人、适合每个人、更加开放灵活的教育体系，建设学习型社会。"④

"十四五"期间，我国大力推动信息技术与教育的融合，一系列不同层面的国家政

---

① 中华人民共和国教育部.教育部关于印发《教育信息化十年发展规划（2011—2020 年）》的通知[EB/OL].（2012 - 03 - 13）[2022 - 04 - 21]. http://www. moe. gov. cn/srcsite/A16/s3342/201203/t20120313_133322.html.

② 吴砥,李环,尉小容.教育数字化转型：国际背景、发展需求与推进路径[J].中国远程教育，2022(07)：21 - 27,58,79.

③ 杨小微.迈向 2035：中国教育现代化的目标定位[J].华中师范大学学报（人文社会科学版），2019,58(05)：38 - 44.

④ 中共中央关于坚持和完善中国特色社会主义制度　推进国家治理体系和治理能力现代化若干重大问题的决定[J].中国民政，2019(21)：6 - 16.

策均表明当前教育数字化转型已经成为我国教育改革的发展方向①。2021年,国务院印发的《中华人民共和国国民经济和社会发展第十四个五年规划和2035年远景目标纲要》强调推动教育等重要领域的数字化服务普惠应用②。同年7月,《关于推进教育新型基础设施建设构建高质量教育支撑体系的指导意见》提出了"以教育新基建推动线上线下教育的创新发展"的教育数字化转型发展方向③;11月,中央网络安全和信息化委员会在《提升全民数字素养与技能行动纲要》中进一步明晰了推动教育数字化转型的行动路径,即"加快建设完善数字基础设施,全面推进数字校园建设,建成一批智慧教室、智慧教学平台、虚拟实验室、虚拟教研室等,全面提升数字化水平",并重点指出提升全民数字素养与技能势在必行④。2022年,党的二十大报告再次强调"推进教育数字化,建设全民终身学习的学习型社会、学习型大国"⑤。教育部自2022年起实施教育数字化战略行动,强调加快教育数字化建设是信息技术和现代教育融合发展的必然要求。2023年5月29日,习近平总书记在中共中央政治局第五次集体学习中强调"教育数字化是我国开辟教育发展新赛道和塑造教育发展新优势的重要突破口"⑥。学校作为贯彻思想教育和承载教育活动的主阵地,是教育改革实践的中心。因此,面对教育数字化转型的趋势,学校应当主动把握机遇,肩负起数字化时代下的育人使命。

近年来,教育数字化转型的定义层出不穷。在普遍意义上,教育数字化转型指将数字技术整合到教育领域的各个层面,促使教育要素、教育业务、学习范式、教育场景

---

① 祝智庭,胡姣.教育数字化转型的实践逻辑与发展机遇[J].电化教育研究,2022,43(01):5-15.

② 中华人民共和国国民经济和社会发展第十四个五年规划和2035年远景目标纲要[EB/OL].(2021-03-12)[2022-04-21].https://www.gov.cn/xinwen/2021-03/13/content_5592681.htm.

③ 教育部等六部门.教育部等六部门关于推进教育新型基础设施建设构建高质量教育支撑体系的指导意见[EB/OL].(2021-07-08)[2022-04-21].http://www.moe.gov.cn/srcsite/A16/s3342/202107/t20210720_545783.html.

④ 中央网络安全和信息化委员会.提升全民数字素养与技能行动纲要[EB/OL].(2021-11-05)[2022-04-21].http://www.cac.gov.cn/2021-11/05/c_1637708867754305.htm.

⑤ 习近平.高举中国特色社会主义伟大旗帜 为全面建设社会主义现代化国家而团结奋斗[N].人民日报,2022-10-26.

⑥ 习近平主持中央政治局第五次集体学习并发表重要讲话[EB/OL].(2023-05-29)[2023-12-07].https://www.gov.cn/yaowen/liebiao/202305/content_6883632.htm.

全面数字化,以构建开放性、适应性、永续性的良好教育生态①。这为数字技术与教育领域的深度融合提供了全方位、全业务、全流程的引领②。而学校层面教育数字化转型的着力点体现在智慧学校建设,通过推动学校环境、教育应用、组织管理、文化生态等全业务流程的数字化变革与创新,构建高质量现代化的学校教育体系。《中华人民共和国国民经济和社会发展第十四个五年规划和2035年远景目标纲要》将智慧教育列入十大数字化应用场景③。《"十四五"数字经济发展规划》要求深入推进"智慧教育示范区"建设④。智慧教育作为教育数字化的新样态,涉及智慧学习环境、新型教育模式、现代教育制度等,是推进教育数字化转型的重要抓手,也是促进教育公平的必然选择。

上海教育数字化转型离不开城市数字化转型的有力支撑。2021年,上海重点推进11项生活数字化转型重点场景,教育方面是打造一批以数字化赋能为特征的示范学校,推广数据驱动的大规模因材施教、线上线下融合教学等数字化教育模式,构建优质教育数字资源库。同年8月,上海成为全国首个教育数字化转型试点区,这标志着其在教育创新和数字化应用方面迈出了重要一步。随后,上海作为国内教育数字化转型的先行者,积极推进一系列数字化赋能的教育政策与实践。上海市教育委员会研制了一套独具上海特色、面向未来的教育数字化转型方案。该方案在《上海市教育数字化转型实施方案(2021—2023)》和《上海市教育数字化转型"十四五"规划》中为不同时间节点设定了清晰的阶段性发展目标。围绕数字基座、新型基础设施、在线教学等方面,上海市教委发布《学校数字基座需求说明与建设标准(试行)》等文件,逐步细化统一的学校数字基座建设标准。2022年,为促进学校信息化环境建设,《关于进一步促进本市义务教育学校建设的实施意见》进一步明确了学校数字基座、校园网改造、基础设施配备等方面的建设规范。在市教委的政策指导和激励下,上海各区教育部门积极

---

① 祝智庭,胡姣.教育数字化转型的本质探析与研究展望[J].中国电化教育,2022(04): 1-8,25.

② 聂竹明,张迪.基于教育数字化转型要素的智慧学校评估指标体系构建[J].现代远程教育研究,2024,36(01): 73-83,112.

③ 中华人民共和国国民经济和社会发展第十四个五年规划和2035年远景目标纲要[EB/OL]. (2021-03-12)[2022-04-21]. http://www.gov.cn/xinwen/2021-03/13/content_5592681.htm.

④ 国务院.国务院关于印发"十四五"数字经济发展规划的通知[EB/OL].(2022-01-12)[2022-04-21].http://www.gov.cn/zhengce/content/2022-01/12/content_5667817.htm.

响应,结合本区域的实际情况和发展需求,探索并实施具有区域特色的教育创新路径①。长宁区是上海市唯一的教育数字化转型实验区。近年来,长宁区以"数据""基础设施""生态系统"为三大支柱,制定了"1234N"的数字化转型战略。"1"代表创建一个以数据、技术和应用融合为核心的智慧教育生态系统;"2"意味着构建"区级-校级"两级数字化基础设施;"3"涉及丰富标准化接口、开放性数据仓库和数据资源等三类数字资产;"4"旨在推动智慧空间、智慧学习、智慧评价和智慧治理等四大核心功能的创新转型;"N"代表开发覆盖教育评价、教学管理、行政办公、教辅后勤和信息服务等多个领域的应用场景。通过这一战略规划,长宁区致力于推动教育数字化转型,构建一个开放、互联、智能的教育生态系统,为师生提供更加个性化、高效和创新的教育体验②。作为区内一所有影响力的大体量初级中学,不断探索数字技术赋能教育教学的新途径,是我校义不容辞的责任。

在"互联网+教育"的实践探索中,技术的深入应用催生了一系列创新学习模式。技术与教育的深度融合打破了传统学习时空的局限,实现了多维空间的融合,极大地丰富了学习者的学习体验。在技术与教育信息化的相互作用下,智慧学习、场景化学习等新兴教育模式应运而生,为教育领域带来了革命性的变革。然而,目前关于学习场景的讨论多集中于场景概念本身,也有部分文章研究场景的技术支持,讨论方向和内容较为分散,针对场景化学习的案例分析以及发展状况的研究也很少。本研究从学校的真实问题出发,系统深入地进行智慧学习场景的构建和应用,深化建构主义、联通主义等学习理论在智慧学习场景下的应用,丰富智慧学习场景研究的范围和案例,为基础教育中技术赋能教学的相关研究提供良好的思路借鉴。

---

① 李海伟,王龚,陆美晨.教育数字化转型的路径探索与上海实践[J].华东师范大学学报(教育科学版),2023,41(03):110-120.
② 奚晓丽.上海整体性推进教育数字化转型[J].上海教育,2021(34):6-7.

第二节 直面问题：数字化转型升级对学校发展带来的问题与挑战

一、学校数字化转型演变

2020年3月新冠疫情的暴发无疑成了我校教育数字化探索的重要转折点，它促使我校从基础阶段迈向了深化的新阶段。在此之前，作为长宁区"十二五""十三五"信息科技教学示范点，我校经过多年的信息化建设，已经拥有部分信息化系统。在普通教室、专用教室、办公室、实验室等均已设置了有线网络接口，在教学楼内每个楼层也已覆盖了无线网络。普通教室、专用教室、实验室均配备了交互式多媒体设备。此外，学校还配备了两间录播教室和一套移动录播设备，为摄录教育教学活动提供支持。

2020年初，一场突如其来的新冠疫情将在线教育推向了大众视野，首次实现了线上教学对线下教学的全面替代。这场在线教育活动是前所未有的，它不仅是一个全面提高教师信息素养的项目，也是对未来教育的一次模拟。展望未来，随着"互联网＋教育"和"人工智能＋教育"的深入发展，教室将不再是教学活动的唯一场所，这将促使传统的知识获取方式、教学组织结构以及师生关系发生根本性的转变。

疫情之后，发现我校的信息设备比较老旧，功能相对单一，已无法满足现代化教学的需求，急需升级和更新。传统的教师讲、学生听的单向教学模式仍普遍存在，教师的教学理念和教学方式还需要进一步改变。如何改变？以什么为抓手？针对学校面临的这些实践难题，最终确立了以建设智能化的教学环境为手段，来改变这一现状。"智慧学习场景"研究的提出丰富了学习场景，为实现个性化学习和因材施教提供了新的技术手段，实现了师生间教与学的充分交互和同步，改变了传统教学方式，转变了学生学习方式，满足了学生的个性化学习需求，最终提高了教学效能。

2020—2021年，我校先后申报并立项了市级信息化课题"基于学生核心素养培育的'智慧教室'建设的实践研究"、上海市科研课题"提升教学效能的'智慧学习场景'构建研究",立项了区级创新团队。我校以市级科研课题为学校的龙头课题,引领学校的教育信息化探索和学校的整体发展。至此,学校的教育信息化探索之路开始走向实践,走向深入。

二、 学校数字化转型现状

自教育数字化转型以来,我国基础教育设施已得到极大的改善与发展①。截至 2022 年 9 月,我国中小学已经实现了网络的全面覆盖,99.5％的学校配备了多媒体教室。国家中小学智慧教育平台自 2022 年运行以来,已收录了 1 834 种电子教材②。基础教育设施建设发展迅速,数字化资源日渐丰富。目前,学校数字化转型已由无信息技术工具的第一道数字鸿沟转向了数字素养的"第二道数字鸿沟"③。

关于基础教育数字化转型的研究正在不断深化,这为数字化转型的深入实施奠定了坚实的基础。然而,当前仍面临一些挑战,例如缺乏转型实施的具体指导、参与主体的数字能力不足以及城乡在数字化进程中存在的差异,这些问题都可能成为推动数字化转型的障碍。数字化意识是提升数字化知识与技能、推动数字化应用的基础,更是开展智慧学校建设的第一步。当前,大部分师生、家长以及管理者都认可数字化教学,但未能深刻认识到数字技术对于教育教学的重要性,在一定程度上受限于对传统教学观念的依赖和应试教育的"惯性",表现出数字化意识不足。

其一,中小学教师普遍缺乏数字化能力和素养,使教育数字化转型流于表面。例如,在一堂应用电子设备获取学生作答数据的展示课中,授课教师过分展示分数和正确率等数据,却没有根据学生应答情况调整教学节奏,课堂依旧模式化、流程化。这样的课堂在本质仍是传统教学的翻版,学生还是被动地接受知识,并没有体现出技术对教育转型的创新与改革,甚至产生了打乱教学节奏、加重教学负担的消极影响。

其二,家长对数字化学习的观念固化,对智能学习终端的认可度不高,未能充分发

① 刘思来,薛寒.我国基础教育数字化转型动因阐释、现实困境及行动路径[J].教育理论与实践,2024,44(13):17-25.
② 金玉,汤玲,王瑞喆,等.国家中小学智慧教育平台省域推进的路径与对策研究[J].中国电化教育,2022(09):30-37.
③ 朱莎,石映辉,蒋龙艳,等.中学生信息素养水平评估工具的开发与应用研究[J].中国电化教育,2018(08):78-85.

挥引导孩子进行数字化学习的监督作用。研究发现,经历大规模在线学习后,家长对子女信息化学习的态度评分有所下降,其变化受多种因素影响。此外,家长需要提高自身的网络育人能力,引导孩子正确使用网络资源,避免沉迷于虚拟世界,同时要关注孩子在网络空间的安全。

其三,数字化设备孤立、维修管理成本高等难题也对学校数字化的长期稳定发展产生了影响。一方面,数字化设备的维护和管理成本较高,且设备之间缺乏有效的互联互通,这使数字化教学资源的整合和利用变得困难;另一方面,数字化设备的普及和应用还面临着技术支持不足的问题,许多学校缺乏专业的技术人员来维护和更新设备。

尽管如此,国家教育数字化战略行动已经全面启动,教育的全面数字化转型已成为必然趋势。2024年,教育部将纵深推进数字教育试点,选择若干地区进行全面推广,以期通过信息技术与教育的深度融合,全局化思考教育发展动力,促进教育理念的更新和教育质量的提升。在这一过程中,如何利用数字化赋能基础教育质量提升,如何通过数字化实现优质资源共享、促进教育公平成为关键问题。

未来,教育数字化转型将面临更多挑战。首先,如何进一步提升教师和学生的数字化素养是一个重要课题。教育部发布了《教师数字素养》指导文件,旨在帮助教师提升数字化教学能力,同时也鼓励家长在家庭教育中积极参与,共同推动孩子的数字化学习①。其次,数字化设备的维护和管理也是一个亟待解决的问题。一些地方已经开始探索建立数字化设备维护基金,以缓解学校的财务压力。

此外,如何保障数字化教学的公平性也是一个重要议题。数字化教育有助于缩小城乡、区域之间的教育差距,但同时也可能加剧资源分配不均。因此,如何通过政策引导和技术手段,确保每个学生都能享受到高质量的数字化教育资源,是未来教育数字化转型需要重点关注的方面。

总之,教育数字化转型是一个复杂且漫长的过程,需要政府、学校、家庭以及社会各界的共同努力。只有不断提升各方的数字化意识和能力,才能真正实现教育现代化,培养出适应未来社会发展需要的人才。

---

① 中华人民共和国教育部.教育部关于发布《教师数字素养》教育行业标准的通知[EB/OL].(2022 - 12 - 02)[2023 - 06 - 20]. http://www.moe.gov.cn/srcsite/A16/s3342/202302/t20230214_1044634.html.

第三节　赋能发展：提升师生数字素养与变革学生学习方式是必由之路

一、提升教师数字化转型胜任力

　　教育领域的数字化转型着重强调"以人为本"的核心①。教育数字化转型不仅仅局限于将数字化技术应用于教育场景中，而更要关注教育生态全流程的数字化变革，即教师能否有效运用数字技术，变革教学模式与教学方法，并能根据课堂实际重构教学内容，实现精准化教学，最终实现学生的全面发展②。广大教师作为推动教育数字化转型的重要力量，也是数字化转型的服务对象和受益者，其数字素养水平将直接影响教育数字化转型的发展进程与实际成效，因此，提升教师队伍能力与素养刻不容缓。2022 年发布的《教师数字素养》明确了教师数字素养的内涵，即教师适当利用数字技术获取、加工、使用、管理和评价数字信息和资源，发现、分析和解决教育教学问题，优化、创新和变革教育教学活动所具备的意识、能力和责任③。同年，教育部等八部门印发的《新时代基础教育强师计划》提出推进教师队伍建设信息化，挖掘和发挥教师在人工智能与教育融合中的作用④。中小学教育数字化转型的关键在于教师在思想和行动上的落实情况，提升数字素养已成为教师的"必修课"⑤。在此背景下，中小

---

① 祝智庭.教育数字化转型的内在逻辑与实践方略[J].中国教育信息化,2022,28(06)：3 - 4.

② 杜岩岩,黄庆双.何以提升中小学教师数字素养——基于 X 省和 Y 省中小学教师调查数据的实证研究[J].教育研究与实验,2021(04)：62 - 69.

③ 吴砥,桂徐君,周驰,等.教师数字素养：内涵、标准与评价[J].电化教育研究,2023,44(08)：108 - 114,128.

④ 中华人民共和国教育部.教育部等八部门关于印发《新时代基础教育强师计划》的通知[EB/OL].(2022 - 04 - 11)[2022 - 4 - 26]．http://www.moe.gov.cn/srcsite/A10/s7034/202204/t20220413_616644.html.

⑤ 曾宁.教育数字化转型背景下中小学教师的困境与突破[J].教师教育论坛,2024,37(02)：9 - 12.

学教师的数字素养是推动教育数字化转型的重要内容,是构建高质量教育体系和培养高素质人才的重要力量。

(一)观念更新与主体意识的强化

中小学教师对于数字素养的认知将直接影响其是否愿意运用数字技术赋能教育教学。因此,中小学教师对数字素养的认知是教育数字化转型在一线学校能否落实的关键。中小学要关注教师的教学观念更新情况,培养教师的主体意识,引导教师提高数字技术与教育教学融合的能力,从而促进教师专业能力与数字素养的同步提升[1]。一方面,教师应当更新教学观念。首先,教师需要秉持终身学习的理念,对未来教育数字化转型的素养要求进行前瞻性预判,积极主动地接触教育数字化发展的新动向。同时,教师要意识到数字素养的重要性,并将其内化为自身专业发展的一部分。其次,教师要正确理解教师数字素养的内涵。教师的数字素养提升不仅是技术层面的,更是一种教育生态学视角下的全面革新[2],尤其需要关注信息素养和数字技能的发展。

另一方面,要强化教师的主体意识。教师的主体意识是教师数字素养发展的内在动力,将决定教师数字素养发展的水平。教师应主动适应数字化带来的新挑战,树立自主学习的观念,快速适应数字化教学的新角色。在教学实践中,教师需要发挥主观能动性,成为数字技术的运用者和引领者,能够对教学内容、教学模式进行自由选择,根据实际需求建构差异化的数字化学习空间,创造性地将数字素养融入教学实践中,从而提高学生的参与度和学习主动性。在专业研修中,教师要积极学习数字技能,在研讨交流中不断提升数字素养。

(二)营造良好的学校数字化氛围

良好的学校数字化氛围是中小学教师数字素养提升的基础与保障[3]。首先,加强数字化基础设施的建设至关重要。这意味着要创建一个以数字化信息为核心,由计算机技术和网络系统支持的教育平台,以打造一个互联、智能且高度数字化的学习空间。这样的环境将极大地影响师生的成长轨迹、学习习惯和教学方法。教师将掌握如何运

① 刘文开.教师数字素养的现实价值与提升路径[J].教育评论,2023(03):115-118.
② 古翠凤,陈兰.教育生态学视域下中小学教师数字素养提升研究[J].教育理论与实践,2024,44(14):41-46.
③ 杜岩岩,黄庆双.何以提升中小学教师数字素养——基于 X 省和 Y 省中小学教师调查数据的实证研究[J].教育研究与实验,2021(04):62-69.

用数字化教学工具进行创新教学,而学生则可以通过丰富的资源实现有效学习,进而获得随时随地学习的能力。这不仅有助于提升教师的数字素养,还能促进一个积极的循环,不断提高教育质量。

其次,营造一个数字化文化氛围是教育发展的关键。在教育环境中,人的因素应当成为数字化文化建设的核心。一方面,教师的数字素养提升应具体到个体,专注于在数字化教育转型中增强教师的教育教学能力,确保教育始终以学生的成长为中心。例如,通过"学习者画像"的分析,教师可以设计出更加个性化和有针对性的教学策略,帮助学生发挥优势、弥补不足,实现持续发展。另一方面,需要避免过分强调技术功能而忽视教育本质,以及过分依赖数据分析而忽略实际应用场景的情况。教育应当关注每个人的需求,提供定制化的学习体验。

通过这些措施,我校可以确保教育环境的数字化转型,其不仅提升了技术层面的设施,而且深化了教育的文化和实践,使之更加人性化、个性化,并能够满足学习者的具体需求。

(三)完善教师数字素养培养体系

打通教师数字化转型的"最后一公里"离不开学校的努力①。学校承担着营造数字化教学文化、创造有益于教师数字化转型生态环境的责任,各校需基于自身情况和特色探索合适的有效路径。

第一,营造"学习型"成长生态。中小学教师数字素养的提升是一个长期持久的过程,离不开环境对知识建构的影响。目前,教师数字素养培养仍存在供给服务面窄、研修机制不完善的问题②。针对这个难题,一方面要建立完善的中小学教师数字素养标准体系,帮助教师在提升数字素养的过程中有科学的评估依据以及明确的成长路径;另一方面,形成多层次多主体的学习共同体,依托高校、企业、不同校域的优质资源,常态化开展跨区域的教师交流活动,营造良好的"学习型"数字化研修氛围。

第二,加强教师数字素养的针对性培训。教育行政主管部门和学校应加强教师文化认同和数字化教学能力的专业培训,根据教师的教龄、学科背景及数字素养水平,构建差异化的培训内容体系。同时,培训方式应多样化,结合理论讲解、实践操作和调研

① 曾宁.教育数字化转型背景下中小学教师的困境与突破[J].教师教育论坛,2024,37(02):9-12.
② 胡小勇,李婉怡,周妍妮.教师数字素养培养研究:国际政策、焦点问题与发展策略[J].国家教育行政学院学报,2023(04):47-56.

座谈等方法,以激发教师的参与积极性和自主成长能力,使他们能够在课堂中有效运用数字技术。在培训资源供给方面,则可以充分利用大数据以及人工智能技术,形成每位教师数字素养成长的个性化档案,并在挖掘每位教师个性化特点的基础上,识别中小学教师在提升数字素养过程中遇到的普遍性问题和特殊性难题,从而反馈和优化相关的培训内容与方式①。

二、 关注学生数字素养培养

信息时代下,数字素养已成为必备能力。提升学生的数字素养不仅有利于学生未来的个人成长,更是建设数字强国、促进国家数字化转型的重要力量②。因此,培养学生的数字素养已成为教育数字化转型的重要任务③。

首先,政策引导与评价机制在培养学生数字素养方面发挥着至关重要的作用。学校应高度重视数字素养的培育,并加大对此方面的支持力度,以促进学生数字素养水平的整体提升。此外,需要建立因地制宜的数据素养区域评估指标,并持续开展学生数字素养的常态化测评。通过数据驱动的方式,追踪和采集学生的成长过程数据,构建一套完善的数字素养过程性测评系统。这一系统可以帮助教师更好地了解学生的数字素养状况,为中小学生提供个性化的、可视化的测评报告,帮助他们明确自身的优势与不足,并针对性地提升数字素养。

其次,学科培养是提升学生数字素养的重要途径。中小学应该将数字素养的培育融入各学科的教学中,打破学科间的壁垒,推动跨学科内容的整体设计。通过组织多个学科的教师开展联合教研活动,将数字素养培育内容有重点、有区别地融入不同学科之中,实现数字素养培育内容的跨学科融合和跨学段联动④。同时,加强信息科技教师与其他学科教师之间的协同合作也是至关重要的。这种开放、灵活的协作机

① 周刘波,张梦瑶,张成豪.数字化转型背景下教师数字素养培育:时代价值、现实困境与突破路径[J].中国电化教育,2023(10):98-105.
② 范婷婷.数字化社会实践:培养青少年学生数字素养的重要途径[J].湖南第一师范学院学报,2024,24(01):38-44.
③ 汪金英,李宜申.教育数字化转型背景下青少年数字素养提升路径探究[J].教育科学探索,2024,42(02):77-84.
④ 宋灵青,许林,朱莎,等.我国初中生数字素养现状与培育策略——基于东中西部6省市25032名初中生的测评[J].现代远程教育研究,2023,35(03):31-39.

制将为学生提供更加全面、深入的学习支持,帮助他们更好地掌握数字技能,提升数字素养①。

三、 变革学生学习方式

课堂教学作为学校教育的核心组成部分,一直是培养学生综合能力与素养的主阵地②。随着信息社会对人才培养目标发生的显著性变化,学生学习方式的变革应运而生。教育目标从传统的知识传授转向了素养的培养,课程目标也相应地从知识本位向素养本位转变。在这一背景下,21世纪关键技能和核心素养逐渐成为共识,即包括批判性思维、问题解决能力、创造能力、沟通能力以及信息素养等③,这些技能和素养被认为是适应未来社会的关键。智慧教育空间不仅是学习活动的物理场所,更是塑造"智慧型人才"的核心阵地④。在数字化教育浪潮中,数字技术的深度融合为教育带来了革命性的变化,学生的学习方式正在发生根本性的变革。这种变革不仅体现在教学内容和方法上,更体现在学习过程和评价方式上。区别于传统的学习方式,智慧学习方式将主要呈现三个特征。第一,智慧学习方式将展现出前所未有的多元性。一方面,技术重构了教学活动的组织形态,学生的学习不再局限于传统的纸媒学习,移动学习、泛在学习、虚拟学习等学习方式突破了时间和空间的限制,为学生提供了泛在的、多维的、零时差的、无边界的学习环境⑤,通过在线交流、互动协作等功能,实现师生、生生之间知识的共享和创造;另一方面,技术赋能教育教学新样态,传统教学模式正在经历根本性的转变,它从"以教师为中心"的"教师讲授、学生学习"模式转变为以学生为中心的新样态。游戏化学习、项目式学习、基于问题的学习、翻转课堂等多样的学习模式将被广泛应用。第二,智慧学习具有个性化与智能化的特征。AI、大数据、虚拟现实、区块链等新技术的创新应用为学生提供了全方位的智慧学习方案。在数据驱动的

① 吴砥,朱莎,王美倩.学生数字素养培育体系的一体化建构:挑战、原则与路径[J].中国电化教育,2022(07):43-49,63.

② 丁凤良.数字化转型赋能学校教育变革实践[J].中小学校长,2023(08):19-22.

③ 尚俊杰,李秀晗.教育数字化转型的困难和应对策略[J].华东师范大学学报(教育科学版),2023,41(03):72-81.

④ 孙雪荧.数字化转型何以重构智慧教育新空间[J].教育研究,2024,45(04):146-159.

⑤ 祝智庭,胡姣.教育数字化转型的本质探析与研究展望[J].中国电化教育,2022(04):1-8,25.

智慧学习环境中，系统能够全面捕捉、精准记录学生在学习过程中的各种行为数据，通过高效的数据分析，评估学生的学习状况和成果①。在这样的环境下，每个学生都能根据自己的学习速度和需求接受定制的学习材料，有效地解决学习困难的学生学习跟不上的问题以及优秀学生学有余力的问题，逐步实现"面向每个人，适合每个人"的个性化教育。第三，智慧学习作为一种创新的教育模式，其核心在于促进学生在真实情境中的深度学习与知识建构。在当今时代，人才需求的演变强调了素养的全面发展，这要求教育超越传统的表层学习，深入挖掘知识的内涵与应用。因此，教育工作者必须摒弃单一的、标准化的教学模式，这种模式往往无法满足学生个性化的学习需求，忽视了学生个体之间的差异性。取而代之的是，教育者应采纳以学生为中心的教学策略，这种策略尊重并关注每个学生的特定需求和潜能。通过项目式学习、探究式学习等教学方法的引入，学生被引导至现实世界的问题情境中，激发他们主动探索和解决问题的能力。这种方法不仅促进了学生主动性和创造性的发挥，而且通过团队合作的过程，培养了学生的自主学习能力、协作精神以及领导力。在这种混合式的深度学习环境中，学生不再是被动的知识接受者，而是积极的参与者和知识的共同构建者。他们在解决实际问题的过程中，通过对话、协作和交流，逐步建立起对知识的深入理解，实现知识的内化和应用，完成真正意义上的知识建构。

综上所述，改变学生学习方式是推进智慧教学的必由之路。这一变革不仅需要更新教育理念，还需要技术手段的支持和教育模式的创新。通过关注学生的个性差异和学习需求，合理运用技术手段，构建深度交互的网络学习空间，可以实现智慧教学的全面发展和教育质量的持续提升。

---

① 彭红超,祝智庭.面向智慧学习的精准教学活动生成性设计[J].电化教育研究,2016,37(08):53-62.

第二章

智慧学习场景独特构建的多维分析

第一节　智慧学习场景的内涵与组织结构

一、　内涵厘清

智慧学习场景是指在移动设备、传感器、人工智能等智能设备和技术的支持下实现感知情境、识别学习者特征、提供自适应学习资源和学习画面、满足情感交互需求、提供智能交互工具、自动记录学习过程和评估学习结果的新型学习环境。

二、　组织结构

智慧学习场景的"三大领域"是指学科性场景、跨学科场景和项目化场景。每个场景作为其中一个子项目开展研究，子项目团队配有具体的项目负责教师，负责教师自己"招兵买马"，形成子项目的核心团队。具体的项目团队成员如图2-1所示。

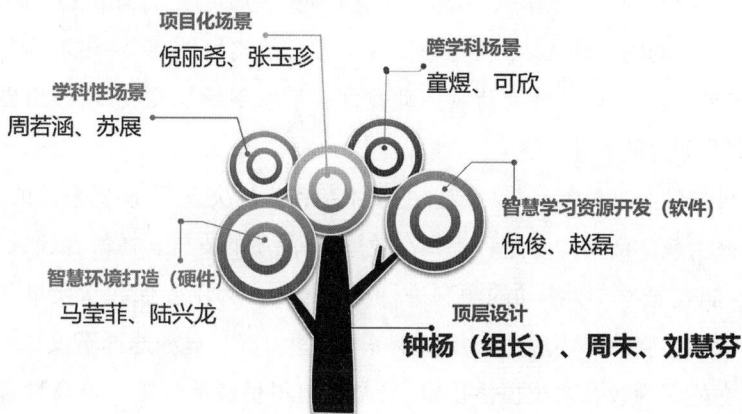

图2-1　课题中心团队成员树

第二节　智慧学习场景的设计原则

在建设过程中，学校立足教学需求以及教师和学生的需求，主要遵循如下原则①。

第一，实用性与先进性。在教育领域，技术的革新与应用日益成为推动教学质量提升的重要动力。当谈及满足教学活动的实际需求时，不仅要确保教学方案的实用性，更要以前瞻性的视角，积极提升教室环境的智能化水平。我们秉承实用性与先进性并重的理念，致力于打造适应未来智慧教室发展趋势的教学环境②。实用性是教学活动的基石。一个优秀的教学方案必须紧密贴合教学需求，提供有效的教学方法和手段，确保学生能够在轻松愉快的氛围中掌握知识。因此，在设计教学方案时，学校深入了解教学内容和学生特点，制定出既符合教学大纲要求又能激发学生兴趣的教学计划。然而，仅仅满足实用性是远远不够的。随着科技的飞速发展，智慧教室已成为未来教育的重要趋势。在保障教学方案实用性的基础上，学校积极探索并引入先进的智能化技术，如人工智能、大数据、物联网等，以提升教室环境的智能化水平。通过智能化技术的应用，我校可以实现教学资源的优化配置，从而提高教学效率，同时为学生提供更加个性化、精准化的学习体验。

满足教学活动的实际需求，既要确保教学方案的实用性，又要注重提升教室环境的智能化水平。只有这样，才能持续推动教育教学的创新与发展，培养出更多具备创新精神和实践能力的人才。

第二，可靠性与高性能。采用成熟的技术装备与解决方案，确保系统的稳定、安全和可靠，同时为教学活动的全过程提供高效率、高品质的支持。在教育领域中，技术的稳定性和性能表现对教学活动的顺利进行至关重要。为了确保教学质量和学生的学习体验，学校始终坚持采用成熟的技术装备与解决方案。这种选择不仅基于可靠的技术，更在于它能够为教育系统提供稳定、安全且值得信赖的保障。可靠性是教育技术

① 聂风华，钟晓流，宋述强.智慧教室：概念特征，系统模型与建设案例［J］.现代教育技术，2013，23(07)：5－8.
② 禹丽锋.打造"教育大脑＋智慧学习"教育场景——浙江教育领域数字化改革探究［J］.中国教育信息化，2023，29(12)：79－87.

的核心要素。任何技术故障都可能对教学活动造成不可估量的影响。因此,在选择技术装备和解决方案时,学校始终将可靠性放在首位,精选那些经过市场验证的产品,确保它们能够在各种复杂环境下稳定运行,为教学活动的顺利进行提供坚实的保障。同时,高性能也是学校不懈追求的目标。在保证系统稳定可靠的基础上,学校力求为教学活动提供高效率、高品质的支持。学校的技术装备和解决方案不仅具备出色的处理能力,还能够快速响应各种教学需求,确保教学活动的流畅进行。无论是数据传输、资源共享还是互动交流,学校都能够提供卓越的性能表现,让教师和学生能够享受到更加流畅、高效的教学体验。我们坚信,可靠性与高性能是教育技术发展的重要方向,并将继续秉承这一理念,不断引入成熟的技术装备和解决方案,为教育事业的发展贡献力量。

第三,完备性与拓展性。充分考虑物理空间和各种技术装备的优化融合,以发挥整体系统的最优性能,同时遵循各种标准化体系,充分考虑到未来系统的升级与扩充。在教育环境构建中,完备性与拓展性是两个不可或缺的要素。为了确保教学活动的顺利进行,学校充分考虑物理空间与各种技术装备的优化融合,以实现整体系统的最优性能。同时,为了应对未来教育技术的不断发展,学校遵循各种标准化体系,确保系统具备强大的升级与扩充能力。完备性意味着学校的系统要覆盖教学活动的各个方面,从硬件设施到软件应用,都要达到完美无缺的标准。在物理空间规划上,学校合理安排各个教学区域,确保教学设备摆放合理,便于师生使用。同时,学校精心选择配置技术装备,确保它们能够满足教学活动的实际需求,并具备高度的稳定性和可靠性。拓展性则意味着学校的系统需具备强大的升级与扩充能力,以适应未来教育技术的不断发展。为了实现这一目标,学校严格遵循各种标准化体系,确保系统的兼容性和可扩展性。这样,教育技术在未来需要更新换代时,我校能够将新设备、新技术集成到现有系统中,从而进一步提升系统的整体性能。

完备性与拓展性是教育环境构建中不可或缺的两个要素。学校需要在规划之初就充分考虑这两个方面,确保系统既能满足当前教学活动的需求,又具备强大的升级与扩充能力,为未来的教育技术发展奠定坚实的基础。

在突破传统教育方法的局限性,积极创造数字教育新形态的进程中,应当秉持怎样的价值导向?教育部怀部长认为,数字教育应当是公平包容的教育。推行全纳教育,实现学有所教、有教无类是我们共同的价值追求。数字技术具有互联互通、即时高效、动态共享的特征,能够快速高效地把分散的优质资源整合起来,打破时空限制,实现跨学校、跨区域、跨国界的传播与共享,让身处不同环境的人能够平等地获得教育资源。同时,我们也要防止数字技术加剧教育不公,从而让"世界范围内所有人都能获得优质教育"的愿景更快地成为现实。

数字教育应当是更有质量的教育。质量是教育的生命线,数字技术是提高教育质量的阶梯。发展数字教育能够丰富智能教室、自适应学习、学情智能诊断、智慧课堂评价等应用场景,推动线上线下融合互动,改进教学方法,增强教学过程的创造性、体验性和启发性,推动课堂教学发生深层次变革,创新教育教学和人才培养模式,以教育的智能化提升教育管理和评价效能,提高人类学习与认知效能,为实现更加优质的教育提供强大动力。

数字教育应当是适合每个人的教育。2 500多年前,孔子就提出了有教无类、因材施教的教育理念。在人类漫长的文明进程中,我们一直在努力追求实现因材施教。数字教育能够在个性化学习、差异化教学、科学化评价等方面发挥独特优势,通过信息跟踪挖掘、数字回溯分析、科学监测评价等手段,描绘学生成长轨迹,为每个学生提供个性化的教育方案。这也必将有利于重塑人类教育形态,使人人接受适合的教育成为可能,助力终身学习和学习型社会建设。

数字教育应当是绿色发展的教育。绿色发展是以效率、和谐、持续为目标的经济增长和社会发展方式。面对日益严峻的全球能源危机、气候危机和生物多样性危机,教育不仅不能置身事外,还应为推动经济社会绿色发展发挥基础性支撑作用。我们要遵循节约节俭、简洁高效的原则发展数字教育,坚持应用为王、服务至上,不盲目追求高端。我们要注重培养学生适应和减缓气候变化的能力,合理使用数字化教材和教具,推动数字教育成为教育低碳转型的催化剂和加速器,助力绿色发展,保护好人类共同的家园。

数字教育应当是开放合作的教育。数字时代为我们搭建了开放合作的高效平台,开放合作也已经成为推动新时代教育变革创新的关键要素。无论是消除数字壁垒、缩小数字鸿沟、提升教育领域危机应对能力,还是培育合作增长点、挖掘发展新亮点、推动教育转型创新,都需要我们坚持合作包容共赢的理念,充分发挥各自优势,推动共同发展[1]。我们应当携起手来,加强沟通交流,通过数字教育的开放合作,让更多国家和人民搭乘数字时代的快车、共享数字教育发展成果,加速教育变革的进程。[2]

---

[1] 李先军.城乡教师交流轮岗政策的失真与对策[J].教育科学研究,2019(02):82-86.
[2] 怀进鹏.数字变革与教育未来——在世界数字教育大会上的主旨演讲[J].中国教育信息化,2023,29(03):3-10.

第三节　智慧学习场景的顶层设计

一、"以人为本"理念

在学校的数字化转型过程中,以人为本的理念始终贯穿于各个环节。这一转型不仅是一场技术革命,更是一次教育理念的革新。它强调以学生的需求和发展为中心,关注每一个学生的个性和潜能,旨在为未来的人才培养提供强有力的支持。

一方面,学校的数字化转型注重个性化和精准化教学。通过收集和分析学生的学习数据,系统能够更准确地了解每个学生的学习习惯、兴趣爱好和潜能所在。基于这些数据,教师可以为每个学生量身定制学习计划,提供个性化的学习资源和指导,帮助他们更好地发挥自己的优势,弥补不足。这种精准化的教学方式有助于激发学生的学习兴趣和动力,提高他们的学习效果和满意度。另一方面,学校的数字化转型还关注学科强基与跨学科中心的建设。在数字化技术的支持下,学校可以建立跨学科的学习平台,鼓励学生开展多学科、跨学科的项目研究和学习。这种跨学科的学习方式有助于培养学生的创新思维和综合能力,使他们能够更好地适应未来社会的需求。同时,学校还可以利用数字化技术打造智慧学习场景,为学生提供更加丰富、生动的学习体验,增强他们的学习兴趣和参与度。

学校的数字化转型将以人为本理念贯穿始终,旨在通过个性化和精准化的教学方式以及跨学科的学习平台,为学生的全面发展提供有力支持。这一转型不仅将提升学校的教育质量,也将为未来的教育事业发展注入新的活力。

二、智慧教室体系架构

基于这样的认识和学校现有条件和发展需求,除了 36 间常态化的智慧教室之外,我校提出了"1＋5＋N"智慧学习场景建设的总体框架。

"1"代表一间未来教室,主要面向国家课程和基础课程领域。"5"是指利用 5 个楼层,在共享区域建设 5 个大型的开放式数字智慧空间,进行数字化学习场景的整体设计和建设,主要面向探究课程、拓展课程以及综合活动。每一个空间的建设既突出主题特色,又注意多场景、多功能的设计,便于学生合作共享、实践探究、自主学习、展示分享等学习体验;同时也要注意各空间之间在学习资源、学习经历、学习评价方面的互联互通。这五个空间分别是学史空间、AI体育与健康融合创新空间、创新空间、艺术空间、科技空间①。"N"是指学科、跨学科,课内、课外,线上、线下的N个典型学习场景。

"1+5+N"总体框架的设计旨在推动学校整体的数字化学习转型。

基于当下课程改革的要求,以学生为中心,以培养学生面向未来的学习力为核心理念,基于学习场景的情境性、互动性、连通性、个性化、多样化等要素,对智慧学习场景的原型进行顶层设计研究,以有效支撑智慧学习的开展,实现学与教方式的变革,提高教学效能。这是智慧学习场景建设与应用的前提②。

本课题"提升教学效能的'智慧学习场景'构建研究"作为区级重点课题于2021年5月开题,开题后学校已着手进行研究与前期的实践。首先成立了课题中心团队,从"三大领域"和"四个环节"两个方面进行整体框架的顶层设计。

智慧学习场景的"三大领域"是指学科性场景、跨学科场景和项目化场景。

智慧学习场景的每个领域下又细分为"四个环节"进行研究,分别是学习环境、学习资源、学习模式和学习评价,综合起来就形成了智慧学习场景的原型设计(见图2-2)。

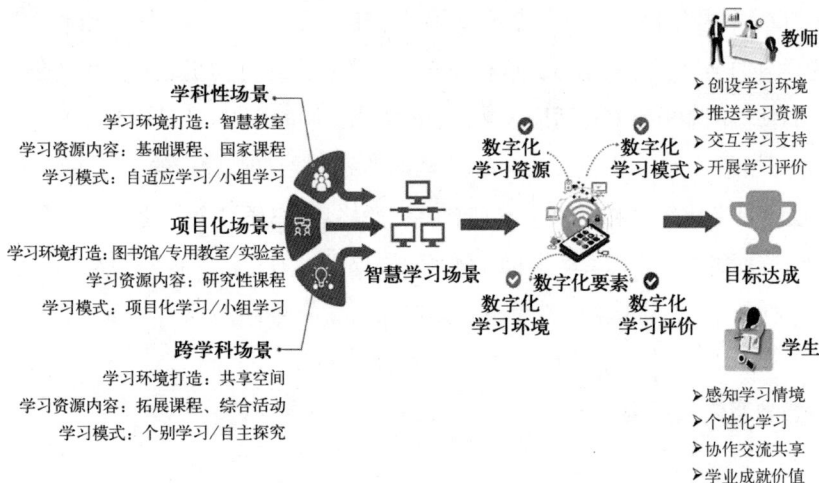

图2-2 "智慧学习场景"的原型设计图

---

① 胡国良,黄美初."5G+AI"视域下智慧学习空间的构建研究——基于开放大学的实践探索[J].远程教育杂志,2020,38(03):95-104.
② 周永胜,宋祝,曾绍坤.智慧教室最新发展的十大特征[J].中国信息化,2024(04):99-100.

第四节　智慧学习场景的构建内容

一、学科性场景构建

到目前为止,学校借助长宁区数字基座的建设,构建了智慧服务平台;根据学校的实际情况和教师与学生的数字化需求,已构建了多个典型学习场景。

（一）满足学科常态化教与学的智慧教室

近年来,学校致力于教学设施的升级与教学环境的优化,全校 36 间教室已全面完成了智能白板的全覆盖,标志着学校在教学硬件方面迈出了坚实的一步。如表 2-1 所示,每间教室配备了教师终端 3 个、学生终端 50 套、教室终端 1 台、充电车 1 台、智慧主屏 1 个等智能设备。这一举措不仅极大地提升了教学设备的现代化水平,更为师生们带来了全新的教学体验。

表 2-1　配置清单(一间教室)

设 备 名 称	单 位	数 量
教师终端	个	3
学生终端	套	50
教室终端	台	1
充电车	台	1
智慧主屏	个	1

在智慧教学平台的建设上,学校精益求精,不仅安装了最新版本的智慧白板 5.0,还加装了授课助手、班级优化大师、视屏展台、微课制作、剪辑师等多种专业化教学应用工具软件。这些软件不仅功能强大,而且操作简便,能够满足教师们在课堂上的各种教学需求。借助智慧白板 5.0,教师可以便捷地展示教学内容、促进师生互动与反

馈,使教学活动更加生动有趣。

值得一提的是,学校的 34 间教室都配备了先进的录播设备。这些设备不仅支持异地同上一节课,还能使娄山教育集团的三所成员校实现教学资源和教研活动的共享。通过录播设备,学校可以将优质的教学资源实时传送到各个校区,让更多的学生受益。同时,这也为教师们提供了一个交流学习的平台,促进了教学水平的提高。

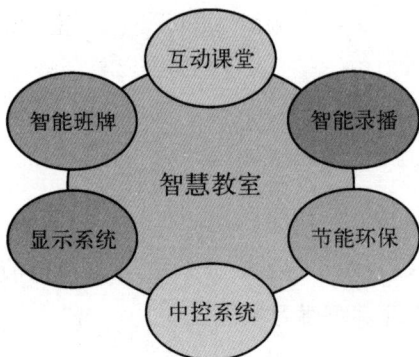

学校在教室设备升级与智慧教学平台的建设上取得了显著的成果,为师生们提供了更加优质的教学环境(见图 2-3)。我们相信,在不久的将来,这些先进的教学设备将为我校的教学事业注入新的活力。

图 2-3 我校智慧教学平台

(二)面向国家课程、基础课程领域打造数字化智慧教室

智慧教室是现代教育的杰出代表。学校打造数字化智慧教室主要包括"云""台""端"三个方面,这三者共同构建了一个全面、高效、智能的教学环境。首先,"云"是智慧教室的核心,它肩负着存储、获取与管理教学资源的重要任务。在这个巨大的数据库中,教师可以便捷地上传和下载各种教学资料,而学生则可以随时随地访问这些资源,进行自主学习。同时,"云"还负责记录各类数据,包括学生的学习进度、成绩、课堂互动情况等,为教学评估和决策提供有力的数据支持。其次,"台"是智慧教室的基石,它负责以教室为单位,提供稳定无忧的网络教学和互动保障的教室终端设备。这些设备包括高清投影仪、智能黑板、音响系统等,它们能够确保教学活动的顺利进行,为学生提供清晰、生动的视听体验。同时,"台"还具备强大的互动功能,支持教师与学生之间的实时互动,提高课堂的活跃度和参与度。最后,"端"是智慧教室的终端,由教师及学生终端组成。教师终端功能丰富,支持课前备课、课内互动分组教学、课后互动报告生成等,极大地提高了教师的教学效率,加强了教师的教学效果。而学生端则为学生提供了各种学习工具和交互工具,如在线学习平台、作业提交系统、互动问答等,帮助学生更好地参与课堂互动,辅助教师精准教学。整个"端"系统贯穿课前导学备课、课中交流互动、课后作业辅导的完整流程,为师生提供了全方位的教学支持。

在现代教育技术快速发展的背景下,教室设备的智能化应用为教学模式带来了革命性的变化。除了传统的面对面教学方式,学校还可以利用教室原有的设备,接入麦

克风和摄像头,实现跨校区的同步教学。当一位老师在教室里为学生们上课时,他只需将麦克风和摄像头连接到教学设备上,就能轻松地将自己的声音和图像传送到另一个校区的学生面前。与此同时,他可以继续在教室里与学生互动,确保本地学生的学习体验不受影响。而对于远端的学生来说,他们只需通过终端设备一键接入教室,就能实时观看老师的授课内容,并通过网络与老师进行问答互动。这种混合课堂的教学模式打破了地理位置的限制,使不同校区的学生能够同时参与同一节课程,享受相同的教学资源①。通过这种方式,混合课堂内的学生将不再受地域的束缚,能够在线上线下同步进行大班授课。这不仅提高了教学资源的利用效率,还为学生提供了更多的学习机会和更广阔的交流平台。在图 2-4 中,可以看到数字化智慧教学模式的生动展现,老师与学生们在不同的空间里能够通过技术手段实现无缝对接,共同探索知识的奥秘。

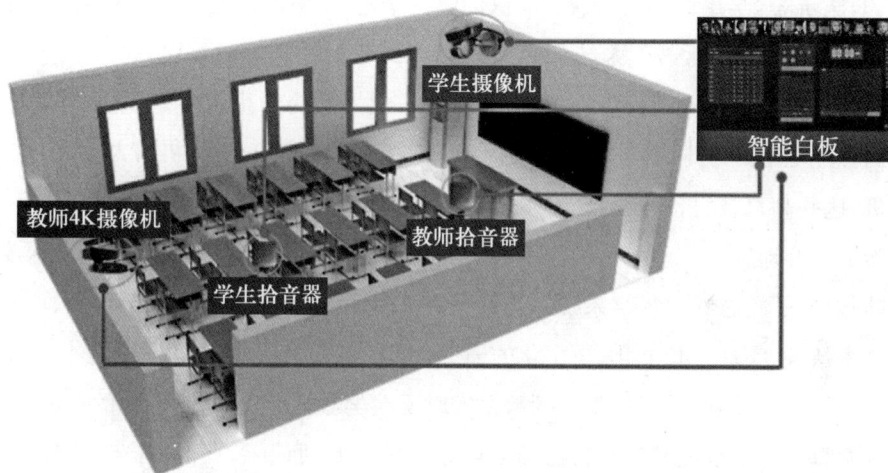

图 2-4　数字化智慧教室

（三）面向探究课程、拓展课程以及综合活动的智慧空间

在共享区域建设了 5 个大型开放式数字智慧空间,主要面向探究课程、拓展课程以及综合活动。每一个空间的建设既突出主题特色,又注意多场景、多功能的设计,有利于学生合作共享、实践探究、自主学习、展示分享等学习体验;同时也注意各空间之

① 张文兰,张思琦,林君芬,等.网络环境下基于课程重构理念的项目式学习设计与实践研究[J].电化教育研究,2016,37(02):38-45,53.

间学习资源、学习经历、学习评价的互联互通。这五个空间分别是学史空间、AI 体育与健康融合创新空间、创新空间、艺术空间、科技空间。

一楼的学史空间里面包括"四史"与校史内容,与学生的历史、政治学科知识相关联,并进行拓展,在个人挑战和对战等趣味学习形式中"学史明理、学史增信、学史崇德、学史力行"。二楼的 AI 体育与健康融合创新空间中,学生可利用课余时间进行视力检查,以 AI 技术自主完成视力健康筛查。这个空间在智能体育健康评价中给予学生"健康智能一站式"管理。三楼的创新空间将物理和化学实验操作通过小游戏的方式在电子屏幕中展现,解决了因实验器材和教室场地的限制而无法随时操作实验的难题,同时,小游戏的方式更能激发学生实验操作的兴趣。四楼的艺术空间中,四块云屏主要展示学校合唱、京剧等艺术团的演出成果;设置的"互动钢琴"最受学生欢迎,学生们可以随时自己弹奏一曲。这为学生艺术的熏陶提供多元的空间。五楼的科技空间中,通过裸眼 3D 大屏幕,学生们即可"透视"心脏的解剖结构,学生的拓展课也可搬到这里上。

（四）智慧 AI 乒乓教学系统

作为一所乒乓运动项目传统学校,我校一直致力于为学生提供最先进、最科学的乒乓训练环境①。为此,学校在乒乓房内精心部署了一台智能乒乓机器人和九台智能发球机,这些高科技设备为我校的乒乓球教学注入了新的活力。

为了更好地发挥这些设备的作用,学校与国内知名的人工智能企业进行了深度合作,共同研发了智慧乒乓教学系统。该系统将 AI 技术与乒乓教学的教、学、测、评各个环节紧密结合,实现了智能化、数字化的辅助教学。通过智能算法,系统能够为学生量身定制学习训练计划,并根据学生的数据实时反馈学习情况,进行个性化的分层教学。这意味着每个学生都能够针对自己的薄弱环节进行专项训练,从而提高训练效率,快速提升自己的乒乓技能。

为了让学生更好地适应上海中考乒乓要求,学校还在智慧乒乓教学系统中加入了针对上海中考乒乓要求的课程和训练模式。这些课程不仅包含中考乒乓的必考知识点和技巧,还引入了中考乒乓规则作为日常课的训练目标。通过这样的训练,学生们能够更加熟悉中考乒乓的考试要求,为中考做好充分的准备。这一举措得到了广大学生家长的一致好评,他们纷纷表示这样的教学方式既科学又高效,为孩子们的乒乓学

---

① 高嵩,黎力榕.智慧体育教学环境建设发展趋势研究[J].广州体育学院学报,2019,39(04):121-124.

习提供了极大的帮助。

（五）流动图书馆

在现代的校园里，随着科技的飞速发展，我校见证了许多创新的尝试和改进。其中，一项备受欢迎的创新举措就是在每个楼层的茶水间旁边设置"流动图书馆"。这种设计不仅为学生们提供了极大的便利，更是提升了校园文化氛围，促进了知识的传播与交流。

"流动图书馆"的设立打破了传统图书馆的空间限制①。无论学生们身处哪个楼层，只需几步之遥，便能轻松借阅到心仪的书籍。而更加令人惊喜的是，这个图书馆采用了先进的人脸识别技术。学生们在借书或还书时，通过简单的人脸识别，便能迅速完成操作。这种无接触的高效方式不仅提升了借阅的便捷性，也有效避免了因接触而产生的卫生问题。除了借阅的便捷性，"流动图书馆"还为学生们带来了更多元化的阅读选择。这个图书馆内的书籍种类繁多，涵盖了文学、科学、艺术等多个领域。无论是热爱阅读的同学，还是需要在课余时间补充知识的同学，都能在这里找到适合自己的书籍。此外，"流动图书馆"还为学生们提供了一个交流的平台。在借阅书籍的过程中，学生们可以相互推荐好书、分享阅读心得，进一步增进彼此之间的友谊。这种互动式的阅读方式不仅丰富了校园文化生活，也为学生们的成长提供了更多可能性。

二、 跨学科场景构建

在当今这个信息化、网络化的时代，创新实验室的构建已经不再局限于传统的物理空间，而是更多地融合了"互联网＋"的思维模式，以实现资源共享、数据互通和信息的高效传递②。学校建设了多个学习活动中心，满足学生多样化、跨学科的学习需求。

（一）自然和环境智能学习研究中心

学校的自然和环境智能学习研究中心的硬件由三大核心部分组成：智能化阳光房、植物自然研究实验室和屋顶花园生态农场③。

---

① 柯和平,龚自振,谢海先.智慧图书馆建设中混合式智慧学习空间的构建研究[J].现代教育技术,2024,34(04)：112－121.
② 陈军,蔡金玲.智能开放共享实验室平台的搭建及应用[J].中国现代教育装备,2024(07)：60－64.
③ 王娟,吴永和."互联网＋"时代 STEAM 教育应用的反思与创新路径[J].远程教育杂志,2016,35(02)：90－97.

智能化阳光房是创新实验室的起点。这里不仅是一个充满阳光的物理空间,更是一个集成了先进传感器、自动控制系统和智能分析软件的智能化平台。通过高精度的传感器,阳光房可以实时监测光照、温度、湿度等环境参数,并通过自动控制系统调节环境,为植物的生长提供最适宜的条件。同时,智能分析软件可以对采集到的数据进行分析,为植物的生长提供科学的指导。

植物自然研究实验室是创新实验室的重要组成部分。这个实验室不仅拥有完善的实验设备和仪器,更有一支专业的科研团队。在这里,学生们可以进行各种植物学实验,探索植物的奥秘。实验室的科研人员也会定期为学生们开设讲座和培训课程,帮助他们提升科研能力和创新思维。

屋顶花园生态农场是创新实验室的拓展部分。这里不仅是一个可以种植各种植物的农场,更是一个可以让学生们亲身体验农业生产的场所。学生们可以在这里亲手种植、养护植物,观察植物的生长过程,体验农业生产的艰辛和乐趣。同时,屋顶花园生态农场还可以与智能化阳光房和植物自然研究实验室进行联动,形成一个完整的植物研究生态体系。

根据学校的实际情况,自然和环境智能学习研究中心的建设分为三期进行。一期项目主要对智能阳光工坊进行改造,提升其智能化水平和科研能力。二期项目将重点建设植物智能自然研究实验室,为学生提供更加完善的科研平台。三期项目将进一步拓展学生的活动空间,建设屋顶花园生态农场,让学生们能够在实践中学习、在探索中成长。

通过自然和环境智能学习研究中心的建设,学校希望能够为学生们提供一个集科研、实践、创新于一体的学习平台。在这个平台上,学生们可以充分发挥自己的想象力和创造力,不断探索科学的奥秘,为未来的科技创新和社会发展作出贡献。

(二)跨学科学习中心

跨学科学习中心旨在通过信息化和数字化手段,提升学生的科学素养、激发创新思维,并推动实践能力的发展。学习中心结合智能中央控制系统和沉浸式展示区,为学生提供先进的学习环境。基于项目化学习课程设计,中心涵盖昆虫研究、京剧艺术等跨学科主题,强调学生在真实情境中发现问题并解决问题。同时,数字化互动学习平台和生境花园实验项目的融合进一步增强了学生的探究能力和创造力,为未来社会所需的关键能力培养打下坚实基础。

(三)电视台级别的新闻演播室

新建成的电视台级别的新闻演播室于2021年9月开始投入使用。该教室分为三个区域：实景、虚拟和微课。实景区域可以录制讲座、电视台节目等。虚拟区域可以录制以虚拟背景呈现的视频。微课区域可以供学生和老师录制微课。教室内的专业设备能满足不同的拍摄需要，根据需求呈现出不同的效果。学生在新闻演播室里可以过一把当主播的瘾。

建设"WISH TV"红领巾广播电视台，推出《娄山 News》栏目，逐年发展出创意策划、采编、拍摄、剪辑、宣传等不同的小队，积极发展队员们的信息化审美素养。学校社团部学生围绕娄山校园新闻打造了一个全新栏目——《娄山 news》，拍摄了 5 期校园电视台节目，供全校师生观看。学校还邀请了上海博物馆郭青生教授在演播室内为学生们带来了一系列精彩有趣的讲座，如"唐三彩中的丝绸之路""货币的起源""小米与水稻"等，让每一个孩子都能享受到优质的教学资源。

在此基础上，学校逐步探索形成了云上少先队"社区"模型，尝试在校信上开发娄山"云队圈圈"模块，整合少先队的活动发布、记录和激励功能，形成少先队数字化综合系统，希望未来可以通过"云队圈圈"实现家庭、学校和社区三维联动。

第五节　智慧学习场景的教学模式变革

一、学科类教学模式变革

随着科技的迅猛发展和社会的不断进步,教育领域也面临着前所未有的变革。学科类教学模式作为教育体系中的重要组成部分,其变革对于提高教育质量、培养创新人才具有重要意义。

日前,我国学科类教学模式主要以传统的讲授式教学为主,辅以实验教学、讨论式教学等多种方式。这种教学模式在一定程度上能够满足学生的知识获取需求,但也存在着一些不足。例如,传统讲授式教学往往以教师为中心,忽视了学生的主体性和主动性;实验教学和讨论式教学虽然能够提高学生的实践能力和创新思维,但在实施过程中往往受到场地、设备、时间等因素的限制,难以广泛开展①。

当前的学科类教学模式存在以下问题。

一是教学方法单一。在当前的学科类教学模式中,教学方法单一的问题日益凸显。传统的教学模式往往过度依赖讲授式教学,教师站在讲台前讲授,学生则坐在课桌前被动地接受知识。这种单向的教学方法忽视了学生的学习主体地位,使教学变得枯燥乏味,难以激发学生的学习兴趣。随着教育理念的更新和学生个性化需求的增长,教学方法的多样化变得尤为重要。然而,现实情况却是许多学科类教学仍然固守讲授式教学这一单一模式,缺乏创新和变革。这导致学生难以获得全面的学习体验,也难以满足他们的个性化需求。教学方法的单一不仅限制了学生的发展空间,也影响了他们的综合素质提升。

二是学生参与度低。在传统的教学模式中,学生参与度低是一个不容忽视的问题。在这种模式下,学生通常被置于被动接受知识的位置,他们往往只需要聆听教师

---

① 万伟.三十年来教学模式研究的现状、问题与发展趋势［J］.中国教育学刊,2015(01):
60－67.

的讲解,而没有太多机会去主动参与、思考和提问①。这种单向的知识传递方式极大地限制了学生的主动性和创造力。由于缺乏足够的参与机会,学生很难对学习内容产生深厚的兴趣和持久的热情。他们往往只是机械地记忆和模仿,无法真正理解和掌握知识背后的原理和逻辑。同时,由于参与度低,学生也很难与教师和同学形成良好的互动和合作,难以形成有效的学习共同体。

三是知识与实践脱节。在传统的学科类教学模式中,我们常常见到的是对于知识的单方面灌输和积累,这种模式过度聚焦于理论的传授,而忽视了实践能力的培养以及创新思维的激发。学生在课堂上虽然能够接触到大量的知识,但这些知识往往停留在理论层面,缺乏与实际生活的紧密联系。这种知识与实践脱节的教学模式导致学生难以将所学知识真正转化为实际应用的能力。他们可能在考试中表现出色,但在面对现实问题时却显得手足无措。这种教育模式不仅限制了学生的发展潜力,也影响了他们未来在社会中的竞争力。

四是教育资源不均衡。在教育领域中,教育资源的不均衡分布是一个长期存在的问题②。不同地区、不同学校之间的教育资源差异显著,这种不均衡不仅体现在硬件设施上,更在师资力量、教学资料以及教育技术等方面表现得尤为突出。在一些资源匮乏的地区和学校,由于经费有限,无法购置先进的教学设备,如智能教室、实验室设备等,这使得一些先进的教学模式和教学方法难以得到实施。同时,这些地区和学校也往往难以吸引和留住优秀的教师,导致教学质量难以提升。而在一些资源丰富的地区和学校,情况则截然不同。他们拥有先进的教学设备和充足的经费,能够引入最新的教育技术,为学生提供更加丰富多样的学习体验。同时,这些学校也更容易吸引和留住优秀的教师,形成一支高素质的教师队伍,为学生提供更高质量的教学服务。教育资源的不均衡不仅影响了学生的学习体验和学习效果,也限制了教育公平的实现。

为此,学校采用以下方法进行学科类教学模式变革。

一是引入多元化教学方法。在教育领域引入多元化教学方法已成为提升教学质量、培养学生综合素质的关键。为了打破传统教学的束缚,学校积极组织教师探索并尝试新的教学方法和手段,如项目式学习、探究式学习和合作学习等,以激发学生的学

---

① 吴红,王凤.数学教师有效教学风格对小学生课堂参与度的影响:学业自我效能感的纵向中介作用[J].数学教育学报,2022,31(02):40-45.
② 吴愈晓,黄超.基础教育中的学校阶层分割与学生教育期望[J].中国社会科学,2016(04):111-134,207-208.

习热情,提高他们的主动性和参与度。项目式学习鼓励学生通过实际操作和团队合作,完成具有挑战性的学习任务。这种教学方法不仅培养了学生的实践能力,还让他们学会了如何在团队中分工合作、协调沟通,从而提高综合素质。探究式学习则注重培养学生的独立思考和创新能力,让他们通过自主探索和发现,掌握知识的本质和规律。合作学习则强调学生之间的互助和合作,让他们在小组内共同探讨问题、交流意见,实现共同进步。这种教学方法不仅培养了学生的团队协作意识,还让他们在互动中学会倾听和尊重他人,形成良好的人际关系。引入多元化教学方法,不仅丰富了教学手段,也为学生提供了更多元化的学习体验。学生在这些教学方法的引导下能够更加主动地参与到学习中来,发挥自己的潜能和特长。同时,这些教学方法也有助于培养学生的创新精神和实践能力,为他们未来的职业发展和社会适应能力奠定坚实的基础。

二是强化学生的实践能力。在当今的教育环境中,强化学生实践能力已成为学科类教学的重要目标。我们深知,仅仅依赖传统的知识灌输已无法满足学生全面发展的需求,因此更加注重培养学生的实践能力和创新思维。

为了实现这一目标,学校采取了多种教学方式。实验教学是提升学生实践能力的重要途径。在实验室中,学生不仅能够亲手操作实验设备,观察实验现象,更能通过实际操作加深对理论知识的理解。这种亲身体验的学习方式让学生更加直观地感受到知识的力量,也激发了他们探索未知世界的热情。社会实践也是培养学生实践能力的重要渠道。鼓励学生走出课堂,参与到社会实践中去。通过参与社区服务、企业实习等活动,学生能够将所学知识应用于实际生活中,解决实际问题。这种将理论与实践相结合的教学方式不仅让学生在实践中检验了自己的学习效果,也让他们更加明确了自己的职业方向和发展目标。

此外,科研活动也是提升学生实践能力和创新思维的重要手段。学校鼓励学生参与科研项目,通过自主研究、团队协作等方式,培养他们的科研素养和创新能力。在科研活动中,学生需要不断思考、探索和创新,这种过程不仅锻炼了他们的实践能力,也培养了他们的创新思维和解决问题的能力。

三是推动教育信息化。在当今快速发展的信息时代,推动教育信息化已成为教育改革的重要方向。学校积极利用现代信息技术手段,如互联网、大数据、人工智能等,致力于推动学科类教学模式的深刻变革①。

---

① 张丹,王鹮,袁金平,王坤.技术赋能教学模式变革与实践[J].中国电化教育,2021(04):125-138.

互联网技术的广泛应用为在线教育平台的建设提供了有力支持。学校构建了多个在线教育平台,打破了地域和时间的限制,使优质教育资源得以广泛传播和共享。学生可以通过在线学习平台随时随地访问课程资源,进行自主学习和互动交流,极大地提高了学习的灵活性和效率。

大数据技术的应用能够更精准地分析学生的学习情况,为个性化教学提供数据支持。通过对学生的学习数据进行分析和挖掘,学校能够了解学生的学习习惯、兴趣爱好和优势领域,从而为他们提供更具针对性的学习建议和资源推荐。这种基于大数据的个性化教学方式能够更好地满足学生的个性化需求,促进他们的全面发展。

此外,人工智能技术的引入也为教学模式的创新提供了可能。学校利用人工智能技术开发智能教学系统,通过智能推荐、智能评估等功能,为学生提供更加智能化的学习体验。智能教学系统能够根据学生的学习情况和反馈,自动调整教学策略和难度,为学生提供更加精准的教学服务。

四是加强教师培训和交流。在教育改革的浪潮中,教师作为引领者和实践者,其角色和作用不可忽视。教师不仅是知识的传递者,更是学生成长道路上的引路人。为了更好地适应新的教学模式和教学方法,加强教师培训和交流显得尤为重要①。

加强教师培训是提高教师专业素养和教学能力的关键。通过系统的培训,教师可以学习到最新的教学理念、教学方法和教学手段,了解学科前沿动态和最新研究成果。同时,培训还能帮助教师更新教育观念,提高创新意识和实践能力。这样,教师就能够更好地将所学知识应用于实际教学中,提高教学质量和效果。

加强教师交流是促进教师成长的重要途径。通过教师之间的交流,可以分享教学经验、教学方法和教学资源,促进教师之间的合作和协作。同时,交流还能让教师了解不同地区、不同学校的教学情况,拓宽视野,激发创新灵感。这种跨地区、跨学校的交流有助于形成教育合力,推动教育事业的共同发展。

五是倡导学生自主学习和合作学习。随着教育改革的不断深入,学科类教学模式变革应更加聚焦于学生自主学习和合作学习能力的培养。这种变革旨在让学生从被动接受知识转变为主动学习知识,从而培养他们的终身学习能力和团队协作精神。

为了倡导学生的自主学习,学校设计了合理的课程结构。课程内容贴近学生生

---

① 王光明,张楠,李健,杨蕊,张胜.教师核心素养和能力的结构体系及发展建议[J].中国教育学刊,2019(03):81-88.

活,激发他们的学习兴趣。同时,教师注重培养学生的独立思考能力和批判性思维,鼓励他们自主探索和发现知识。此外,学校还提供多样化的学习资源和工具,如在线学习平台、电子图书等,以满足学生个性化学习的需求①。

在合作学习方面,学校加强了学生之间的交流和互动。通过组织小组讨论、团队项目等活动,让学生共同协作、解决问题②。这不仅能够培养学生的团队协作能力和沟通技巧,还能让他们学会倾听他人的观点,拓宽自己的思维视野。此外,学校鼓励学生分享自己的学习成果和经验,形成互相学习、互相启发的良好氛围。

为了促进自主学习和合作学习的深入开展,学校建立了科学的评价体系。评价应注重学生的过程性表现和合作成果,而不是仅仅关注考试分数。通过多元化的评价方式,如自我评价、同伴评价、教师评价等,让学生全面了解自己的学习状况,明确自己的优势和不足,从而制定更加有针对性的学习计划。

学科类教学模式变革是教育领域的重要任务之一。通过引入多元化教学方法、强化学生的实践能力、推动教育信息化、加强教师培训和交流以及倡导学生自主学习和合作学习等方式,可以推动学科类教学模式的变革,提高教育质量,培养创新人才。同时,学校也应认识到变革过程中可能遇到的困难和挑战,积极寻求解决方案,为教育事业的发展贡献自己的力量。

二、 跨学科教学模式变革

在当今社会,知识的交叉融合日益频繁,跨学科教学模式的变革已成为教育领域的重要趋势。跨学科教学不仅能促进知识的综合应用,还能培养学生的创新思维和解决问题的能力。跨学科教学模式打破了传统学科的界限,使学生能够在不同学科之间建立联系,形成全面的知识体系。这种教学模式能够帮助学生更好地理解世界,掌握综合解决问题的能力,更好地适应未来社会的发展需求。

我校从以下几个方面开展跨学科教学模式变革的实践。

一是课程整合。在当今知识爆炸的时代,单纯依赖某一学科的知识已经难以满足复杂问题的解决需求。因此,课程整合成为教育改革的重要方向之一。通过整合不同

① 何莲珍.自主学习及其能力的培养[J].外语教学与研究,2003(04):287-289.
② 王坦.论合作学习的基本理念[J].教育研究,2002(02):68-72.

学科的课程内容,学校旨在形成跨学科的主题课程,让学生在解决实际问题的过程中能够灵活运用多学科知识,培养综合素质和创新能力①。

课程整合的核心在于打破学科壁垒,将原本孤立的学科知识融合起来,形成有机统一的整体。在整合过程中,学校深入挖掘不同学科之间的内在联系,找到共同点和交叉点,构建跨学科的知识体系。这样的课程体系不仅能够拓宽学生的知识视野,还能让他们在面对实际问题时能够从多个角度进行思考和分析,找到最优解决方案。提升教师的跨学科的知识背景和教学能力,能够准确把握不同学科之间的联系和差异,设计出科学合理的跨学科课程。学校建立健全课程体系和评价体系,为跨学科课程的实施提供有力保障。此外,学校积极推广和宣传课程整合的理念和做法,让更多的教师和学生认识到其重要性和必要性。

二是项目化学习。在当今的教育领域中,项目化学习已经成为一种备受推崇的教学方法。它强调学生在实际项目中的参与和实践,通过解决实际问题,让学生综合运用多学科知识,进而提升他们的实践能力和创新思维②。

项目化学习注重学生的主体性和实践性。在项目化学习中,学生不再是被动地接受知识,而是主动地学习和探索。他们需要围绕一个具体的项目,运用所学知识进行深入研究和实践,通过实际操作和团队协作,完成项目任务。这样的学习方式能够让学生在实践中学习,将理论知识与实际操作相结合,从而提高他们的实践能力。项目化学习也强调跨学科知识的综合运用。在项目化学习中,学生需要综合运用多学科知识来解决问题。这不仅需要学生具备扎实的基础知识,还需要他们具备跨学科的视野和思维。通过跨学科的知识融合,学生能够更加全面地理解和解决问题,提高他们的综合素质和创新能力。项目化学习还注重学生的创新思维培养。在项目化学习中,学生需要不断思考、探索和创新,寻找解决问题的新方法和新思路。这种学习方式能够激发学生的创新意识和创造潜能,培养他们的创新精神和实践能力。

三是团队协作。在现代教育体系中,团队协作已经成为培养学生综合素质的重要一环。为了让学生更好地适应未来社会的挑战,学校鼓励学生进行跨学科团队协作,共同解决问题,以培养他们的合作精神和沟通能力。

---

① 杨维,费瑞伟.基于中小学课程整合的创客式教学模式构建[J].中国电化教育,2017(07):53-57.

② 夏雪梅.跨学科项目化学习:内涵、设计逻辑与实践原型[J].课程·教材·教法,2022,42(10):78-84.

跨学科团队协作是指来自不同学科背景的学生,为了共同的目标和任务,组成一个团队并相互协作①。在这样的团队中,每个学生都能发挥自己的专业优势,共同解决复杂的问题。这种团队协作模式不仅有助于拓宽学生的知识视野,还能培养他们的跨学科思维和创新精神。

在团队协作过程中,学生需要学会如何与他人沟通、协商和合作。他们要学会倾听他人的意见,尊重他人的观点,共同制定解决问题的方案。这样的沟通和协商过程能够培养学生的沟通能力和团队协作精神,让他们在未来的工作中更好地与他人合作。此外,跨学科团队协作还能培养学生的创新精神和解决问题的能力。在解决复杂问题的过程中,学生需要运用多学科知识,发挥创新思维,找到最佳的解决方案。这种过程能够激发他们的创新潜能,培养他们的创造力和解决问题的能力。

跨学科教学模式变革是教育发展的必然趋势。通过课程整合、项目化学习和团队协作等方式,学校能够有效地推进跨学科教学模式的变革,培养学生的综合能力和创新思维,为他们的未来发展奠定坚实的基础。未来,学校还需要继续探索和实践跨学科教学模式,不断完善和优化,以更好地满足社会的需求。

---

① 田娟,孙振东.跨学科教学的误区及理性回归[J].中国教育学刊,2019(04):63-67.

第三章

智慧学习场景教学创新的多种样态

第一节　沉浸式学习的智慧学习场景创设与运用——语文学科中的展现

一、沉浸式学习的智慧学习场景的思考与创设

—————— 基于数字化的初中语文沉浸式教学探索 ——————

随着教育理念的不断更新和教学技术的不断进步,教学方法也在不断改变和发展。其中,基于数字化的沉浸式教学作为一种新的教学模式,在教育教学领域中得到了广泛的应用和认可。基于数字化的初中语文沉浸式教学是一种以学生为中心,通过先进的技术手段,让学生进入到虚拟世界中进行学习和探索的教学模式。相比传统的语文教学模式,基于数字化的沉浸式教学模式更注重学生的参与感和体验感,旨在提高学生的语文素养和语文能力。本文将探讨基于数字化的初中语文沉浸式教学的特点、优势、挑战和发展前景,以期为教育界提供有价值的思考和借鉴。

1. 基于数字化的初中语文沉浸式教学的概念

初中语文沉浸式教学是指教师利用具体的情境、场景和话题,以及各种形式的互动与体验,创设一种沉浸式的语言环境,让学生通过情境体验、互动交流、自主探究和协作合作等方式,主动参与语言活动,提高语言运用能力和语文素养的教学模式。而信息技术在现代语文教学中有着举足轻重的作用,对于沉浸式教学模式的构建也发挥着重要作用。简单来说,基于数字化的初中语文沉浸式教学就是以创设语言情境为基础,利用信息化手段,通过互动交流、自主探究和协作合作等方式,让学生成为学习的主体,在语言环境中自然而然地掌握语言知识和技能,促进学生的自主学习和探索性学习。

2. 基于数字化的初中语文沉浸式教学的特点

(1) 情境化教学环境

基于数字化的初中语文沉浸式教学的第一个特点是情境化教学环境。情境化教学环境是指教师通过创设真实的语言情境、场景和话题等,让学生自然而然地融入语

言环境中,感受语言的真实性和实用性。这种情境化教学环境可以让学生更好地理解和掌握语言知识和技能,同时也可以激发学生的学习兴趣和动力。

（2）多样化的教学策略

基于数字化的初中语文沉浸式教学的第二个特点是多样化的教学策略。教师在教学过程中,不仅要运用讲解、示范、演示等传统教学方法,还要利用现代信息技术结合情景模拟、角色扮演、小组讨论、朗读比赛等多种教学策略,让学生通过不同形式的互动与体验,达到语言交流和表达的目的。

（3）强调语言运用能力的培养

基于数字化的初中语文沉浸式教学的第三个特点是强调语言运用能力的培养。在传统的语文教学中,教师往往注重学生的语言知识和理解能力,而较少关注学生的语言运用能力。但是,在实际生活中,语言运用能力更加重要。基于数字化的初中语文沉浸式教学通过情境化的教学环境、现代化的信息手段和多样化的教学策略,让学生在真实的语言情境中进行语言交流和表达,培养学生的语言运用能力,提高学生的语文核心素养。

3. 基于数字化的初中语文沉浸式教学的优势

（1）激发学生学习语文的兴趣和动力

传统的语文教学方式往往枯燥无味,难以吸引学生的注意力和兴趣。基于数字化的初中语文沉浸式数字化教学可以通过情境化的教学环境、现代化的信息手段和多样化的教学策略,通过引入虚拟世界和多媒体技术,激发学生的学习兴趣和动力。学生在真实的语言情境中进行语言交流和表达,能够感受到语言的实用性和魅力,从而更加主动地参与语文学习。

（2）提高学生语言运用能力和语文素养

基于数字化的初中语文沉浸式教学可以通过情境化的教学环境和多样化的教学策略,培养学生的语言运用能力和语文素养。学生在真实的语言情境中进行语言交流和表达,能够更加自然地掌握语言知识和技能,同时也能够提高语言的表达能力和沟通能力。数字化教育不仅提高了教学效率和教学质量,同时也能够创新教学方式,提高学生的学习兴趣和学习效果。在初中作文教育中,数字化技术同样可以发挥重要作用,沉浸式数字化作文教学也成了一种备受关注的教学方法。

作文是一项重要的语言能力,它不仅关乎学生的语言表达能力和思维逻辑能力,同时也是培养学生创造力和想象力的重要手段。然而,作文教学一直以来都面临着一些难题,例如学生写作兴趣不高、写作技巧不熟练、写作思路不清晰等。在这种情况下,数字化技术的应用为初中作文教育带来了全新的机遇。

利用信息手段的沉浸式作文教学是指将数字化技术应用于作文教学中,让学生可以更深入地参与到作文教学中,提高他们的学习效果和学习质量。实现沉浸式数字化作文教学的方法也有很多种,例如可以利用互动教学软件和游戏,将学生带入到一个虚拟的作文世界中,让他们在体验中学习。还可以利用移动设备和互联网资源,让学生随时随地都可以接触到作文材料,进行作文练习和研究。数字化技术可以帮助学生更加清晰地表达自己的想法和思考,从而提高他们的写作质量和效果。此外,数字化技术还可以帮助学生更加灵活地运用写作技巧,提高他们的写作水平和创新能力。

(3)增强学生的学习体验和记忆效果

沉浸式数字化教学可以为学生提供更加丰富和立体的学习体验,从而增强学生的记忆效果。学生可以通过虚拟现实技术和互动式学习,更加深入地了解和掌握知识点和概念,从而更好地理解和记忆学习内容。

基于数字化的初中古文沉浸式教学是未来教育发展的一个重要方向。可以借助虚拟现实技术,将学生带入古代诗人的生活环境中,让学生更好地理解和掌握古代文化和语言,提高他们的古文阅读理解能力,激发他们对古文学习的兴趣;可以帮助学生更好地掌握古文知识,拓展他们的文化视野,提高他们的人文素养和创新能力。

例如,在《江南春》的沉浸式阅读教学中,为了让学生沉浸在诗词意境中,教师带领学生辨析本诗的文字和语句,以课下注释中的素材以及古诗文网等平台上的画面和音频资料作为辅助学生辨析语句的道具,让学生通过合理的想象和联想,整体感知诗中景物的特点。教师要求学生在诗词中圈画出"莺""绿""红""水""村""酒旗""风""寺""楼台""烟雨"等景物后,让他们自主阅读和查阅资料,要求他们结合注释中给出的信息以及积累的文学常识等,以合理的想象解释上述词语,再比较前两句诗和后两句诗中景物特点的不同,通过想象和联想,让学生构建出江南春景的画面,学生也就基本把握了诗人对江南春景的赞美之情。这样便能体会古诗文本的美感以及文本中的意境。在这一过程中,学生沉浸在诗词自身的审美情境中,并能在沉浸式体验中强化自身的阅读感悟能力。

(4)促进学生综合素质的全面发展

基于数字化的初中语文沉浸式教学可以通过情境化的教学环境和多样化的教学策略,促进学生综合素质的全面发展。学生在语言环境中进行互动交流、自主探究和协作合作等活动,不仅可以提高语文素养,还可以培养学生的思维能力、创新能力、合作精神和文化素养等。数字化的沉浸式教学方法在初中语文现代文阅读教学中的应用具有强化学生阅读体验、培养学生综合能力以及提升阅读课程效率的作用。创设良好阅读环境、利用信息技术授课以及拓展阅读教育资源等方法为学生打造生态化的沉浸式阅读氛围,有效地推动阅读课程发展。

例如,在教学《开国大典》一课时,可以使用信息技术来构建阅读环境。网络上有很多有关于开国大典的资源,教师可以下载这些资源,在授课时将这些资源进行展示。如通过影像资料向学生展示开国大典的盛况,包括毛主席宣布中华人民共和国中央人民政府成立、升国旗、宣读中央人民政府公告,会场上爆发一阵排山倒海的掌声等,通过影像让学生深切感受当时的场景,学生的激动、兴奋、自豪之情油然而生,激发学生的阅读兴趣。在这样的阅读环境中,学生的阅读积极性会大大提升,学生很快就能进入到沉浸式状态中,阅读课程的效果就能得到有效改进。教师也可以为学生展示一些关于开国大典的历史图片。在网络上可以找到当时的许多老照片,为学生展示这些图片能够更好地还原历史,从而创造良好的阅读环境。

教师讲解文章内容时结合影片,这样就可以将讲解的重点从文字转换为图像,有效避免课堂氛围的沉闷,这对于教学质量的大大提升发挥着不可忽视的作用。应用信息技术构建阅读环境能够为学生提供良好的阅读环境,从而推动阅读课程的长效发展。为了更好地发挥信息技术的作用,要求教师研究更多应用信息技术构建阅读氛围的方法,并在授课过程中总结经验,继承教学方法中的优秀之处,不断改进教学方法中的不足,更好地推动教学活动的顺利开展。此外,教师也应认真地总结教学不足,分析和研究使用信息技术过程中遇到了哪些问题,针对这些问题形成的原因进行研究,设计针对性的解决方法,从而实现教学优化与创新的目的。教学过程中必然出现多种问题,如学生阅读兴趣降低,为了更好地了解这些问题产生的原因,教师可以对学生开展问卷调查,通过问卷调查了解原因,在此基础上改进教学方法。

4. 初中语文沉浸式数字化教学的挑战及前景

基于数字化的初中语文沉浸式教学需要一定的教学资源和条件支持,例如虚拟现实技术和多媒体设备等。但是,在现实中,很多学校的教学资源和条件相对有限,无法满足沉浸式教学的需求,这也是基于数字化的初中语文沉浸式教学面临的挑战之一。

基于数字化的初中语文沉浸式教学需要教师具备较高的教学技能,不仅需要掌握传统的语文教学知识和技能，还需要了解情境化教学的原理和方法，能够根据学生的实际情况灵活调整教学策略和方法，为学生提供真实、有效的语言学习环境和体验。数字化教学更需要教师和学生具备一定的技术和操作能力。因此，教师和学生需要接受相应技术的培训和指导，以充分利用沉浸式数字化教学的优势。

沉浸式数字化教学需要制定相应的评价标准，以便对学生的学习成果进行评价和反馈。当前的评价和考试制度主要注重学生的语文知识和理解能力，而较少关注学生的语言运用能力和语文素养。这对初中语文沉浸式教学的推广和应用也带来了一定的阻力和挑战。因此，需要对评价和考试制度进行改革和调整，更加注重对学生的语言运用能力和实际应用能力进行考核，以适应初中语文沉浸式教学的要求。

随着技术的不断发展和应用，沉浸式数字化教学在教育领域中的应用将会越来越广泛。初中语文沉浸式数字化教学可以通过多媒体教学、虚拟现实技术等方式，为学生提供更加生动、直观的学习体验，从而激发学生的学习兴趣和学习热情。另外，沉浸式数字化教学还可以通过个性化教学、自主学习等方式，培养学生的学习能力和自主学习能力，更好地满足学生的学习需求。

此外，沉浸式数字化教学还可以为学生提供更加丰富的学习资源，通过多媒体教材、网络资源等方式，让学生接触到更多的文化和知识，培养学生的综合素质和创新能力。同时，沉浸式数字化教学也可以为教师提供更加便利的教学方式和资源，帮助教师更好地完成教学任务。

总之，基于数字化的初中语文沉浸式教学既面临着一些挑战，也有着广阔的发展前景。在未来的教育领域中，数字化的沉浸式教学将会成为一种重要的教学方式，为学生提供更加生动、直观的学习体验，培养学生的学习能力和自主学习能力，帮助学生更好地掌握知识和技能，为学生的未来发展打下坚实的基础。

（诸小艳）

二、 沉浸式学习的智慧学习场景的实践与探索

智能白板中思维导图应用于初中学生作文结构指导的实践探索

初中学生的写作指导一直是语文教学实践的难点。对于如何指导学生进行写作构思、设计写作框架，教师缺少具有可操作性的教学支架。用于"谋篇布局"的结构是

写作教学指导的重要环节,需要学生用基本的事实材料来实现文章立意。事实材料是一篇文章的大体轮廓,也是文章的主要结构。① 能否做到行文有序、布局合理,实际是对学生逻辑思维的考察。构思好一篇作文的结构,对学生是一个巨大的挑战,也是教师指导学生作文的一大难点。

《新版课程标准解析与教学指导》指出:学生开展表达与交流、梳理与探究等语文实践活动,离不开信息技术工具的支持。信息技术为语文教学方式变革提供工具基础。例如,表格、思维导图、排序等工具支持学生的分析、思考、推理等梳理与探究活动。教师在设计学习任务和教学活动时,也要充分利用信息技术工具,促进教学方式变革。② 随着信息技术的不断发展,适用于指导学生作文"谋篇布局"的软件越来越多,智能白板中的思维导图就是一个很好的范例。笔者在教学实践中将思维导图运用于学生作文教学的结构指导,取得了很好的成效。

1. 文章结构的意义和要求

"结构"一词原是建筑学上的一个术语,指的是建筑物的内部构造、整体布局,后来借用到写作中,用以表现一篇文章布局的艺术。因此,所谓"结构",就是文章内部的组织构造。

如果说主旨是文章的灵魂,材料是文章的血肉,那么,结构就是文章的骨骼。选定了材料,确立了主旨,只能解决"言之有物"与"言之有理"的问题;而结构,解决的是"言之有序"的问题。结构的好坏直接影响到文章内容的表达,不在结构上下一番功夫,是很难写出好文章的。

(1)结构要与主题表达契合

文章结构的安排要基于主题的要求,安排结构的过程即是使材料和主题统一的过程。文章结构包含诸多方面,例如句与句之间的关联、层次段落的确定划分、详略安排和叙述顺序的先后、如何开头、如何收束等。结构布局千变万化,但都因"文"而宜,即以表现主题为宗旨。

(2)结构要符合文体特点

初中阶段的作文以记叙文为主,记叙文离不开"人"或"事"。但凡叙事,起码要符合记叙文四要素——时间、地点、人物、事情。事情的发展过程是文章的主体,需着重

---

① 马正平.中学写作教学新思维[M].北京:中国人民大学出版社,2003:124.
② 张秋玲,牛青森,等.新版课程标准解析与教学指导:初中语文[M].北京:北京师范大学出版社,2022:56.

笔墨,时间、地点、起因属于背景交代,无需作过多铺垫。

在"四要素"框架的基础上,基于构思与情感抒发的需要,可以适时对叙述顺序加以调整,或利用过渡、照应、线索等手段或形式使文章局部与局部、局部与整体之间的内在联系和外部形式实现统一。

(3)结构要巧妙新颖,富于变化

讲到构思新颖,不得不提到八年级教材中的课文《一滴水经过丽江》。众所周知,这是一篇游记,游记不好写,移步换景地介绍所见所闻所感,很容易缺少新意,写成流水账。作者阿来以"一滴水"为叙述视角,巧妙地把时间和空间两个维度串联起来,全方位地介绍丽江的自然风光、历史沿革和人文景观。因此,一篇好的文章,无论从选材、语言形式还是谋篇布局上都应该是富于变化的。教师要适时引导学生,不要将合理的结构要求错误地理解成"程式化写作"。"文似看山不喜平",好的文章从来不是平铺直叙的。只有将思维打开,勇于创新,布局才能不拘泥,语言才可有张力。

2. 不同文章类型的结构特点

在初中生写作训练中,根据文章题目特点的不同,可以编排文章的结构。侧重"因果"分析的题目,可以采用横式结构;侧重"过程"阐述的题目,可以采用纵向结构;侧重前后凸显的题目可以采用对比凸显式结构。

(1)因果分析类

因果关系是指原因和结果之间的联系。如果一个现象的出现必然引起另一个现象的出现,那么,这两个现象之间就有着因果关系,原因和结果在时间上是前后相继的,原因总在结果之前,而结果总在原因之后。[①] 如果题目中包含某种观点,学生就要在行文中举例来回应题目,主体内容紧紧围绕标题中的"观点",使主体内容与题目形成因果关系。材料在结构安排上往往采用横式结构,即提出问题,解决问题,再延伸问题,最终得到结论。

横式结构需要把几组属于不同类别,但有内在联系的事物或景象,按照差不多相同的句群结构排列在一起,来共同表达一个主题。它的优势在于构思简单、情节丰富、表达有力,且不易跑题。以作文《有你真好》为例,"真好"是观点,学生需要从不同角度列举两到三个事件展开描述,层层论证题目中的"真好",每一个事例与题目都能形成

---

① 华东师范大学哲学系逻辑学教研室.形式逻辑(第六版)[M].上海:华东师范大学出版,2023:142.

因果关系。

（2）过程发展类

文章的层次以事物的纵向发展、延伸进行安排,一般用来表现事物的演进过程。学生运用"纵向结构"构思这类文章,着重事件一波三折的发展过程,用线索串联全文,达到局部与整体的统一。有些题目的核心词多用限定性词语,例如《终于跨出这一步》《我逐渐了解了她/他》《慢慢地,我学会了欣赏》等。

（3）对比凸显类

有些作文题的题目中会暗含两种场景、事件、情感等,前一次是铺垫,后一次的叙事才是重点,起到突出中心、升华主旨的作用,如《这里也有乐趣》《这一次也挺好》。

这样的题目,在谋篇布局时首先要关注潜藏的核心词,然后对其略写,起到铺垫、对比作用;其次需要恰切的过渡段,将两次不同的事件、场景等连接起来;最后得到对比后的感悟,升华主旨。

横式结构、纵向结构、对比凸显式结构是依据文章题目设计的常用行文结构。在此基础上,为使情节跌宕起伏,句段之间承接流畅,文章浑然一体、完整严谨,教师还要指导学生运用不同的记叙顺序来设置悬念;能够用过渡句段、线索将材料组织起来,使文章的各个层次贯通连接。不同年级的学生可以掌握不同的行文结构,由易到难,培养学生思维的逻辑化。

3. 运用智能白板思维导图训练文章结构

思维导图是英国著名学者东尼·博赞和巴利·博赞在19世纪70年代提出的一种整合和筛选思维的科学方法。目前,有关思维导图及教学应用的研究已经广泛覆盖了大、中、小学等不同阶段,不同课程或学科的课堂教学。① 文章的结构层次有其特有的构建框架,利用思维导图有助于学生选择适用于不同题目的结构图示,将行文的思考过程科学化、程序化、可视化,形成逻辑严密的文章脉络体系。

我校使用的智能白板中有三种思维导图:环抱图、鱼骨图、组织结构图。三种图示与初中学生写作训练的常用结构,即横式结构、纵向结构相契合,学生也易于掌握。

（1）鱼骨图

鱼骨图是一种发现问题根本原因的方法,透过现象看本质,理清思路,找出问题

---

① 旷可卿.基于思维导图的高中生议论文构思能力培养策略研究[D].南昌大学,2022.

点。学习鱼骨图有助于培养学生深入分析的能力。写作中,鱼骨图适用于因果分析类文章的结构梳理。

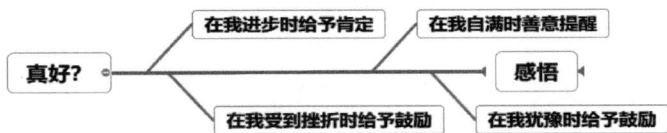

在鱼骨图的引领下,学生通过在鱼头处写出体现文章主旨的观点,在鱼骨上分别写能够说明主旨的事件,一步一步完成整篇作文。这样的支架大大降低了学生谋篇布局的难度,为学生提供了一种构思作文的可视化策略,在教学实践中受到了学生的青睐,也有效提升了学生作文结构的逻辑水平。

（2）环抱图

环抱图又名括号图,通常用于分析一个事物的结构,理解主题和其属性之间的联系。纵向结构的文章可以用环抱图设计行文思路,根据内容需要增加分支,理清情节演进过程。环抱图适用于过程发展类文章的写作训练。

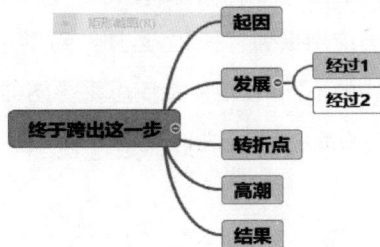

环抱图结构是依据记叙文的四要素来设计的，有利于学生对事件过程的完整叙述。学生在记叙文写作中的难点往往体现在对事件过程叙述的单调、思路展不开、缺乏变化曲折。在环抱图这个支架的引领下，学生逐渐学会了将平淡的事件写曲折，将单调的过程写丰满。

（3）组织结构图

组织结构图是组织架构的直观反映，形象地反映了组织内各元素上下左右互相之间的关系。组织结构图没有一个固定的格式，其功能是根据文章内容制定具体的个性组织架构图，常用于对比凸显类文章的写作训练。作文中运用组织结构图完成整体构思，可以大大降低学生文章结构的难度，有助于学生取得更好的作文训练效果。

题目：这一次也挺好

文章主体内容图示：

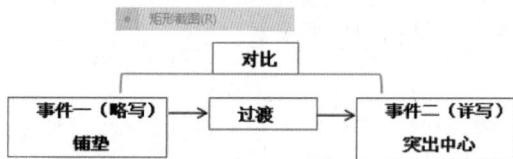

对比

事件一（略写）铺垫 → 过渡 → 事件二（详写）突出中心

文章的结构框架是由开头、结尾、各部分材料、串联材料的过渡句段组成的。组织结构图主要呈现文章材料之间、首尾之间的内在联系。由于组织结构图无定式，所以学生可以根据自己的构思布局设计不同的组织结构图。在设计、修改的过程中，学生能更好地理解各部分之间的关联，如对比、照应、线索、详略、承上启下等，对把握文章的整体感、熟悉常用的写作手法有着推动作用。组织结构图可以帮助学生更好地把握文章各部分之间的关联，解决学生作文中常见的结构混乱问题。

智能白板将思维导图的应用更加可视化，运用在对学生写作结构的训练中，使学生更容易理解各类文章结构的不同，让他们按照思维导图的引领写出一篇结构严谨的文章，对于提升学生写作水平是一种行之有效的方法，也有助于提升学生的写作自信心。

（华琨）

随着教育数字化的不断推进,各种数字化教学媒体(如交互式电子白板、移动平板、互动教学支持平台、多媒体网络技术等)不断走进课堂,为数字化与课堂教学的深度整合、创新教学模式提供了新的契机。与传统多媒体课堂环境相比,网络教学资源、互动教学平台、交互式电子白板、各种便携式移动终端和实时反馈系统等数字化教学资源能更好地创设不同类型的学习情境,打造沉浸式课堂,让老师教得更灵活,学生学得更深入,课堂氛围更轻松。

本文的情境教学主要指为达成相应的教学目标,借助多种教学手段,为学生创设符合他们认知水平、生活经验的有趣、实用的学习情境,使学生发挥自主性、主观能动性,思维得到激活,同时产生积极的情绪体验,从而实现互动学习、体验学习的一种教学方式。

沉浸理论最先是在 1975 年提出的。米哈里·契克森米哈在研究人类创造力的时候发现,人们在日常工作和生活中都会产生沉浸体验。他进一步阐述了一种状态:当个体全身心地投入到某种活动中时不会受到外界的干扰,同时能够感受到喜悦而不去计较任何得失。针对此种状态,他进一步提出了沉浸理论,详细阐述了当人进到某种特定环境之中,由于完全沉浸而没有了对外界无关因素的感知觉的沉浸状态。当人们达到这种状态时,就会非常享受正在进行的这项任务活动,并且能够高效、及时地将其完成。换句话说,人们会完全被当前正在从事的活动所吸引。

沉浸式教学则是指一种能够使学生进入沉浸体验学习状态、全身心深度融入课堂氛围的教学手段,能够通过沉浸氛围激发学生的学习兴趣,调动学生的主观能动性,从而提高教学水平与成效。在初中语文教学中,沉浸式教学是引导学生深入古诗文情景中去思考、去体悟的有效方法,能够引导学生充分感受古人智慧,体味古文的文体之美,提高学生的学习效果。

现阶段,文言文教学过程中存在缺乏交互、教学情境固化、评价手段单一等问题,不能很好地培养学生的语文核心素养。数字化技术的个性化、多样性、交互性、评价手段多元化等特性能弥补传统文言文教学在情境创设方面的薄弱点。由此,本文意在探索如何利用数字化教学资源来创设教学情境,打造全方位的沉浸式课堂,激发初中学生对文言文学习的兴趣,提升文言文课堂的参与度与活跃度。

数字技术支持下的文言文情境教学可分为三个环节:课前预学,以学导思;课中参与情境构建,沉浸文本;课后情境延伸,个性提升。

1. 课前运用"知识胶囊"录制微课视频,营造学习情境

沉浸式学习离不开学习动机的驱动,激活学习动机是产生和维持沉浸式学习的前提。在沉浸式学习的过程中,需要建立学习者与学习内容等之间的紧密连接以充分激活学习者的动机。在开展正式教学之前,笔者一般会借助数字化技术进行预习作业的布置,提前建立学生与学习内容之间的联系,激活他们沉浸式学习的动机。例如,在开展《茅屋为秋风所破歌》一课的教学之前,我事先利用智能白板中的"知识胶囊",提前将作者生平及写作背景的讲解录制为视频,放入"校信"APP中的班级群进行"教学预热",让学生结合视频及课本进行预习,预习后在群里提出自己的疑问点和好奇点,笔者则进行收集整理,以备把握课程的难点。学生通过观看微课,走近文本,初步感知文本,利用"校信"提交预习作业。在批阅完预习作业后,"校信"教师端会以数据形式直观呈现学生的作业情况。通过数据分析得知,学生对这首诗歌的理解存在以下疑难点:对理解词作的基本内容有偏差,对"吾庐独破受冻死亦足"一句不理解;把握作者情感有障碍。笔者根据以上学情,在课堂上利用智能白板,以列学习任务清单的形式来实现任务驱动式学习。在学习任务清单的设计上,紧扣叙事诗的课型特点,按照从具象到抽象的认知规律特点,设置体现能力梯度渐进的探究问题,根据学生预习作业的反馈来设置课堂教学重难点及教学环节。

学生在进行充分预习后,对课程有了疑点及好奇心,课堂上学生的参与感会更强,学习会更快速,思考会更深入。预习作业的数据反馈也可以帮助教师更精准地进行课堂授课,为课堂更高效流畅打好基础。

2. 课中学生参与情境构建,沉浸文本

在文言文教学中,教师运用语言沉浸的方式是刺激学生内隐学习的主要途径。内隐学习最早由美国心理学家雷伯(A.S. Reber)提出,指无意识、自动化地获得规则的认知加工过程。由此,教师应在课堂上带领学生尽情朗读,并尽量模仿诗人的说话方式,打造课堂中的语言沉浸。在语言沉浸中又辅以数字化技术,创造更为真实的情境以刺激学生逐渐构建语言体系,促进学生内隐认知的形成。如在教学《记承天寺夜游》一课时,为了让学生设身处地地体会苏轼在承天寺内与友人赏月的景和情,带领大家同作者一同"赏月""析情"。笔者借助智能白板播放抒情空灵的背景音乐,并在屏幕上呈现出皎洁的月光、月光下随风摇动的竹柏之影,以"师生对话"的形式来再现现场情境,让师生置身于银白月光下的寺院内。笔者用这样的语言总领:"回想起元丰六年,

让我记忆最深刻的还是那晚的月光,那晚的竹柏。"学生诵读原文:"元丰六年十月十二日夜,解衣欲睡。"我继续串联道:"突然发现今夜月色甚好,免不了要好好欣赏一番。"学生答道:"念无与为乐者,遂至承天寺寻张怀民。"就这样,教师用另一种话语呈现形式还原苏轼因月色美好而出行的所见所思所想作为串联,学生则用与此对应的原文进行回应,一起参与课堂情境的创建过程。在屏幕上清冷月光的辉映下,在徐徐流淌的乐音间,在白话文与文言文的交融中,在教师缓缓道来与学生深情吟诵的交互中,循着作者的步伐,去感受文字背后的情感表达。学生通过朗读,会在无形中加深对古诗文的记忆,并根据节奏、声调等变化,感受文字的表达以及作者的情感。教师的话语呈现不仅是学生对答的引领,更是一种知识性和背景性的补充,为学生的情感共鸣创造合理的空间。

在线上教学中,笔者积极引导学生充分利用"互联网+"学习空间,打造高质量的互动学习环境。如学完七年级下册古诗词单元后,笔者通过网络教学平台 ClassIn 课堂,创设弘扬传统文化、吟诵经典诗词的学习情境,举办班级线上诗歌朗诵会,即每位学生选择自己最喜欢的一首诗词吟诵,可现场吟诵,也可以提前录音后在线播放,可单人朗诵,也可多人组合,形式自由。其余同学作为在线评委留言交流、评价。在此过程中,通过学生的美读演绎,把无声的文字转化为有声的语言,更便于学生感受诗歌的意境美,深入体验诗歌的情感意蕴。通过线上诗歌朗诵,打破传统诗歌朗诵形式,创设自由的学习情境,促进了学生对诗歌的深度学习,实现了知识与能力的迁移运用。

通过数字化及语言来创设甚至"还原"课文情境,学生全身心沉浸在文本中,并在老师语言的感召下与文本深入对话,甚至参与到课堂情境的搭建中,这样才能让文言文的魅力渗透到学生的心灵中,让学生穿越千年去触摸文人气节,品味文言简练雅致的审美意味。

3. 课后情境延伸,个性提升

课堂上对文本进行深入解读、分析,这是学生输入的过程,但语文课堂上的"输出"也同样重要。正如朱熹所说:"在'纸上求义理'的同时,须反来就自家身上推究。"要想让学生沉浸于诗歌学习,还应引导他们进行语言输出。因此,"沉浸式"课堂更要让学生联系自身生活经历与诗人、诗歌展开对话,超越文本,生成自己的见解与主张,最终学以致用。因此,给学生留下一份具有"应用情境"的作业就尤为关键。可以鼓励学生对文言文进行改编,将文言文改编成情景剧。在学习《愚公移山》一篇时,鼓励学生对文本进行改编,以录制情景剧视频的形式再现文章内容,语言要贴近时代特点,可采用原文,也可做适当的变动,在下一节课时全班播放展示。学生在创作过程中能更好地揣摩文言字词、句式的用法,不断培养阅读文言文的语感,同时也能对时代背景、人物形象有更深刻的理解。

在进行文言文教学时要抓住文本之间的共性,教读其中一个文本,同时向其他共性文本拓展延伸。可利用数字技术,通过一篇文来整合一类文,在深度上拓展延伸。数字技术也可在语言的理解与运用之间架起桥梁。初中教材中的文言文大多是以篇章为单位独立出现的,加上少量的补充性知识。这些现有的学习素材未免流于浅显、单薄,课堂容量不够,学生很难将文言文读懂学透。因此,在学完一篇文言文后,可利用智能白板中的"思维导图"功能,将之前学过的知识点进行串联,给学生做拓展延伸。以学习《与朱元思书》为例,课时目标定为"通过整合比读,深刻领悟山水之意"。笔者在课上带领学生诵读赏析文章中"奇山异水"之景,体会富春江天下独绝之美,课后鼓励学生利用"思维导图"功能将之前所学过的《三峡》《答谢中书书》《记承天寺夜游》串联起来,通过整合比读探究作者隐藏在山水景色之中的用意。这可以让学生明白这类文本多是作者想通过描写山水美景来抒发自我情思和高洁志趣的共性特点,从而深入理解文章的意境美和志趣美。这样既让学生组合联系了自己的认知体系,又帮助了他们搭建起知识间平行联系的框架,同时也可以复习旧知识,加深记忆,使学习内容得到纵深巩固。

4. 结语

数字技术与语文教学的深度融合,实践的着眼点不在于刻意追赶新技术,而是将师生已较为熟悉的数字化资源有的放矢地融入日常教学之中。本文基于数字技术的初中文言文情境教学,将大数据、智能白板和移动互联网等各种媒介应用于日常教学中,构建了课前、课中、课后各环节个性化、智能化、数字化的学习情境,创设线上线下"混合式"学习情境,激发了学生参与到语文课堂中的自主性和能动性,使抽象的语文阅读教学更加形象化、可视化,达成发展语言、锻炼思维、浸润文化的语文核心素养的提升。

（王宇）

数字化转型对情境写作中的赋能

1. 背景

随着数字化时代的到来,传统的写作教学模式已经不能完全满足现代教育的需求。传统的语文教学中,学生难以真正将自己的生活经历融入写作中,缺乏情境感。如何在数字化环境下创设生动的情境,激发学生写作的热情和潜能,成为语文教学中一个值得探讨的问题。

语文课程标准提出,在写作教学中,应积极合理利用信息技术与网络的优势,激发学生写作兴趣,增加学生创造性表达、展示交流和互相评改的机会。近年来,随着数字化校园平台的建设与发展,语文教学已进入一个全面开放的崭新时代,教师运用数字化教学资源,对文字、图像、声音以及动画影视等的综合处理,达到声、图、文并茂的情景教学效果,可以充分激发学生的学习兴趣和学习积极性,提高语文课堂的教学效果,更为数字化资源与语文教学的有效整合提供了宽广的途径。在教育的不断进步和发展中,如何让学生在写作学习过程中更加贴近生活,提高其写作兴趣和能力,成为教育工作者思考的问题。

数字化技术的引入为写作教学提供了新的思路和方法。特别是在情境写作中,通过数字化技术的运用,可以创设更加丰富多彩、贴近生活的写作场景,激发学生的写作热情,提高写作质量。因此,探索数字化转型在情境写作中的应用成了一项重要的任务。数字化为情境创设提供了广阔的空间。数字化技术可以帮助教师为学生打造更真实的情境体验:利用智能设备拍摄学生生活点滴,实现"重现"体验。由"教师主导"向"学生主导"转变,强调个性化体验;由"线下独立"向"线上线下融合"转变,强调资源共享;由"写作为主"向"体验写作为主"转变,强调过程的重要性;由"产出评判"向"过程参与"转变,强调学习态度的培养。数字化赋能下,情境写作教学将实现个性化、情境化、体验化的深入改革,激发学生潜在的写作潜力。

在这一背景下,如何将情境写作与数字化相结合,提升语文写作教学的效果成了一个值得探讨的问题。情境写作强调通过真实情境再现,让学生对知识内容有合理的认知,而数字化转型则为教学提供了更多可能性。因此,如何在写作中提出与生活相链接的情境,并且与数字化相结合,成了当前语文教学中需要思考的问题。

2. 教学实践

在写作活动教学中,如何依托数字化转型创设情境为写作教学赋能,是提高学生写作兴趣和能力的关键。

(1) 实践设想

首先,教师需要根据教学内容和学生的兴趣爱好,设想一个与生活紧密相关的写作主题,可以是一次校外教学活动的体验、一个家庭聚会的场景,或是一个虚拟的科幻世界。通过这样的设想,使学生能够在脑海中构建一个具体的情境。

以"悬铃木的飞絮季"写作活动教学为例。情境写作教学的设想是在语文课堂中创设一个真实的生活情境,让学生通过观察、体验、感悟生活,从而进行写作表达。在这个设想中,教师需要精心创设情境,例如引导学生观察悬铃木的特征,感受飞絮的飘落,从而激发学生的写作兴趣。在教学过程中,需要通过多种方式引导学生细致观察,调动他们的多种感官,使他们产生联想想象,以及融入主观情感和感受文化韵味。这样的情境写作教学需要在数字化转型的支持下,利用数字化手段创设生动的情境,例如通过视频、图片等多媒体资源,让学生更好地感受到真实的情境。

(2)实践过程

在构建了初步的情境后,接下来的步骤是利用数字化工具和资源,如多媒体演示、虚拟现实(VR)技术、互动软件等,来丰富和完善这个情境。

"悬铃木的飞絮季"写作活动教学实践共分为 2 个课时:第一课时安排在室外,着重于让学生置身于具体的生活场景中去观察和记录;第二课时则在室内,主要完成写作任务和思维方法的提升。这样的设计安排力求在记叙文写作教学中充分调动学生的参与和体验,让学生回归真实生活,从身体经验逐步走向写作知识、能力和思维的建构。

笔者先安排学生在室外进行实地观察体验,从学生的生活出发,创设生活化的写作情境,为写作学习提供背景信息:(1)请学生观察眼前这几株悬铃木,并结合以往的生活经验,交流自己的发现和感受;(2)请上海自然博物馆的专业科研人员给学生做悬铃木相关内容的科普;(3)学生做好相关记录。

上述三个活动为学生的写作创设了两个情境:一是日常生活情境,包括观察眼前现实生活中的悬铃木,获得最直观的信息,同时,从以往与悬铃木相关的体验中补充细节,丰富此刻观察结果,如对悬铃木飞絮的情感、态度等;二是知识获取情境,通过专业人员的讲解,扩展学生对悬铃木认识的外延和视野,促进学生由观察所得的感性认识上升为经过知识补充和思考过后相对理性、全面的认识。

本次实践立足写作中的观察,相关学习活动的设计意图和安排如下。

① 方法与工具:感官体验的观察信息处理

结合以往学过的《春》《济南的冬天》等课文中的描写方法,引导学生将之前观察和学习到的关于悬铃木的信息,按照观察记录表的提示,进行多角度的整理,并完成初步的片段写作。

观 察 记 录 表

多角度细心观察	树名	
	树(枝、叶、果)形	
	树(枝、叶、果)色	
	树(枝、叶、果)味	
	其他	

学生通过视觉、嗅觉、味觉、触觉等感官直接观察获得的关于悬铃木的信息是零散的,是缺乏角度和层次的。观察记录表为学生处理从多感官体验而来的信息提供了方法和工具,通过"形""色""味""其他"等角度梳理零散的信息,使其结构化,促进了写作的层次性和条理性。这是学生之后写作行文的重要材料。至此,第一课时的内容结束。

② 刺激与强化:视觉通道的信息再认

第二课时的学习地点回到室内,主要任务是将学生已有的信息和文字进行提升,并且总结写作方法,完成写作思维路径的建构。本次实践中设置了专门的回顾活动:播放一段视频,回顾学生上节课在飞絮季的独特体验。视频不仅仅记录了学生室外观察的美好瞬间,让学生懂得生活的美好是值得被记录的,而且更重要的是通过视觉信息通道的刺激与强化,唤醒学生对之前身体经验和观察所得的再认,同时也留给学生再次思考和"反刍"身体经验的空间。

③ 抽象与提升:基于多元感官智能的写作方法提炼

学生初步的写作片段只有经过指导和修改,水平才有可能得到提升。在视频回顾过后,本次实践组织学生欣赏几个片段,思考这几个片段是否运用了多感官,从形、色、味等多角度细心地观察、细致地描写了观赏悬铃木的过程。这个环节在于引导学生从文段的比较中抽象并提炼出从多感官出发进行描写的方法,这是在之前片段写作基础上的进一步提升。

(3)沉浸式创设情境如何赋能写作教学

要实现沉浸式情境写作,需要几个关键要素:真实性、互动性和创造性。真实性是指情境的设置要贴近生活或有足够的说服力;互动性是指学生能够在这个情境中进行探索和交流,增加写作的参与感;创造性是指在这个过程中,学生能够自由地发挥想象,创作出独特的作品。

沉浸式情境写作的创设包括精心创设情境、引导细致观察、延伸情感体验以及贯穿以读促写等。数字化转型为情境创设的实现提供了更多的可能性。例如,通过数字化手段,可以更生动地创设情境,让学生在虚拟的环境中进行观察和体验;数字化手段(如数字化交互课件、在线实验等)也可以帮助教师更好地引导学生细致观察;此外,数字化手段还可以丰富情境写作的延伸体验,例如通过虚拟现实技术让学生感受不同的文化韵味;最后,数字化手段也可以通过在线阅读、数字化图书馆等方式贯穿以读促写,让学生更广泛地获取素材,从而提升语文写作的能力。

依托数字化转型,沉浸式情境的创设可以从以下几个方面赋能写作教学:学生对生活的兴趣,丰富写作素材来源;培养细致观察能力,提升写作水平;运用多种技巧进行创新表达;培养独立思考能力和主观情感表达能力;采用多媒体手段提升教学效果;实现教学个性化,注重学生主体作用;促进读写能力全面发展。

因此,数字化转型为情境写作教学赋能,提供了更多的可能性和资源,让教师能够更好地创设生动的情境,引导学生进行沉浸式的情境体验,从而提升语文写作的质量和效果。

(4) 数字化转型赋能沉浸式情境创设的价值与认识

数字化转型在沉浸式情境创设中的应用,不仅能够为学生提供更加真实、互动和创造的写作环境,还能够帮助教师更有效地组织和管理写作教学活动。通过数字化工具,教师可以更容易地收集和分析学生的写作数据,及时调整教学策略,提高教学效果。同时,数字化技术还能够帮助学生跨越时间和空间的限制,体验到更多样化的情境,拓宽写作视野。首先,数字化技术能够实现教学内容的多媒体表达。通过视频的形式回顾上课内容,不仅能够调动学生的视觉和听觉感官参与,也能够使上课内容更加形象生动、更易于理解和记忆。这对于激发学生的学习兴趣和参与度大有裨益。

其次,数字化技术能够实现教学内容的时空延展。例如在"悬铃木的飞絮季"写作活动教学中,利用数字技术将第一课时的观察体验,通过视频的形式在第二课时进行回顾,这一做法充分发挥了数字化技术在教学中的优势。利用视频实现内容的回顾,不仅能够在时间上将上一课时的体验延续到这一课时,而且能够在空间上将课堂外的学习体验重新带入课堂进行深入学习。这有利于贯通不同时间节点和场景下的学习，形成学习的连贯性。

再次，数字化技术能够实现教学过程的互动性。通过在大屏幕上播放视频回顾，学生能够看到自己的学习成果，这不仅能够增强学习的主体性，也能够激发学生的学习热情。同时，视频回顾还可以进行互动式的点评与讨论，这对于深化学习效果和促进知识内化都很有利。

因此，数字化技术能够很好地服务情境教学模式的实施。它能够帮助教师更好地构建沉浸式的学习情境，实现教学内容的多媒体表达、时空延展与互动性，从而提升教学质量和效果。这也正是数字化转型赋能情境教学的重要价值所在。

3. 成效

以"悬铃木的飞絮季"写作活动教学为例，这次语文课堂利用数字技术进行的沉浸式情境写作教学，给学生带来了很大的收益。

首先，提升了学生的学习参与度。通过实地观察和互动式学习任务，学生全程保持高度浸润式参与状态。利用视频回顾也能够再次调动学生的学习热情。

其次，激发了学生的学习兴趣。新颖的教学模式和丰富的学习体验让学生感到学习的乐趣。通过亲身参与和沉浸式体验，学生对知识的掌握也更加直观和深入。

再次，提升了学生的学习效率。利用数字技术将不同环节有机衔接，形成一个完整的学习过程，这对于提升学习效率大有裨益。同时培养了学生的实践能力。通过实地观察和写作练习，学生不仅掌握了知识，更重要的是锻炼了自己的实践能力。

最后，提升了学生的综合素质。通过这种学习方式，不仅语文能力得到提升，同时也提升了学生的观察能力、思考能力、沟通能力等综合素质。

以上这些优点都充分说明，数字化赋能下的沉浸式情境写作教学给学生带来了很大的收益，在提升学习效果的同时也促进了学生全面发展。这是一种值得推广的教学模式。

总之，数字化转型对情境写作的赋能不仅改变了写作教学的方式，还提高了学生的写作兴趣和能力，为学生的综合素养发展开辟了新的路径。未来，随着数字化技术的不断进步，情境写作的教学实践将会更加丰富多彩，更加贴近学生的生活和需求。

（王荣）

语文教学最关键的组成部分是阅读，而教材中的课文便是培养学生阅读能力的基本单位。语文课堂以课文为依托，学生在教师的引导下学习阅读方法，培养阅读能力，丰富自身的阅读体验，提升审美能力和审美品位。随着信息技术的不断发展，数字化的校园以及课堂为这一目标的实现打开了新思路，应用于初中语文阅读教学的沉浸式教学模式也逐渐随之产生新的变化。

1. 数字化背景下的沉浸式教学模式更新

首先需要明确的是，沉浸式教学模式的关键在于"沉浸"，即人们完全投入到当前的学习情境中的一种状态。最初的加拿大法语沉浸式教学模式是针对第二语言学习者设计的，而面对目的语就是学习者母语的情况，沉浸式教学模式的各个方面应做出相应的调整改变，尤其要更新教学活动设计和语言环境构建。

数字化的校园建设为学生获得相应的沉浸体验提供了坚实的技术支持。移动网络的普及保证了学习活动的连续性，打破了时间与空间的限制；大数据的更新也提供了学生实现个性化学习的可能，更具针对性；信息化设备的配套开发更拓宽了教学内容的组织和呈现形式，有效突显了真实性。

2. 初中语文阅读教学需要沉浸

《义务教育语文课程标准（2022年版）》（下文简称为《课标》）提出：义务教育语文课堂实施要从学生语文生活实际出发，创设丰富多样的学习情境。"情境"在教学设计中占据了重要地位，恰当的情境能够激发学生的学习热情，从而提高学习效果。因而，当学生面对不感兴趣甚至抵触的学习内容时，教师便需要设计更具针对性的教学环节，营造更真实的学习情境，以更有效地激发学生的学习兴趣，引导学生走近文本，理解文本，从而提高自身的阅读能力和素养。这也正是沉浸式教学模式对于初中语文阅读教学所能起到的理想作用。

学习情境并非平白而生，其创设的依据在于教材，每一篇课文自成一个情境，但很多教师在教学过程中更注重培养学生的阅读方法和技巧，忽视了学生和文章之间的初始"距离"，没有重视学生自身对文字的理解与思考，学生对于丰富的阅读内容粗浅掠过，使学习停留在表面，缺乏深刻理解，如此不仅影响了阅读效率，也阻碍了阅读能力的提高。

《课标》还指出，语文课程对于学生形成正确的世界观、人生观、价值观起到了奠基作用。语文课程内容也重点突出了中华优秀传统文化、革命文化、社会主义先进文化这三大主题，以充分发挥语文课程的育人功能。内涵深刻的文章对学生的阅读素养提出了更高的要求，如果教师一味依循传统的教学方式，难免成为"一言堂""满堂灌"。因此，在初中语文阅读教学过程中，教师应结合实际学情应用沉浸式教学模式，引导学生沉潜于文本，充分感受这一独特"情境"带来的情感体验，丰富自身的阅读经验，进一步领悟作品的内涵，从而养成更自觉的阅读习惯，提升个人的阅读素养。

3. 数字化助力现代文沉浸式阅读教学

（1）大数据精确分析，突出学生阅读需求

大数据时代提供了诸多数据信息，而通过对大量数据的挖掘、分析，教师能够更加精准地把握学生的阅读特点，减少无意义或学生自主学习可得的内容，从而更有效地指向培养学生阅读能力素养的过程。为提升学生学习的整体效率，教师可以利用数字平台从学生无意识的模糊学习状态中收集学生信息并处理分析，以获知学生学习不同的认知阶段和维度。

在初中语文课堂中开展沉浸式阅读教学，学生的沉浸状态对学习效益至关重要。而笔者根据已知的在校学生阅读特点在课前进行了学情画像：大多数学生本身对于教材中围绕三大主题的现代文存在阅读偏见。如《驿路梨花》一文，学生对社会主义道德风尚的认识停留于口号式的、图解式的宣传上，若课堂初始学生通览全文时捕捉到"雷锋精神"，便会先入为主地将文章划入政治宣传一类，以致丧失了阅读兴趣。备课时，笔者除了分析梳理本文的结构、形式外，还深入思考文章的内容情感。笔者通过对作者写作意图的探究了解，发现作者彭荆风曾谈及本文的写作过程："我熟悉边疆人民，写起来，就有感情。但我不满意那些平铺直叙的图解式的文章，反对那种用口号代替行动，用政策代替人物性格的写法。"本文就是着眼于作者对于雷锋精神的理解，从生活中撷取"自己深受感动的故事和人物"，力求写得真情实感，才能潜移默化地感染读者。

为打破学生对本课的枯燥预想，笔者借鉴优秀课例，把共37段的《驿路梨花》分拆为三个部分，分别为第1至13段、第14至29段、第30至37段，并依次分发，让学生分部分阅读，避免影响了文章悬念与误会的表达效果，也最大限度地保留了学生的阅读积极性，提高了学习的整体效率。

（2）借助数字设备，构建阅读环境和学习氛围

《课标》强调：语文教师要不断提升信息素养，合理利用网络资源，将语文教学的

传统经验和现代信息技术有机结合,不断探索语文教学和信息技术深度融合的方式方法。为提升课堂教学效果,教师需要在教学活动中不断尝试多种信息技术,持续挖掘并创造数字资源,丰富语文课程资源。数字化校园为语文课堂沉浸式教学提供了丰富多样的设备、技术平台,教师可以按需选用不同沉浸方式的表现手段甚至组合,在课堂中进一步增强真实性、交互感,促使学生进行更高阶的深度学习。

六年级学生在学习《狼牙山五壮士》一文时,除了受到阅读偏见的潜在影响,还缺少对特定年代、历史事件的理解感受,相应地,课堂沉浸感也会被削弱。教师可以在课堂导入阶段就利用信息设备展示与时代背景相关的文字介绍、图片,引导学生沉浸在当前能够关注到的信息中,为之后的阅读打下基础。而在课文尾段部分的阅读理解上,教师展示影视片段带动学生视听感官共同感受,进一步让学生沉浸到文章情境中,激发他们对浴血奋战、顽强斗争的革命先辈的敬佩之情。同时,影像的呈现使学生对文字的感知更生动具象,教师也可适时加入朗读环节,充分发挥文本的感染力,也引导学生在有感情的朗读中加深理解,强化学生的阅读体验。

(3)灵活调用资源,强化学生自主性

进入第四学段的学生除了能够欣赏文学作品,有自己的情感体验外,学段目标还要求学生可以初步领悟作品的内涵,并从中获得对社会、人生的有益启示。因此,沉浸式阅读教学不仅需要让学生品味作品中富于表现力的语言,还应对作品中感人的情境和形象说出自己的体验,发表自己的想法,这也正契合王意如教授提出的"主动的学习者"这一观点,即大语文时代下以学生为主体的语文学习能够通过更加多样化的方式,加强学生学习的自主意识。语文课堂中即时生成的重要问题成为了提高学生阅读能力、促进知识理解的切入点。

以目前大范围铺开配置的智能白板为例,其最突出的特点就在于能够根据学生需求提供相应的学习支持和即时反馈。教师可以借助智能白板自带的资料夹帮助学生借助自身已掌握的知识来接受和理解尚不熟悉的内容,它不仅可以取用电子白板的内存文件,还能够从云端存储中随时随地调用,插入当前页中。如在《老山界》一文的教学实践中,学生在阅读中不难发现越城岭这座红军翻过的第一座难走的山似曾相识,教师就可以打开之前学习《七律·长征》时学生的朗读作品,学生边听边回顾当时的阅读体验,过程中联系旧知,旧文新读,潜移默化间对文本形成了更深层次的理解和体会。教师利用资料夹可以实时补充教学资源,从而整体提高语文课堂的教学效率。

4. 结语

数字化校园建设的一步步推进为在初中语文课堂应用沉浸式阅读教学模式提供了莫大助力，也为阅读教学践行新课标课程理念拓宽了实现路径，不断增强课程实施的情境性和实践性，让学生能够完全沉浸其中，促进学习方式变革。

汪正贵在其著作《教育从何处出发》中明确学习的本质就是"从教学走向学习"。课堂的主体不再是单一的对象，而是学习本身，教师需要关注学生的学习行为和结果，那么课堂的效益就在于学生是否能够习得可迁移的能力和素养。对于初中生来说，初中语文现代文阅读涉及面广、范围大，难度自然不低，想要把握作者的写作意图、理解文章的深刻内涵，就必须沉浸其中，因此教师要重视沉浸式教学法在阅读中的应用，激发学生已有的知识技能，调整优化学生的阅读角度，让他们形成独特的理解或感受，那么或可使学生更积极主动地进行阅读学习，并获得更具审美意味的阅读体验。

（周嘉琦）

"云上"风景格外好——智慧学习场景点燃课堂激发学生学习热情

《中国教育现代化2035》提出，"加快信息化时代教育变革"，"建设智能化校园，统筹建设一体化智能化教学、管理与服务平台"。2024年4月27日获批成为上海市首个"教育数字化转型实验区"后，长宁区积极对接市教育数字化转型实施方案，明确了区教育数字化转型发展方向，围绕"数据""生态""基座"三个关键词，提出了"1234N"的蓝图建设，努力实现"深刻改变教育教学模式，高质量、深层次、全方位地推进教育数字化转型工作"整体要求。

娄山中学作为区内有影响力的一所大体量初级中学，在长宁区教育局的引领与支持下，不断探索数字技术赋能教育教学的新途径和"智慧学习场景"构建。"1234N"蓝图的一角也在这个智慧校园里徐徐展开。

1. 跨越时空的课堂，跨越文化的交流——课堂实景

2021年12月7日这一天，通过ClassIn在线教室，来自沪疆滇浙四地的上海市长宁区娄山中学、新疆克拉玛依市第三中学、云南省红河州绿春县第一中学、浙江省宁波市集士港中学的近两百名师生相聚云端。

"我在上海，我是吴菀薇，带领同学和大家一起上课。"

"我在新疆克拉玛依，我是胡丹，带领同学和大家一起上课。"

"我在云南,我是唐庆欢,带领同学和大家一起上课。"

"我在宁波,我是俞佳宁,带领同学和大家一起上课。"

镜头跟随来自四校的响亮的声音拉开,四地四校联动"云栖课堂"正式开课!

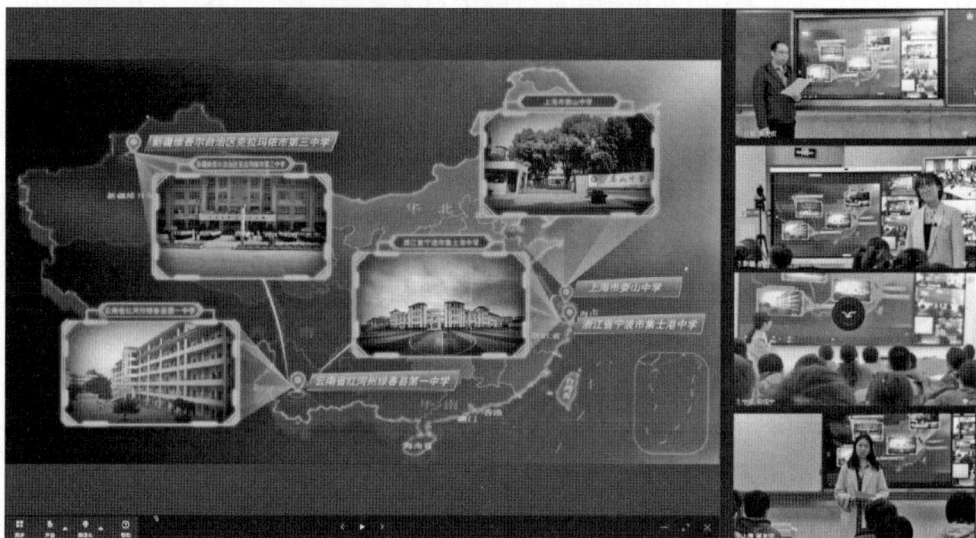

短短 50 分钟的语文课上,四位老师无缝衔接,不断启发学生。信息技术打通了时空壁垒,学生沉浸课堂。利用信息技术,实现新的课堂方式,通过课上的师师互动、师生互动和生生互动,形成课堂的有效融合。

云南的唐老师变成猫助理,组织各地学生以第一人称分别介绍和认识三只猫。

新疆的胡老师化身大记者,带领四地学生为第三只猫"做辩护",调查故事真相。

宁波的俞老师成为朗读者,激发四地学生探讨对课文主旨的理解,感受作者的表达。

上海的吴老师作为引领者,引导四地学生挖掘文中的细节,剖析文中的人物。

四位老师在教研员的指导下,形成了一个跨越地域的教学共同体。当一位老师主讲时,另三位老师便是助教。通过不同环节的分工,结合信息技术发挥各自的教学特长和优势,在文本解读和教学设计中,不断碰撞出思维的火花,调整优化教学环节,由浅入深,由猫及人,由内容梳理到语言品味、主旨理解,激发学生的思维活力。

  各地学生也共同组成了一个个跨地域的学习小组,互相参考、借鉴,激发彼此思考的热情。通过教室内的 ClassIn 电子黑板,四地的学生同步协作,用不同颜色的画笔在电子课本上标注圈画,共同探寻文章的细节,挖掘原本容易被忽视的情感表达。学生个人化的内在思考、课堂差异性的思维碰撞,皆在一个屏幕上得以尽情展现。这样的一节语文课,由学生创造,由学生掌握,由学生激活。

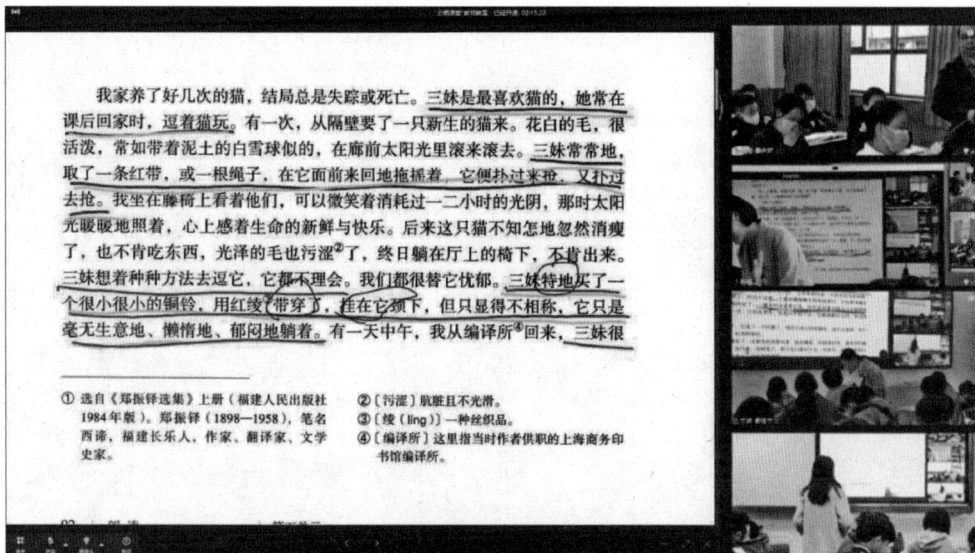

在"师生互动""师师互动""生生互动"之中，地域之间的文化差异交汇融合，边疆与沿海的优质教育资源被共享，新的课堂学习方式在建立。

通过对郑振铎的小说《猫》中的情节再现与情境创设，四个班级共同将语文课堂变成了一场生动有趣的云端"调查现场"。

每个班级的老师与学生扮演不同的角色，学生按小组分工，深入小说《猫》中角色的内心世界，通过展现各个角色的内心独白来还原一场"芙蓉鸟谋杀案"。

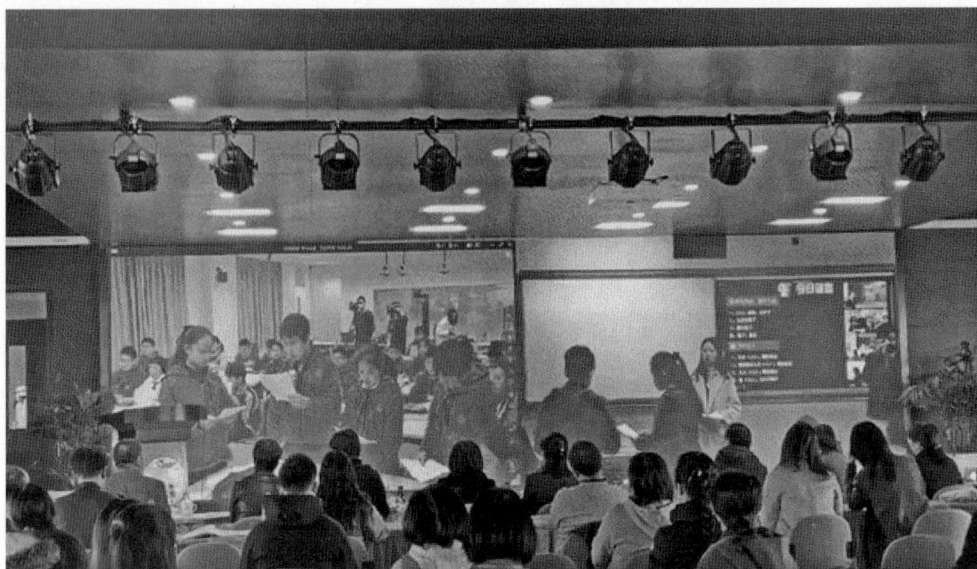

在这样一场案件还原与推理中，传统的师生关系被重构，新的师生关系在发展。老师们不局限于教知识、教内容，更多的是教方法、教策略，引导学生自己去解剖、去感受人物，让学生在沉浸式的教学体验中与作者感同身受，真正体会作者之所想、所悟、所感。

高效、互动、联通、共创，这不只是一个跨越时空的课堂，也是一次跨越文化的交流。

2. 信息技术与实践课堂结合的延伸拓展，数字化转型的大胆创新——课后展望

"云栖课堂"打破了传统教育帮扶静态资源单向输出模式，探索动态的、双向深度

交互的智慧云端教育帮扶新路径,建立起优质教育资源互联共享渠道,助力教师学生共同成长,为实现信息技术与教育公平的有机融合,探索"双减"政策下基于互联网的常态化有效教学模式提供了积极的范例。

在各位教育局领导与教育专家看来,四位老师共上一堂课可谓是首创性的尝试与探索,也开创了全新的课堂教学模式。"云栖课堂"做到了"两跨三有",即跨时空、跨文化和有突破、有方向、有成果。它不仅是一次对互联网技术的简单应用,更是信息技术与实践课堂相结合的一次延伸拓展,一次数字化转型过程中的大胆创新。娄山中学通过一场云端互联,实现了多地之间优质教育资源的共享,完成了学习时空、教学时空、学习评价与教育治理的突破。

长宁教育数字化转型的"1234N"蓝图提出,"1"是指构建一个智慧教育生态圈,"2"是建设"区-校"两级数字基座,"3"是扩充三类数字资源,"4"是实现四大功能转型,"N"则是打造 N 个应用场景。"云栖课堂"也呈现了"1234N"蓝图的一角。

"1景"。首先是风景。课堂开头中国版图上的连线勾画出了教育数字化转型的美妙风景,在这幅风景图里,有多层次、全方位的跨区域教师专业发展共同体和学生学习共同体,有大力推动教育与信息技术融合发展下的学校教育教学变革的方向和路径。其次是场景。上海市娄山中学从学校实际问题出发,提出了"智慧学习场景"构建的研究,并成功申报市级课题立项。今天这堂课就是智慧学习场景的一种尝试和探索,技术与教育的融合促使学习时空打破单维空间的壁垒,实现多维空间的融合,并注重学习者的学习体验,推动学校课堂变革与发展,提升教学效能与教学质量,为市、区其他学校技术赋能教育的研究提供借鉴。

"2径",即线上与线下两条路径。2020 年,突如其来的疫情对教育提出了巨大的挑战,上海用"空中课堂"交出了一份令人满意的答卷。在疫情渐趋常态化和信息技术高速发展的当下,探索线上线下融合教育成了必然的趋势。今天这堂课既有各地团队线下的教研,又有远程集体线上的教研,既有各地师生线下同一空间的面对面,又有打破空间阻隔的线上对话,无疑为线上线下教育的融合与创新提供了新的范例。

"3点",即教师、学生、信息技术三个着力点。着眼于教师——利用线上教室,打破时空限制,四地多校教师团队共同参与教研教学,通过远程集体教研、线上课程实施、听课评课等环节,师师对话,智慧碰撞,优势互补,建立起优质教育资源互联共享渠道,助力教师共同成长。着眼于学生——在一同备课研讨的过程中,我们充分了解四地四校的学生学情,力求满足四地学生的学习需求,更大程度地提升教学的有效性;在课堂的实施过程中,我们也看到这种形式在一定程度上促进了学生课堂的主动性和活跃度,形成四地之间的交融互通。着眼于信息技术——我们牢牢把握教育的宗旨,站在教学的需求角度,优化设备界面,解决技术难点,使其更好地为教育教学服务。

"4地",即上海、新疆、云南、宁波。上海所处的长三角地区是我国经济发展最活跃、开放程度最高和创新能力最强的地区,长期对口帮扶新疆维吾尔自治区克拉玛依市及云南省红河州绿春、金平、红河三县,并与浙江宁波海曙区建立教育合作关系。作为龙头城市,上海肩负着推动、辐射、示范引领长三角地区更高质量一体化发展的重任。今天的"云栖课堂"打破了传统教育帮扶静态资源单向输出模式,探索动态的、双向深度交互的智慧云端教育帮扶新路径,建立起优质教育资源互联共享渠道,助力教师学生共同成长,为实现信息技术与教育公平的有机融合,探索基于互联网的常态化有效教学模式进行积极探索。

"N端",即n个端口、n种可能性。回顾我国航线网络的开发与扩展,从几个城市到几十几百上千个城市,覆盖全国乃至全球,在中国版图乃至世界版图上画出璀璨的航线图。对于我们来说,今天的"云栖课堂"也只是一个起点,它提供的是可复制、可推广、高质量的教育应用场景,将来我们会在更多城市更多学校的n个端口搭建起n条空中的"教育线",用数字连接起教师、学生,实现教育数字化转型的宏伟蓝图。

(周若菡)

三、 沉浸式学习的智慧学习场景的应用与成效

浅谈活用数字技术开展沉浸式语文活动·探究单元的教学策略
——以部编版语文八年级上册新闻单元为例

《义务教育语文课程标准(2022年版)》指出,"语文课程是一门学习国家通用语言文字运用的综合性、实践性课程",且"语文课程致力于为培养学生求真创新的精神、实践能力、合作交流能力打下基础"。而部编版语文教材中的"活动·探究"单元正是以活动为载体、以探究为核心的语文实践性综合学习。相对于以往教师授课、学生听讲的传统语文教学模式,活动探究单元则注重引导学生主动参与、亲身实践,强调在真实情境中沉浸式地开展语文学习实践。

但在实际教学中,大部分教师对活动探究单元的重视程度较低,仍停留在以阅读理解为主的讲授型阶段,学生缺少学习实践的沉浸体验。因此,笔者基于学校智慧校

园的建设,以活动为中心,以数字技术为依托,提升语文实践活动教学的力度,推进信息技术与语文活动探究的融合开展,以期通过构建数字化沉浸式的语文智慧课堂,引导学生在研究与实践中融入真实的语文生活,增强学生的语文核心素养和创新实践能力,促进语文教与学方式的积极转变。

新课标将"实用性阅读与交流"设为六个学习任务群之一,八年级第一学期的第一单元正是新闻单元,也是部编版语文教材的第一个活动探究单元,分为三个任务,分别是新闻阅读、新闻采访和新闻写作。与传统的阅读单元不同,活动探究单元的三个学习任务构成了一个完整的学习任务群,融合听说读写多种学习活动的完整过程。因此,笔者以"人人都是新闻小记者"为学习主题,以新闻展播作为活动任务,以"凡人微光"为采访主题,借助信息技术,学生以小组为单位,开展新闻单元的学习活动。

1. 推送数字资源,拓宽新闻视野

本单元的第一个任务新闻阅读是新闻采访和新闻写作的基础。学生作为小记者,需先学习新闻知识,进而模仿写新闻稿。教材共选入五篇新闻作品,基本可以满足学生的学习需求,但选文数量有限,年代距今较远,且学生大多由于课业压力或缺少兴趣,倾向于浏览娱乐体育类新闻,很少主动去接触有深度的高质量新闻。

随着新媒体技术的发展,网络媒介传播的新闻具有丰富多样的形式,融合文字、图片、音频与视频等,需调动多感官阅读。为了更好地激发学生阅读新闻的兴趣,笔者遴选优质数字新闻材料来优化新闻教学资源,丰富学生的阅读体验。

依托长宁数字基座,在班级文件和新闻资讯中为学生整合相关的数字化新闻资源,包含视频资源如《杨澜访谈录》《焦点访谈》,网络媒介如微信公众号、微博平台上的《人民日报》《参考消息》等高质量的官方新闻,并通过智屏管家同步展示到班级云屏上,实现线上线下新闻共读,营造新闻阅读的前置学习氛围和学习基础。

选取以"神舟十四号航天员首次出舱圆满成功"为报道主题的三份新闻发布在班级"话题讨论"中,学生对新闻的标题形式、内容侧重、体裁特征等进行开放式的互动讨论。学生跟踪阅读国内外新闻报道并挑选上传至数字基座的讨论区中,新闻内容和讨论交流实时同步至电子班牌,在线填写新闻六要素(何时、何地、何人、何事、何故、如何)。学生在线上线下的新闻阅读中进一步分析了解新闻的价值,比较新闻的体裁、叙述方式、呈现形式、内在情感等不同之处,促进新闻阅读的思考力。

基于数字化平台开辟创设新闻阅读的多条途径,将新闻学习由单篇走向群文阅读,由课内延伸至课外,打通线上与线下的壁垒,拓宽学生阅读新闻的视野,让学生在真实的新闻阅读环境中进入学习情境,调动多种感官沉浸阅读,加深对新闻的认识。

2. 借助智能白板,沉浸新闻阅读

(1) 借助智能白板功能,有效构建新闻知识

任务一新闻阅读中所选取的课文包含消息、通讯、新闻特写和新闻评论四种体裁,在单篇学习后,再从新闻的专业角度进行对比阅读,通过表格对五篇文章不同新闻体裁的异同之处进行横向比较,在智能白板上直观地呈现出表格和备选项,利用拖曳功能,请学生上台填写。台下的学生则填写纸质表格,运用希沃投屏的功能,将学生的表格实时上传,进行比较点评。运用信息技术进行实时呈现,能激活学生的学习投入度,具有挑战感和新鲜感,更加沉浸思维。

课　文	《消息二则》	《首届诺贝尔奖颁发》	《"飞天"凌空》	《一着惊海天》	《国行公祭,为佑世界和平》
体　裁					
时效性					
报道对象					
篇　幅					
表达方式					
新闻共性					

(2) 多媒体视频加深思维认知

新闻具有客观性,但其中也蕴含着作者的立场与倾向。为了更好地引导学生在新闻阅读中触摸作者蕴含的主观情感,笔者在《"飞天"凌空》一课的教学中,通过多媒体构建动态活泼的沉浸式课堂环境。利用智能白板播放跳水视频,与新闻特写的文字相对照,通过视频图像和声音来调动学生的感官与思维,将作者所用的定点观察、动作描写、虚实结合等手法予以视觉呈现,加深学生的思维认知。在视频模拟的情境中,学生以解说员的角色对文中有关起跳、腾空、入水的场面进行播报,身临其境般再现激动人心的特写场面,感受新闻特写生动的语言,进一步体会客观叙述中作者的主观情感,实现情感沉浸。

(3) 巧用拖动排序,激发逻辑思维

新闻采访具有较大的自主性,但如何确定采访主题,设计采访问题,需要教师将新

闻学习和新闻采写有效结合。因此,笔者选取本学期名著阅读《红星照耀中国》中《红小鬼》篇章作为学习支架,引导学生关注采访问题的设计与排序方式。

将文中斯诺采访小号手的五个谈话问题打乱顺序展示在白板上,请学生上台利用智能白板的拖动功能对五个问题现场排序,并说明理由。

采 访 目 的	问 题	意 图
了解老百姓对红军的情感态度	那么你参加红军时准是才十一岁啰?你还参加了长征?	了解个人对红军的态度及人物特点。
	你为什么参加红军?	
	他们(小号手的两个哥哥)现在在哪里?	了解群体对红军的态度。
	农民喜欢红军吗?	
	但是说实在的,你怎么知道他们喜欢红军呢?	追问现象背后的本质原因。

在拖动排序的课堂活动中,引导学生思考采访问题的设计要点。学生关注到五个问题都具体明了,问题讲究由浅入深、由个体到群体、由现象到本质的顺序与层次,以及采访人物要能突出其特点。由此为采写活动中学生自主设计采访问题做了知识性的铺垫。

3. 依托数字化平台,创设真实情境

语文新课标指出语文的"工具性"在于培养学生语言文字的运用能力。新闻采访是新闻单元的核心实践活动,新闻采写实践是培养学生语文素养的重要方式。基于此,笔者在采访任务的驱动下,以"人人都是新闻小记者"作为活动主题,学生创立新闻社组成记者团并自主命名,以"凡人微光"作为采访主题,小组讨论草拟方案提纲,深入社会生活搜集素材,在真实情境中开展采访实践活动,最终整合材料,完成任务三新闻写作,并在校园广播电视台进行新闻播报。在完整的沉浸式新闻采写过程中,使学生的组织策划、沟通协作、语言表达等能力获得充分锻炼。

(1) 在线协作文档助力小组合作探究

笔者在长宁数字基座上发布采访任务,包括小组分工表和采访提纲。学生借助表格获得活动的支架,在发挥自主性的同时,有抓手有目标。学生利用在线协作文档填写表格,共同确定采访对象,讨论设计采访问题,制定采访提纲,共同为采访做好前期准备。学生根据新闻采访的要求进行分工合作,具有不同特点的学生在合作探究中可以自主选择自己喜欢或擅长的任务,自由组合,共同完成并呈现表现性任务成果。

学生可以在在线协作文档上进行即时修改和补充,在活动过程中也可以在线随时查看所提供的支架信息,并且能实时呈现信息共享。教师放手让学生实践的同时,可以通过协作文档及时了解学生活动开展的具体情况,以提供必要的指导和协助。借助在线协作文档,形成师生、生生间有效的交互机制,让活动的达成过程得到有效监控与指导。

人人都是新闻小记者			
＿＿＿＿＿新闻社			
社长:			成员:
采写过程	分工	内容	负责人员
采访	查阅	查阅与人物相关的背景资料	
	采访	根据提纲对人物进行采访	
	拍摄	拍摄新闻报道所需要的影像资料	
	记录	记录小组采访过程,留下活动的文字和影像资料	
写作	消息	消息和新闻评论为必写内容。 新闻特写和新闻通讯可根据新闻采访内容自主选择分工。	
	新闻特写		
	新闻通讯		
	新闻评论		
成果	整理稿件	整理小组新闻写作的稿件,进行组内审核讨论	
	后期	对文字、视频照片进行剪辑排版,制作校园电视台展示背景	
	整合制作	校对文字稿,制作数字新闻小报	

_____新闻社采访提纲

采访对象			
采访目的			
采访方式			
采访时间		采访地点	
采访准备			
采访问题设计 采访小技巧： 1. 采访问题要具体明了，化大为小 2. 多个问题的提出需讲求循序渐进，由浅入深 3. 问题设计要抓住重点，能够突出人物	1. 2. 3. ……		
采访人员及分工			

（2）依托多种数字化平台制作展现活动成果

新课标指出要"引导学生在语文实践活动中，围绕社会生活话题，在运用多学科知识分析、解决问题的过程中，提高语言文字运用能力"。学生在新闻采访和写作的实践过程中，综合运用美术、摄影、信息技术等进行跨学科知识的融合。如借助讯飞语记、剪映等 App，能实时记录采访语音并转换成文字，后期配合手稿进行校对整合，利用信息技术剪辑采访视频，结合背景音乐、转场特效、实时配音等丰富效果，制作成微视频。最后通过数字基座上的班级圈、电子班牌、智能云屏等开展多种形式的成果呈现。

（3）校园广播电视台营造沉浸式语言环境

校园广播电视台是数字化的智慧教室，配有高清摄像机、提词器、调音台等专业新闻设备，分为实景、虚拟和微课三大功能区。笔者借助校园广播电视台作为学生采访成果的展现平台，为学生营造沉浸式的语言环境，创设多感官结合的真实情境，提供更为真实的新闻写作情境和展示平台，丰富新闻成果的展示途径。

在新闻采写的基础上，学生新闻社利用校园广播电视台，通过分工剪辑新闻视频，设计新闻背景，扮演新闻主播等进行成果汇报。学生借助电视台实景区扮演记者和受访者,再现采访过程,在虚拟区以虚拟背景呈现新闻小报、新闻视频并配合现场播报。在新闻播报过程中,学生有了真实的观众和读者,进行沉浸式播报,增强新闻采写的成就感。借助校园广播电视台,学生沉浸于真实情境开展新闻播报活动,进一步深化实践体验,学生所展示的新闻学习成果便是最有效的表现性评价。

综上,活用数字技术开展语文活动探究单元的学习,为学生创设沉浸式的学习环境,形成语文活动探究的过程化实践体系,从而将数字技术与语文学科有效融合,实现新课标背景下培育学生核心素养的根本目标。

通过活动探究单元的数字化教学活动实践,学生在活动中加深对新闻知识的理解,激发了对新闻的兴趣,每一个学生都能够参与学习活动,化被动为主动,学生真正成为学习的主体。结合学校数字化智慧校园,学生进一步成立校园广播社团,将"凡人微光"采访成果进一步通过学校电视广播在红领巾广播台和校会课上进行播报,并且运用所学新闻知识,积极参加《新闻晨报》举办的上海市初中生优秀社会考察报告征集活动并获得市级奖项。在学校和班级公众号上也有我们小记者们的采访成果。这都让笔者感到语文学习与人的生活是互相联通、互相影响的,语文活动与探究更加培养了学生的语文实践能力,诠释了生活处处都有语文的深层意义,学生因此得以突破语文传统学习模式。

在"人人都是新闻小记者"的活动探究单元教学过程中,以任务为驱动引领学生开展活动探究,通过数字化技术创设沉浸式的学习环境,将新闻单元的学习活动联通真实生活,激发创造力和协作力。进一步促进语文教与学方式的积极转变,助推语文学科从陈旧老套的模式化教学中获得新生,持续激发学生学习活动的热情和积极性,形成语文活动探究的过程化实践体系。基于学校智慧校园的建设,以信息技术为依托,以活动任务为导向,创设真实情境,创新活动体验,引导学生在研究与实践中融入真实的语文生活,有效提升语文实践活动教学的力度。通过活用数字技术,推进数字技术与语文活动探究的有效融合,构建数字化沉浸式的语文智慧课堂,增强学生语文核心素养和创新实践能力,从而实现新课标背景下培育学生核心素养的根本目标。

（吴菀薇）

智慧课堂赋能整本书阅读教学探究——基于《水浒传》的个案研究

《义务教育语文课程标准（2022年版）》从学习目标、学习内容以及教学提示等方面对整本书阅读与研讨进行了具体设置。整本书阅读是语文教学的重点,也是难点。《水浒传》是部编版初中语文九年级上册的学习内容,它内涵丰富,结构紧密,对提升初中生语文学科核心素养具有重要的作用。而九年级学习时间紧，还要面临中考的压力，因此借助植入现代教育信息技术的内核的智慧课堂的平台，将教学中流于形式的知识灌输转向为思维与知识碰撞的深度阅读。

以信息技术为基础的智慧课堂创新了原有的教学模式，在课前准备阶段、知识习得阶段及评价反馈阶段实现了多维立体的高效课堂，赋能《水浒传》整本书阅读教学的实施，能够引导学生进行深度阅读。本文主要探究整本书阅读教学利用智慧课堂搭建支架实现转型以及给教学带来的成效。

1. 初中语文整本书阅读的现状

（1）教师缺乏针对性的阅读指导

名著阅读在上海语文中考中占据举足轻重的地位。迫于中考的压力，教师虽然已经认识到整本书阅读的重要性，但是受到多种因素的影响，只能将长篇小说《水浒传》作为一项作业，要求学生在暑假完成整本书的阅读，开学后以练习的形式进行检测。这样做，教师无法对学生的阅读进行指导和反馈，学生的阅读效果是微小的。因此，教师在整本书阅读过程中无法为学生提供有启发性、有针对性的阅读指导。

（2）学生缺乏阅读的主动性

《水浒传》共 120 回，96 万字，整本书阅读周期长、任务重，要求初三学生完成《水浒传》的阅读任务，难度很大。于是，部分学生急功近利，不读原著，仅背一些考点以应付考试。另外，抖音、小红书等短视频 App，占用了学生仅剩不多的休息时间，学生的阅读趋向碎片化和浅层化，无法静心进行长时间阅读。诸多的因素导致学生对《水浒传》整本书阅读兴趣不大，主动阅读少之又少，很难完成《水浒传》的整本书阅读任务。

2. 智慧课堂为整本书阅读搭建支架

智慧课堂作为互联网大数据时代下的教育产物，用信息技术构建起贯穿课前、课中、课后的课堂环境，能够充分拓展学生的学习时空，提升学习的效果。教师可以基于智慧课堂为学生搭建整本书阅读的支架，设置适当的目标和任务，让学生在情境支架、情感支架和思维支架中，在阅读中获得乐趣，让整本书阅读走向深处。

（1）搭建情境支架

《水浒传》是中国文学史上第一部白话章回体小说，其文学价值和社会意义自不待言。但不可回避的是，现在的初中生对北宋末年的社会现实比较陌生，对书中英雄所推崇的"除暴安良，替天行道"等价值观相对隔阂。这就需要教师有针对性地设计情境支架，选取适合学生阅读的素材和导读问题，让学生更好地融入《水浒传》的侠义世界中。比如,笔者组织学生观看宋朝社会现状的短片,了解官场的腐败和普通百姓生活的苦难,帮助学生更直观地理解官逼民反的背景。再如,在教学《宋江怒杀阎婆惜》时,笔者先利用智能白板设计抢答游戏,让学生掌握宋江被称为"及时雨"的原因,再向学生提出疑问"为什么忠诚仁义的宋江会杀人?"以引发学生对宋江这个人物多面性的探究。搭建情境支架引导学生在真实情境中利用相关资源,激起学生主动阅读的兴趣,知识不再是独立、僵化、固态的,而是借助特定的情境实现了迁移的,完成了由死记硬背向实践应用的转化,因而也使语文的深度阅读具有实际意义。

(2)搭建情感支架

当前,很多学生的阅读流于形式,表现为浅阅读,自然也就无法达到整本书阅读的广度和深度,就更无法获得情感体验和审美趣味。教师需要借助智慧课堂,引导学生关注文本,搭建情感支架,与人物共情,从而获得深度的情感体验。比如,理解林冲这一人物形象,他原本是东京八十万禁军的教头,武艺高强,有较高的社会地位,对朝廷忠心耿耿。但他为什么要背叛朝廷呢? 从林娘子被高衙内调戏,到被高俅设计误入白虎堂,直到风雪山神庙,一步一步被逼上梁山。笔者设计了给风雪山神庙情节配音的活动,通过声音演绎人物情感,和人物共情,学生自然能体会林冲内心的恨和不甘,为林冲鸣不平,从而更加深入地理解那个黑暗的社会。还可以设计林冲之妻求救的朋友圈,通过朋友圈里英雄好汉的互动,对林冲委曲求全、逆来顺受的性格有了进一步了解,更加全面地感悟林冲这一悲剧式英雄。这样,学生阅读的主动性增强,学习的趣味也有了。

(3)搭建思维支架

一部优秀的文学作品,内容丰富,人物关系复杂,情节变化,因此需要学生在持续的阅读中不断运用识记、理解、分析等思维活动,才能真正读懂作品。在整本书阅读中,我们可以将思维导图作为一种学习策略,在学生和整本书之间搭建信息和认知加工的思维支架。

随着信息技术的发展,出现了很多绘制思维导图的工具,如 MindMaster、FreeMind、Xmind 等,可借助这些工具对《水浒传》的情节、人物进行梳理,方便易行,趣味盎然。如书中的一百零八将,这些人物有血有肉、个性鲜明。如何把握众多人物的形象呢?以林冲为例,可以引导学生借助气泡图来分析人物的特点(见左图)。

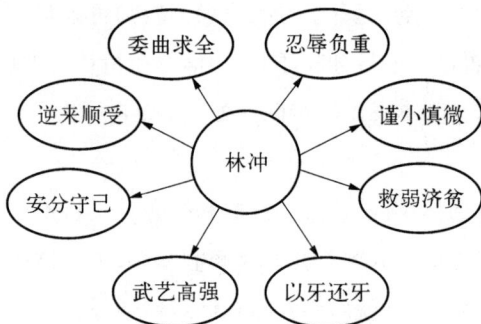

林冲性格思维导图

思维导图有文字、色彩和多元的图形,为学生提供了思维支架,启发了学生无穷的联想和想象,就像在做一场有趣的游戏,让阅读可视化,让阅读真正发生。

3. 智慧课堂赋能整本书阅读的成效

传统课堂的教学模式"以教师为中心,以教材为中心",遵循"授—受"的知识模式,学生在教师的主导下被动学习,再加上应试的压力,整本书阅读教学陷入了"结果大于过程"的尴尬境地。相较于传统的整本书阅读教学,智慧课堂颠覆了传统阅读的教育过程。智慧课堂在大数据的作用下,突破了时空的封闭,走向了开放,课堂成为教育双主体对话的场所,无穷无尽的教学资源、多元化的教学途径赋予了学习者主动学习的能力,使他们成为深度阅读的实践者。智慧课堂教学活动应统摄课前预习准备阶段、课中知识习得阶段和课程反馈评价阶段三个环节,教师和学生的双向活动始终贯穿,具体见下图。

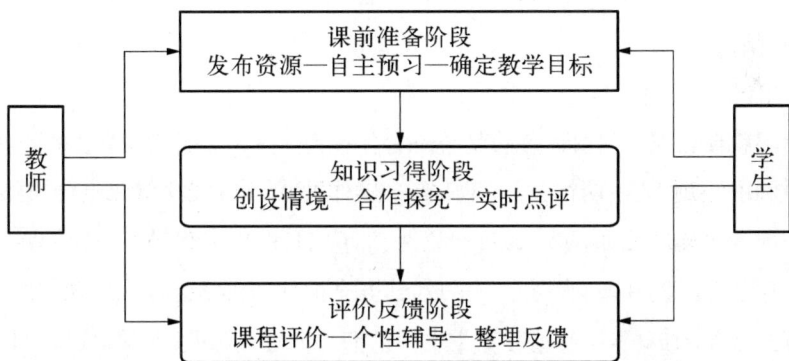

智慧课堂三阶段

(1)课前准备阶段

课前准备阶段"三步",即"发布资源—自主预习—确定教学目标"。美国教育家梅瑞尔提出了"聚焦问题解决"的首要教学原理理论,帮助学生主动参与到学习中。教师借助信息平台,通过直观的数据来掌握学生存在的问题,并调整和制定教学目标,使教学目标更贴合学情。笔者为了更好地掌握学生阅读《水浒传》的情况,通过"问卷星"等软件,就学生的阅读习惯、阅读困难及学习建议等方面,在八年级下学期结束时进行数据调查,根据调查的数据制定相应的教学目标,再通过智慧课堂的教学方式赋能阅读教学的具体落实。笔者根据"问卷星"调查发现,大部分学生缺少整本书阅读的技巧和阅读兴趣;大部分学生认为篇幅太长,只读了开头一部分。因此,笔者设置了针对学情的教学目标,提前通过智慧平台,在线上组织引导学生利用好暑假的时间来开展《水浒传》整本书阅读的打卡活动,以此促进学生通读和整体感知整本书。

整本书阅读首先教会学生运用正确的阅读方法,尤其针对学生在阅读过程中提出的疑惑进行有效的指导,教会学生运用正确的阅读方法,实现整本书阅读的教学目标。那么,教师在进行具体教学落实时,可以通过智慧课堂,以教师、学生和云平台为媒介,通过混合式的学习,在课前以多样化的学习资源和教学方式促进学生对《水浒传》整本书产生阅读兴趣,引导学生积极主动参与到整本书阅读的教学实践中。学生通过课前教师推送的微课、预习单等学习资料,在课前提炼好学习中产生的困惑,及时反馈给教师端,教师再根据学生的疑难,进行有针对性的解答,促进整本书阅读教学目标的实现。如教师在课前通过信息平台推送《水浒传》动漫影视,学生自制施耐庵及其创作背景导学微课,再加上课前教师精准推送的学习资料,在课前跟着教师逐步厘清小说的情节,再带着问题回到课堂上,这样既提高了课堂教学的效率,又增进了学生对《水浒传》整本书阅读的兴趣。

(2)知识习得阶段

知识习得阶段"三步",即"创设情境—合作探究—实时点评"。智慧课堂使教师不受时间空间的限制,运用网络技术、VR等多媒体技术让语文智慧课堂创设沉浸式的教学情境成为可能。比如,笔者通过智慧课堂打开B站上名家讲《水浒传》的视频,截取了"三打祝家庄"的片段,在课堂上播放,让冗杂的战争鲜活立体地展现在学生眼前,创设了有关战争的情境,同时消除了学生阅读的畏惧感。之后,课堂上以小组为单位,以组间互助合作的方式实现交互探究学习。比如,笔者在创设"三打祝家庄"的情境之后,让小组共同讨论探究各路英雄好汉的命运,用智能白板的拍照上传功能将学生的学习成果实时呈现,一方面可促进学生在组内发表个人见解,另一方面促进了第三步"实时点评",教师及时了解各个组的学习情况,调控每个教学环节的时间,适当调整教学内容,促使形成良好的教学氛围。

智慧课堂将全新的信息技术引入课堂中,让课堂的情境感、体验感、互动感更强。教师结合学习平台中记录的学习数据和轨迹,智能化、精准化地调整教学,甚至可以满足不同学生的学习需要,促进其个性化发展,提升学生语文素养。

(3)评价反馈阶段

评价反馈阶段"三步",即"课程评价—个性辅导—整理反馈"。智慧课堂的课程评价除了传统的教学评价手段,还可以运用腾讯会议、班级管家、电子档案等网络技术手段,开展多元的综合评价,以评促学,帮助学生实现知识的内化。教师的评价可以突破时空,不必等待学生,实现评价的"当堂化"。比如,笔者利用腾讯会议、班级管家等平台发布学习任务后,学生的学习活动数据不受时空限制,教师只要有手机,就能及时地做出分析和评价。学生也可以通过这些信息技术平台就教师的点评进行互动,提高"教"的质量和效率,更提高了"学"的兴趣和主动性。

智慧课堂赋能《水浒传》整本书阅读,教师不但可以评价"当堂化",还可以形成评价档案。比如,笔者通过智慧课堂给予学生的每一次个性化辅导都有迹可循,可追踪,保证学生在自主阅读《水浒传》时能持续有序地进行,受到教师肯定的学生获得了学习的成就感,变被动阅读为主动阅读,变碎片化阅读为深度阅读。

4. 结语

智慧课堂如同天使之翼,架起了整本书阅读的桥梁。尤其在"双减"环境下,在教学中积极落实信息化的优势,微课、网络、教学 App 以及教学软件等新媒介新技术在整本书阅读教学实施中发挥着越来越重要的作用,使整本书的教学形式更加新颖、内容更加丰富,也使教和学更富有生机和活力。学生可以更加直接地体会小说的情感、人物形象和故事情节,更加充分地调动阅读兴趣和求知欲望,从而更积极主动、高质高效地完成整本书阅读,提升文学素养。整本书阅读的教学借助智慧课堂得到有效的组织和开展,帮助学生发现整本书阅读的新乐趣并掌握整本书阅读的技巧,养成良好的阅读习惯,积累阅读技巧,提升语文学科素养,构建良好的教育生态。

(陈婷婷)

第二节　精准化教学的智慧学习场景创设与运用——数学学科中的展现

一、 精准化的智慧学习场景的思考与创设

———————————— 纸笔同步精准化教学的数学智慧学习场景创设 ————————————

1. 精准化数学智慧学习场景创设的必要性

（1）教育数字化转型的需要

推进教育变革和创新是顺应数字时代发展的要求。依据《上海市教育数字化转型实施方案（2021—2023）》，教育数字基座建设作为其中的一项重要任务，提供了一个良好的教学信息化平台，通过智联、数联、物联等方式实现学情数据的汇聚与处理，促进教学的高效率、精准性和个性化，多项数字信息技术和设备在教学中得以使用，旨在实现以技术赋能教学。

其中，借助纸笔同步的点阵笔系统，推进精准化的数学智慧学习场景创建，也是教育数字基座的一个重要组成部分。推动这一技术的发展，不但有利于教育深度创新，赋能教育变革，更能从"以学生为主体"的视角，重塑课堂结构，改变和生成新的学习场景，丰富学习活动过程，真正达到全面提升学生数学核心素养的意义。数字技术蕴含巨大的变革潜能，推动着整个社会的数字化转型。教育是面向未来的事业，教育数字化转型对于应对日益复杂的社会环境以及不确定的未来具有重要价值。对于基础教育而言，教育数字化转型是基础教育高质量发展的应有之义和必然选择。

（2）新数学课程标准的要求

《义务教育数学课程标准（2022 年版）》特别强调了对学生核心素养的培养，对于独立观察分析、实验操作、解决问题等提出了新要求。而随着教育数字化、网络化的进一步推行，数字赋能，提高教学效果和效率势在必行。要求教师在数字课堂实践中探

索不同的教学模式与策略：学生为主，注重引导；预留空间，主动探究；创设情境，激发兴趣；着重预设，注重过程；抓住细节，探寻时机；善待差异，激励智慧；等等。所以，借助纸笔同步精准化教学，更容易抓住这些新课标中的"点"，精准达到要求。除了关注上述教学行为，大数据系统也将学生学习行为过程反馈给教师，了解不同学生各个阶段的学习需求，分析学生的学习规律，提供一个有利于他们个性学习和个性发展的数字化课堂，从而促进学习智慧的生成。

新的课程标准也特别提到了"以现代信息技术手段促进教学教与学的方式的转变"。随着大数据和人工智能时代的来临，面对这种时代变革，教师必须不断提升自身的信息素养，熟悉信息化环境下数学教学手段的应用。而借助数码点阵笔及其背后的大数据系统，充分利用现代信息技术对教学实施、教学评价和学生学习的支持，既做到了"精准"，也提高了教师的教育教学能力。

（3）革新数学学科教学方式的要求

数学学科特点在于对学生思维能力的要求较高，且知识的延续性很强。学生从小学进入初中后，不但要求要掌握小学的计算基础、图形理解，还要对数字生活化有一定的了解，而且初中教材的知识结构变化很大，从小学的"数"的运算发展到"式"的运算，对抽象思维有了一定的要求；几何的学习又使学生从基本的图形认知跨越到逻辑分析和论证。数学新课标更是提高了对数学知识与实际生活的联系，数形结合，建模等体现现代数学基本素养的要求。

不同的知识结构对于学生的数学核心素养要求各有不同。如果口算、笔算能力稍弱，会影响到实数、方程、函数等计算；如果作图和分析能力欠缺，会影响到几何空间想象和几何论证；如果应用或阅读能力不强，设元解决实际问题或者数学建模就是一个难题。而到了初中高年级，又将这些知识通过直角坐标平面等场景创设数形结合，又一次提升了数学学习的难度。

借助点阵数码笔，通过纸笔同步创设精准化的智慧学习场景，可以准确地在课堂上把握每一个教学关键点。比如概念生成，可以发起判断或者选择类型的题目，通过点阵数码笔快速了解学生对新概念掌握的达成率；比如计算达标，可以通过同屏多人次比对，准确找到易错点，快速了解课堂的得失；比如几何论证，通过课前准备好学习单，纸笔同步论证过程，了解学生不同的思维途径，找到突破口或者提升学生一题多解的能力；对于综合论述，可以通过小组讨论、问题抢答等方式，活跃思维，同伴互助。而且点阵数码笔学习系统能统计出答题的区分度、难度和得分率，还能在后台保存学生的练习,便于教师对学生学习情况的跟踪调研,可以将课堂中呈现的易错点和难点反馈在稍后的作业或考试中,使教学更为精准和高效。

（4）个性化分层教学的客观需求

娄山中学是一所优质公办学校,但随着合并办校,学校体量不断扩大,一直面临着人数众多、生源复杂、入学前差距巨大等问题。汇总近几年新生入学后的数学基本素养能力测试数据:区域内公认的优秀小学均分为 80 左右,中等小学均分为 60—70,薄弱小学均分甚至不合格。由此可见,进入初中前不同小学的学生差距巨大。更难的是要在低年级尽快地提升孩子对数学学习的自信心,培养正确的数学学习习惯,这都需要针对不同层次的学生,制定针对性的教学策略,补足小学基础的不足。

以往都是经验丰富的老师根据经验,采用分层教学、作业及评价,来弥补小学阶段的知识缺失和习惯纠正,但有时并不那么精准和及时。而中青年教师不能准确地把握课堂、确定作业分层,以及及时补缺补差,造成的结果往往是"优秀的孩子吃不饱,困难的孩子跟不上"。到了高年级,学生差异进一步加大,问题更为凸显。

借助点阵数码笔,通过纸笔同步创设精准化的智慧学习场景,借助大数据系统,详细分析每一位孩子的学习行为,精准把握学生学习过程中的难点和易错点,更有利于了解不同学生问题所在,发现差异及时解决。这样不但能提升教学效率,还可以帮助教师精准把握造成学生差异的真正原因,有助于教师下个阶段优化教学策略,更好地实施分层教学。

2. 确定智慧学习场景的精准模式

在探索过程中,教研组要求组内的每一位数学教师充分使用和挖掘点阵数码笔的功能,探索精准化的智慧教学模式。同时,学校也为每一位同学免费配备了点阵数码笔、相对应的课堂笔记、点对点的个人《数字作业》,每周的随堂练习和月评价练习均使用点阵系统的对应试卷。教师每天授课时均可使用网页版的"一起作业"授课系统,课后可上传授课资源,查阅教学资源,使用点阵数码笔批改每日的长宁优质《数字作业》,及时反馈和订正。网上集体阅卷也更为高效和公平。

通过不断使用器材,不断与器材供应方交流,教师逐渐改变了教学思维和模式,得到了一些智慧场景中的精准模式。

（1）精准定位

在课堂中结合原有的多媒体技术,学生统一使用点阵数码笔在点阵纸上记录或答题,书写结果立刻同步到智能白板上。由于学生使用的每支点阵数码笔与其学号或姓名相匹配,教师通过翻阅浏览可以看到学生记录或答题的过程及结果,从而了解全班学生的答题进度与学习情况。应用点阵数码笔的智慧课堂集成了纸屏同步、手写笔迹电子化、AI 数据分析等技术,实现了客观题自动批改、快速随堂测评等传统教学方式所无法达成的目标,以此创建智慧课堂。

初一年级备课组长郑敏老师借助纸笔同步系统,接受了来自市级层面关于推广数字基座点阵数码笔的两次调研。在"线段和角中的分类讨论"这节展示课中,郑老师充分使用了选择题的数据收集功能进行及时反馈,充分了解答错学生的问题所在。学生完成作图题后即时呈现,实现了整班的快速巡视,再利用同屏比对、个别点评,让作图不规范的学生及时了解自身问题所在。在课中,郑老师通过引导学生独立思考、小组合作交流,完美地解决了"分类讨论"这样的数学难点问题。以此为基础,充分了解学生的薄弱之处,以进一步推进智慧课堂的生成为抓手,提升学生数学核心素养。

青年教师孙怡俊连续两次在市区级平台使用点阵数码笔完成了公开展示和交流。特别是"一元一次方程及其解法"这节展示课,孙老师充分利用了课堂中点阵数码笔所收集到的数据,精准定位,及时把握住了课堂中的难点和重点。在课中,孙老师还通过小组合作交流的模式,使学生真正掌握含分母的一元一次方程的一般解法,同时也实现了数据驱动的精准定位教学。

在一次次的实践中不断探索,确定了智慧学习场景精准定位的一些模式:① 使用点阵数码笔中判断和选择题的数据实时收集处理功能,确定到个体的正确率,精准高效地掌握概念部分的学情;② 对于解答题,借助点阵数码笔极具优势的纸笔同步功能,对学生解题过程进行实时监控,把握学生的认知过程;③ 使用同屏对比功能,比对精准定位后挑选的具有代表性的练习结果,结合有针对性的讲评,以加深学生对于难点的认知或规范格式;④ 通过课前预设的学案,结合富有层次性的问题链引导,帮助学生独立思考,在提高课堂效率的同时也优化了教学。

(2) 精准反馈

充分利用点阵数码笔的纸笔书写和信息技术的交互功能,在学生完成数字优质作业后,结合大数据图表,汇总课后学生的掌握情况,精准了解学生在家完成作业过程中的各种问题,以此改变教学行为,反馈并提升课堂教学效率。

作业和测试是对课堂知识传授的反馈。数学组很早就开发了基于校情的校本作业,结合这次契机,将传统的作业铺码数字化。学生可以在"一起作业"网页端寻找同类错题反复练习,以达到智慧教学的精准模式。网络平台的作业设置更可以拓展和丰富作业的类型,如结合数学史和课后拓展的长作业(如数学小报、数学小论文比赛、个人说题比赛"我是小老师"等),更好地激发学生的想象力和创造力,是精准化智慧教学的课外延伸。

精准反馈可以体现在以下几个方面。

① 精准的时间反馈

学生使用点阵数码笔完成数字作业,数据即时通过蓝牙或网络系统上传至终端。后台可以准确地统计出学生的作业时间、完成过程。这一点有效地降低了学生抄袭作业的可能性,还可以帮助学生改掉拖拉的坏习惯,提高作业效率,也精准了解每一位学生对于知识的把握度和熟练程度。

② 精准的正确率反馈

传统的纸笔作业往往只有一个相对模糊的课堂反馈。而数字作业通过教师电脑端或教师自身的数码笔批改后,系统可自动生成多维度分析报告,不但有整体的四率分析,还可以细分到每一题的正确率,点击即可了解每一位学生的作业优劣,快速精准地了解学生的作业正确率、完成率等数据。这可以帮助教师精准了解学生课堂学习过程中的易错点。教师进入班级讲解错题,只要打开网页,相对应的每一位同学的作业情况和每一题都一目了然,点击索引选择错误率较高的题型,即可在屏幕上讲解和演示。

③ 个性化错题集

教师讲解错题后,学生可以在数字作业的边框部分及时订正,以便老师批改。学生登录自己的账号,不但可以看到自己的错题,还可以借助题库,点击即可生成相似错题,结合当日的错题再次进行巩固。也可以在一个单元后生成个性化的错题集,打印即可,不用再手工集错纠错,提效减负。

④ 精准化单元教学评估

结合课堂和作业生成的数据,还可以精准制定单元测试或练习,以达到阶段性复习和巩固知识的目的。为此,结合点阵数码笔的特点进行了娄山集团数学学科中心内的命题研究及规范化培训,鼓励学科中心内所有教师轮流命题、自主命题。从出卷、考试、阅卷流程的规范入手,做好常规年级质量监控的分析与总结。加强期中、期末的质量监控措施,深入科学地做好质量监控的分析总结,利用大数据,支持教学改革,从而实现减负增效,助力因材施教。

在探索过程中,杨雯倩和陈卓嘉老师分别在六、七年级开设了不同教学方式下的教学对比课。其中,第一节课采用传统模式,第二节课则使用纸笔同步系统授课新模式。在这两节课的比对中,技术赋能的优势一目了然:使用纸笔同步系统的这节课,结合单元复习与作业练习的大数据反馈,充分挖掘单元模块中的难点重点和综合类型的问题,更精准地帮助每一位学生了解自身的不足,达到了精准反馈的目的。

(3)精准评价

智慧学习笔和课堂教学、作业、考查、拓展、综合、跨学科相结合,在为教师减负的同时也提高了教学质量,并能随时调阅网端数据,对自己学生的学习作出更为精准和全面的评价。

① 结合纸笔同步系统留下的课堂痕迹,便于对学生的学习过程有一个记录和评价。课前准备好学习单或者检测题,通过点阵数码笔可以快速了解学生学习目标的达成率。课中结合小组讨论、问题抢答,点阵数码笔学习系统即时统计出答题的区分度、难度和得分率,留下课堂中优秀学生的高光时刻,确定学困生问题所在,为学生的学期学年末整体评价留下精准的数据。

② 通过点阵数码笔完成的回家作业以及第二天教师的纸笔同步批改,都能留下大量关于学生回家后的数字作业数据,不但便于教师了解课堂的得失和学生学习情况的跟踪调研,更能体现在以后的学生综合评价体系中,使教学后的评价更为精准和科学。

③ 结合娄山集团数学学科中心的集体备课和期中期末测试的共同命题,配合点阵数码笔网页端铺码和纠错,对一个阶段内的学习作出更科学、精准、公平的评价。教师批改后数据即可生成,通过"一教一学"小程序,将学生的测试卷面和评价结果直接推送给学校、教师与家长,有利于家长及时了解自己孩子的学习情况,加强家校之间的沟通交流。

现代教育的评价系统更注重全面性,强调过程性,关注科学与精准,能够在学生学习过程中留下痕迹,保存数据的纸笔同步系统,将会更容易达成目标。

3.定位精准,拓展创新

打造精彩智慧课堂是实现由合格教师到魅力教师转变的永恒追求。将点阵数码笔融入数学课堂教学,精准定位教师的"教"与学生的"学",不但能提升课堂精彩指数,创设良好的课堂互动氛围,学生更可获取更多的信息,提升思维品质。同时借助大数据系统,更精准地改善学生学习方式和教师的授课模式,从而对数学课堂教学产生显著影响,不但确定智慧学习场景的精准模式,更是取得了一些收获。

(1)建立新的教学平台

常规化运用纸笔同步系统,建立精准、开放、共享、协作与规范的教学互动平台。教学效果显示:点阵数码笔的运用大幅提升了教学的精准度,强化教师对教学过程的控制和指导。课堂教学过程中增加师生直接交流与研讨的机会,增强学习者与教师、学习者与学习者之间的交互与协作,拓宽师生感情交流的渠道。借助丰富的网络资源和生活化的教学引入场景创设,在丰富多彩的语言、情感和思想交流中激发学生的学习热情。在提供个性化学习环境的同时,积极创设协作化学习环境,提高学习的效果和质量。

(2)更新教师教学理念

应用点阵数码笔学习系统,促使每一位数学教师改进传统教学方式,有目的地改变教学思维,增加更多的互动设计,充分体现生本教学思想。需要教师备课时充分做好预设,关注教材中的重难点,强调独立的思维能力,以及相对应的教学模式,以精准教学为目的,达到真正的智慧教学。

(3)改变数学教学模式

纸笔同步系统有利于数学学科特色的继承与发扬。完整准确的过程及表述是数学学科所独有的,也是多媒体技术无法替代的。板书作图、例题演示、推导过程、思路呈现等作为数学学科特色,更是每位教师必备的基本技能。点阵数码笔的板书标识保留功能既继承了传统书写功能,又让数学学科中传统的板书过程演示优势保留下来,通过生成数据课堂或电子板书来保存和回看,做到传统教学与信息化教育的融合。

(4)提高数学教学质量

区、校级数字作业结合点阵数码笔使用,精准掌握学生课后巩固情况,以此促进教师改善备课方式、作业模式、分层教学等教学行为。对易错的数学知识点,充分利用点阵数码笔学习系统,及时整理数据,生成错题集,有利于知识的巩固,极大地减轻了学生和家长的负担。也可以组织生生间、师生间互动评判,设置优秀作业激励学生,利用网络工具对学生的问题或偏差及时提出改正建议,实现高质量、互动式教学与自我激励式的学习。

(5)拓展智慧教学方式

娄山中学、复旦中学、虹桥中学携手,以数字基座点阵数码笔的运用为主,探究云端共线授课、交互分享式教学新模式。娄山中学教研组长王黎明老师作为主持人和主讲老师，充分发挥中心组资深教师的引领作用，带领整个团队磨课，反复修改教案和PPT，协调数字中心和项目组的各项工作。每一次的备课磨课过程，参与活动的三所学校老师们都会充分利用这些机会，借助网络和教室内的同屏转播系统，相聚在云端，献计献策，研读教材和新技术的融合，挖掘和探索新技术赋能的精准教学新方法和技巧。在大家的努力下，圆满地完成了这次跨区域的大型教学活动。在这个过程中，不但展示了教师的快速成长，一起教研的老师们也都大有收获，同时也加快了长宁区数学教研中"数字赋能，智慧共生"的脚步。

4. 数据驱动精准教学，确定"三阶两定一动"靶向教学模式

两年多来，在纸笔同步精准化教学系统不断研究过程中，数学组确定了"三阶两定一动"的靶向教学模式：在课前、课中、课后三个阶段，分别有两个"定"、一个"动"，以学生核心素养培育为靶心，依托纸笔作业的伴随式数据分析，以学定教，教、学、练、评环环相扣，实施靶向教学，提质增效。

课前定学情分析、定教学目标，动态推送学习资源；课中定教学策略、定评价标准，动态调整教学深度、广度和节奏；课后定分层教学方案、定个性辅导策略，动态完善高精准数字作业。

（1）课前定学情分析、定教学目标，动态推送学习资源

① 定学情分析

数字作业大数据分析系统将学生学习行为过程反馈给教师，教师通过审读数字作业分析报告，了解班级整体的作业正确率，精准把握学生知识点掌握情况；通过分析出班级在平时授课中的整体掌握水平，结合详细的知识模块化分析和班级数据走势对比，教师能够更清晰地制定出后续课程的教学计划。同时借助思维重现，把握学生认知的过程；结合学生不同阶段的学习规律，精确掌握学情。

② 定教学目标

定教学目标，在班级学生学情分析的基础上要仔细研读课标、教材，关注数学思想方面的渗透与落实，以学生发展水平和已有经验为基础，把握数学内容的本质，实施促进学生发展的教学活动，着眼于学生的可持续发展，不断发展学生的核心素养。

定教学目标，要思考学生已经有什么、还缺什么及教学要提升什么。每节课前都要思考，除了教学生掌握知识外，还要渗透思想方法，以提高学生的数学思维品质。

③ 动态推送学习资源

推送预习资源，包括数学史、现实生活中的数学问题，引导学生课前探索；推送易错题、综合题讲解微视频；建立错题类题库，向特定学生推送类题，便于学生巩固所学。学习资源依据学情、教学目标动态推送，学生自主选择资源开展个性化学习。

比如，八年级孙怡俊老师的"证明举例6"这节课中，在复习引入这个环节中，结合所教班级的实际学情，设置了七年级的旧知进行了课前预热和新课的预习环节，然后顺畅地过渡到了几何学习所需要的新的基本技能。整节课精炼有序，环环相扣，顺利达成预设的教学目标。

（2）课中定教学策略、定评价标准，动态调整教学深度、广度和节奏

① 定教学策略

在数字作业数据支持背景下定教学策略，包括数据支持下的教学目标设定策略、作业讲评策略、概念课设计策略、习题课设计策略、学科专题教学设计、年级（班级）共性错题资源利用策略等。充分发挥集团优势，借助数字基座集体备课，共享备课资源，制定相应教学策略。

以概念课设计策略为例。课堂活动中教师可通过纸笔同步技术将学生推导定理、公式的全过程实时呈现在屏幕上进行展示；可让学生使用点阵数码笔远程板演讲解自己的推导思路，创建以学生为主体的活力课堂；可通过设置填空题、选择题帮助学生辨析、巩固所学内容，点阵数码笔的数据处理功能直接对全体学生的作答情况做出分析，得到每道题的正确率数据来帮助教师了解学生对于新知识的掌握程度。

在新授课上，基于点阵数码笔的技术支撑，教师将数字化技术融入了数学教学，即时的课堂数据分析则充分展现了学生对于新知识、新技能、新思维的接受程度，激发了学生学习积极性和参与度，帮助学生更好地融入课堂。

② 定评价标准

依据教学目标和学情，定教学关键点评价方式和标准。伴随式学习数据有助于教师把握每一个教学关键点。比如概念生成，可以发起判断或者选择类型的题目，通过点阵数码笔快速了解学生新概念掌握的达成率；比如计算达标，可以通过同屏多人次比对，准确找到易错点，快速了解学生思维障碍；比如几何论证，通过思维再现，答题过程按需回放，解题思路有迹可循。

例如，七年级郑敏老师在"线段和角中的分类讨论"这节展示课中使用了选择题的

数据收集功能进行及时反馈,全面了解答错学生的问题所在。学生完成作图题后即时呈现,实现了整班的快速巡视,再利用同屏比对、个别点评,让作图不规范的学生及时了解自身问题所在。在课中,郑老师通过引导学生独立思考、小组合作交流,完美地解决了"分类讨论"这样的数学难点问题。以此为基础,充分了解学生的薄弱之处,以进一步推进智慧课堂的生成为抓手,提升学生数学核心素养。

③ 动态调整教学深度、广度和节奏

学习数据指向的过程性评价有助于教师即时调整教学环节,实现教学的优质高效。教师在课堂上讲授完一个知识点后,可通过学生完成课堂练习来检验对当堂课内容的理解和掌握情况,数字作业使每位同学独立作答的结果可视化。如果知识点掌握情况达到预定的评价标准,则提高难度、加快进度;反之,则放慢节奏,选用备用例题帮助同学理解概念、掌握方法。

例如,在讲授沪教版初中数学七年级第二学期平行线间的距离时,请同学们辨析四种对两条平行线间的距离的概念描述,选择题的作答结果非常清晰地展现每个选项被选择的学生人数并具体到学生名单,包括在规定时间内未能完成作答的情况。及时反馈作答正确率不到80%,教师适时调整教学策略,放慢节奏,辨析概念,加强学生对知识点的理解。

(3) 课后定分层教学方案、定个性辅导策略,动态完善高精准数字作业

① 定分层教学方案

数字作业反馈的数据能够帮助教师客观、全面、准确地分析全班学生的评价结果,关注到学生已经掌握了哪些知识与技能,具备了哪些能力,在哪些地方进步了,在哪些地方还有提高的空间。在此基础上制定分层教学策略。

结合课堂和作业生成的数据,导出班级错题,分析知识点掌握情况,精准定制单元练习,以达到阶段性复习和巩固知识的目的。

② 定个性辅导策略

纸笔同步技术能对学生学习过程中产生的数据进行全过程采集,让教学评价从关注学习结果走向关注学习全过程,学习过程中的专注度、互动度、任务完成率和正确率等方面成为影响评价结果的重要指标。学习过程中的即时性数据反馈、动态性学习评价帮助教师精准把握学生间产生差异的真正原因,有助于教师在下个阶段优化教学策略,更好地实施分层教学。学生可以一键生成每个章节的错题,也可以在"一起作业"网页端寻找同类错题反复练习,借此精准实施个性化辅导。

③ 动态完善高精准数字作业

数字作业系统以常态化作业数据采集、评价、反馈、改进为抓手,开展作业质量全过程评估,有效提升作业设计质量。

立足单元的整体思考:兼顾单元内容,统筹安排作业的难易、作业的类型、作业的时间以及作业的价值取向等,增强作业设计的关联性、结构性和整体性,完善学生的知识结构体系。

基于真实的问题情境:把数字作业再设计与学生的生活实际相结合,设计一些与学生生活有关的作业,以真实情境为问题主线贯穿数学知识、数学思想方法、育人价值。

发挥作业的育人价值:基础性作业的设计要注重学生对数学基本知识点的掌握与理解;拓展型作业要培养学生分析问题、解决问题的能力以及注重学生高阶思维能力的培养;实践型作业要沟通生活与数学的联系,注重对学生动手操作能力的培养。

基于作业反馈的数据分析:动态调整优化作业的设计,对于正确率较高的题,减少同类型题,或以高阶题替代;对于正确率较低的题,增加同类型题,或减低难度、铺设台阶。

（王黎明）

二、 精准化的智慧学习场景的实践与探索

—— 技术赋能,精准教学——点阵数码笔在初中数学教学中的应用策略探究 ——

1. 引言

依据《上海市教育数字化转型实施方案(2021—2023)》,教育数字基座建设作为其中的一项重要任务,提供了一个良好的教学信息化平台,通过智联、数联、物联等方式实现学情数据的汇聚与处理,促进教学的高效率、精准性和个性化,多项数字信息技术和设备在教学中得到使用,旨在实现以技术赋能教学。

传统课堂的教学中,师生有着较多的互动,除了课堂问答这类语言性的互动外,还有一部分互动是非语言性的。例如在初中数学教学中,涉及课堂例题及练习的书写,为了确保学生的掌握程度与解题规范性,教师往往会采用巡视的方式来掌握学生的作答情况,但这类方式显得较为低效且难以覆盖所有学生,导致个别学生书写过程中的

问题不能及时被发现,继而在讲评过程中容易缺乏针对性。如何提高课堂教学效率以及达到个性化的教学成了教育者们亟待解决的问题。

教育数字基座引入了一些教育相关的信息技术,纸笔同步系统就是其中之一。该系统借助点阵数码笔这一设备,已实现精准化教学的目的。点阵数码笔基于数字光学点阵技术,由压力传感器、高速摄像头、核心处理器、电池、数据存储器和通讯模块等部分组成。其原理是用点阵笔在铺有点阵数据单元的纸上进行书写,书写时压力传感器被触发,从而启动内置的高速摄像头,对笔尖经过的点阵高速拍摄,经由内置处理器对点阵坐标、笔记顺序、压力大小、书写速度等信息数字化,再通过蓝牙等通讯模块对外传输。借助 AP 信号增强器可以将所有学生的书写数据实时收集储存,通过后台的迅速处理,可以达到即时反馈并呈现的效果。

点阵数码笔既保持了师生原有的书写习惯,又做到了纸笔书写和信息技术的完美交互。教师减少课堂巡视的时间,通过数据平台获得即时性反馈,以此提高课堂效率,同时还可以增加课堂的互动频次。通过对学生行为数据的全面回收,教师不但可以诊断学生的学习行为及习惯,还能够关注到完成时间、书写过程等数据,从而及时做出调整,便于教学管理,以达到借助数据驱动实现减负增效的目的。

如何更好地在教学中使用点阵笔来赋能初中数学教学成了时下的一个重要问题和热议话题。

2. 点阵数码笔在初中数学教学中的应用策略

在初中数学教学中,分为新授课、复习课、作业讲评课等不同课型。针对不同的课型需要教师灵活调整对点阵数码笔的应用策略实现全方位赋能教学。

(1)点阵数码笔在初中数学新授课的应用策略

新授课是对新知识的教学,新授课的教学质量影响着学生对知识点的掌握,也是初中数学教学的第一步。在新知识、新定理的探究环节中,学生可能会通过不同方法、不同路径来推导得到新的概念。课堂活动中,教师可通过点阵数码笔将学生推导定理、公式的全过程实时呈现在屏幕上进行展示,亦可让学生使用点阵数码笔远程板演讲解自己的推导思路,创建以学生为主体的活力课堂。教师可通过设置填空题、选择题帮助学生辨析、巩固所学内容,此时点阵数码笔的数据处理功能直接对全体学生的作答情况做出分析,得到每道题的正确率数据来帮助教师了解学生对于新知识的掌握程度。

初中数学教学中,课堂例题和练习是学生巩固知识的一个重要环节,点阵数码笔可以呈现学生的即时作答情况,使教师节省了大量的巡视时间,然后进行针对性的分析,指出错误,加以纠正。教师在学生解题时可以选择出较合理的解答过程,并可作为模板进行展示,减少教师的一些非必要板书,以此来提升课堂效率,扩充课堂容量。点阵数码笔还实现了同屏呈现多位学生的解题过程的效果,教师通过终端可实时观察学生的思考方向,选择学生提出的不同解题思路进行对比呈现,帮助学生更好地发散思路,培养数学思维。

在新授课上,基于点阵数码笔的技术支撑,教师将数字化技术融入数学教学,即时的课堂数据分析则充分展现了学生对于新知识、新技能、新思维的接受程度,激发了学生学习积极性和参与度,帮助学生更好地融入课堂。

(2)点阵数码笔在初中数学复习课的应用策略

复习课的主要目标是对学生所学知识的归纳整理,以及对知识的迁移训练,帮助学生系统掌握知识,锻炼学生的思维能力。

以初中数学几何证明教学为例,几何证明过程书写的规范性和逻辑性相当重要,教师课堂巡视的过程花费大量时间,且效果不佳。点阵数码笔使教师可从终端挑选作答优秀的解答过程进行展示并点评,在学生了解了正确的过程规范后,可选择部分典型错误过程,由学生自行分析问题,做出改正,并在点阵练习本的订正区域进行订正。对于概念的复习,教师采取选择或填空题的形式,即时取得学生的作答数据帮助学生进行纠错。为了更好地提升复习效果,点阵数码笔的后台可以就错误率较高的题进行分析,准确识别该题所涉及的知识点,由智能题库提供同类型的练习题,帮助学生巩固知识,举一反三。

在复习课上,点阵数码笔对于数据的及时处理以及笔迹追踪帮助教师实时监控学生的学习状态,以实效性的复习训练方式帮助学生巩固知识,锻炼学生的数学思维,并以智能化题库助力学生实现知识的迁移和内化。

(3)点阵数码笔在初中数学作业讲评课的应用策略

作业是学生学习和教师教学中必然存在的重要环节。作业既能呈现学生的学习效果,也能反映教学的实际质量。在"双减"政策下,对作业的质量和多元化有了更高的要求。点阵数码笔在保留学生书写习惯的基础上,将学生整个作业过程数字化并通过数字基座传输到教师终端,教师可以通过数字基座了解学生完成作业的全过程,不仅限于作业的结果,还对作业完成时间、错误率、错题分布、知识掌握程度进行数据化分析,从而掌握学生的问题,进行针对性设计备课,大大提升了课后作业的实效。

在作业讲评课上,教师可以展示学生作业的相关数据,对错误率较高的题进行详细分析,亦可以学生的作业为例进行讲评。学生在教师的讲解后,在点阵练习本特定的订正区域完成订正,终端将以不同颜色的字迹予以区分,帮助教师和学生观察订正情况。此外,点阵数码笔结合后台试题库可以随时针对错题提供同类题,避免了教师课前盲目寻找练习题,强调了教学的针对性。

在作业讲评课中,点阵数码笔实现了对学生完成作业过程与结果的掌控,既便于教师及时调整教学策略,提高作业训练的实效,也通过对学生学习过程提供积极的监控和调节,促进学生的元认知过程,有利于训练学生的数学思维与逻辑能力。

（4）点阵数码笔与其他教学信息技术的协同应用策略

在如今智慧课堂的构建下,越来越多的教学设备与教学技术逐渐进入课堂,如何将点阵数码笔与多种教学设备进行协同以期更好地提升课堂教学效果也是教师研究的重点。例如,初中数学教学中将点阵数码笔与电子白板进行协同使用,利用点阵数码笔进行书写或绘图,将结果数字化并通过电子白板进行呈现;也可以将电子白板上书写的内容通过点阵数码笔的数据平台进行储存和处理,形成两个设备的交互使用,为教师开展多样化的教学提供基础。如在初中数学的图形运动相关问题中,教师将点阵数码笔和几何画板结合使用,以点阵数码笔记录学生的笔迹来判断学生是否掌握图形的运动过程,再经由几何画板进行呈现,能够使学生在自主探究的过程中感受数学中的变化,达到具象化的教学效果。教学形式是丰富多样的,在如今教育数字化转型的热潮下,教师需要通过不断调整对数字化教学设备的应用策略,才能将这些技术发挥出"1+1＞2"的效果。

此外,教育数字基座的建立为各类教育设备的协同提供了良好的基础。目前,点阵数码笔也为更好地将课堂学习和课后作业相结合,开发了便携的基座,使点阵数码笔能够独立于教室内的基站独立使用,这也使教师对于如何灵活利用点阵数码笔有了更多的设计空间。

3. 点阵数码笔在初中数学教学中的实践探究

为了促进点阵数码笔在初中数学教学中的实际应用,以一堂初中数学六年级的展示课"一元一次方程及其解法"为例,进行点阵数码笔在初中数学教学课堂中实践的探究。

该课时设计中想要体现的学习目标为:掌握解含分母的一元一次方程的一般步

骤及其依据;在探索含分母一元一次方程解法的过程中体会"化归"的数学思想;通过信息技术与教学的深度融合,提高课堂参与度,促进学习力提升。其中,含分母的一元一次方程的一般解法是该课时的重点。为了提升课堂参与度,提高课堂效率,点阵数码笔在整堂课的部分环节扮演了重要角色。

(1) 复习引入

教师利用点阵数码笔后台处理的数据对前一日作业进行了分析,向学生展示了作业的正确率、完成时间等数据,分析了学生完成作业的专注度、效率等,对作业表现较好的同学进行鼓励,给课堂打下良好的基调。由正确率较高的学生来带领其他同学回顾上堂课的知识点,借此复习含括号的一元一次方程解法的一般步骤。观察错误率较高的典型错题,由学生进行纠错,强化学生对于易错点(括号前是负号时,去括号后括号内各项的符号都要发生改变)的认识,有针对性地进行作业讲评。该过程中借助点阵数码笔的数据收集处理分析的功能,使在迅速掌控学生学情的同时也实现了个性化的精准教学。

通过点阵数码笔后台,在智能白板上实现了学生作业主观题解答过程的同屏对比呈现,借助关于思考题"解方程:$\dfrac{2x}{7} = \dfrac{x}{3} + 1$"解题过程中第一步的不同解法"直接移项"和"去分母"的对比,来引出本课时的主要内容,即解含分母的一元一次方程的一般步骤。借助同屏对比以及书写轨迹回溯的功能,可以清晰地展现出学生解题时的思维顺序,并便于学生观察不同方法的差异,以便更好地理解新知识的特点。

(2) 例题分析

板书演示了解含分母的一元一次方程的一般步骤后,授课教师针对其中的重难点"去分母"的过程设计了一道例题。学生利用点阵数码笔在专用练习本的选择题区域进行作答,终端收集数据后实现了即时的完成率和正确率分析,减少了教师巡视的时间,大大提升了课堂效率,并帮助教师快速掌握班级学情,精准地找到选择错误选项的学生,使其进行自我纠错,以此来强调去分母过程中需要注意的问题:去分母所选的乘数是所有分母的最小公倍数;方程中不含分母的项也要乘以各分母的最小公倍数;去分母时把分子位置的多项式看作一个整体加上括号。

(3) 巩固练习

在掌握了本课时的核心内容后,学生尝试独立求解含分母的一元一次方程。学生使用点阵数码笔在专用练习本上进行解题,电子白板的终端平台可以展现学生解题过程的实时书写轨迹,同时可以利用同屏对比,帮助教师减少巡视,快速掌握学情,并能通过解题过程书写轨迹来判断学生的认知过程是否合理。借助笔记回溯和同屏对比的功能,由学生来分析解题过程中的错误和不规范处,加深印象的同时对错误进行了精准分析,总结、归纳、了解含分母的一元一次方程的一般步骤。

在本课时中,教师充分利用了点阵数码笔所收集的学生课后作业的数据来进行作业讲评,准确把握了作业中的易错点进行重点讲评,实现了数据驱动的精准教学,并以此为基础引出该课时的新内容。授课过程中,利用选择题的数据实时收集处理功能来精准高效地掌握学情,并借助点阵数码笔极具优势的纸笔同步功能,对学生解题过程进行实时监控,把握学生认知的过程,在提高课堂效率的同时也优化教学效果。采用同屏对比和有针对性的讲评加深学生对于知识和书写规范的认识。结合点阵数码笔的强大助力,并通过教师具有层次性的问题链引导学生独立思考,并通过小组合作交流的模式使学生掌握解含分母的一元一次方程的一般步骤。

4. 结语

点阵数码笔依托数字基座平台,在初中数学教学中展现了独到的应用价值。对于教师来说,点阵数码笔的使用既能保留教师线下教学的习惯,高效地对学生的共性问题进行分析,提升课堂效果,又能保留学生线下学习的习惯,更可以全面回收学生的行为数据,通过分析对学生进行反馈,形成个性化教学。点阵数码笔通过数据驱动,在初中数学教学中达到了减负增效的目的。在教学中,教师需要针对课型与学情使用点阵数码笔,使用点阵数码笔时要采取灵活多变的应用策略,使技术更好地赋能教学。

(孙怡俊)

智慧作业助力数学作业精准化

2021年7月,中共中央办公厅、国务院办公厅印发《关于进一步减轻义务教育阶段学生作业负担和校外培训负担的意见》。《义务教育数学课程标准(2022年版)》特别强调了学生核心素养的培养,对于独立观察分析、实验操作、解决问题等提出了新要求。而随着教育数字化、网络化的进一步推行,数字赋能,提高教学效果和效率势在必行。借助智慧作业点阵数码笔系统,通过纸笔同步创设精准化的智慧学习场景,借助大数据系统,详细分析每一位孩子的学习行为,精准把握学生学习过程中的难点和易错点,了解其不同学生的问题所在,发现差异及时解决,不但能提升教学效率,还可以帮助教师精准把握学生间产生差异的真正原因,有助于教师下个阶段优化教学策略,更好地实施分层教学。学校运用智慧作业的点阵数码笔和纸笔同步系统,推进作业的数字化,在监管学生作业负担的同时,高效与高质是促进教师教学和学生学习的关键落脚点。

1. 初步了解智慧作业功能

智慧作业是以大数据为驱动的学校教育平台,同步学校教学进度,覆盖练习、评测等教育场景。通过大数据和人工智能等教育科技手段,帮助教师减负增效、学生培养学习兴趣、家长掌握学情,实现"双减"背景下的"大规模因材施教"。

第一,数据采集更便捷:不改变学生纸笔作答习惯,教师纸笔批改留痕,实时上传。学生书写全过程轨迹采集,课堂互动实时呈现,操作简便。

第二,作答思维可视化:教师可结合学生学情和作答过程数据反映出的问题,诊断学生的学习行为、习惯,解决薄弱项的同时纠正学习习惯。

第三,数据维度更丰富:不只是结果数据,更关注学生作业行为及作业时间等数据,结合管理目标,可选取关键指标进行重点数据跟踪及管理。

（1）点阵数码笔

结合光学扫描识别、结构化知识图谱、云题库、人工智能引擎等多种先进技术为一体的智能数据采集终端。

（2）纸笔无感数据采集

点阵数码笔在不改变师生原有作业习惯的同时,实时采集学生作业过程数据,教师在线批改,实现线上线下相结合的混合式学习支持系统。

根据采集到的学生作业结果数据、过程数据,实现对学生学习行为的精准把控,最终形成基于拓展资源导学、课堂精准教学、学情诊断评价、学业状态反馈、课下精细辅导、个性化错题资源智能推送和打印的课堂教学实施路径。

(3)纸笔互动授课

作业讲评、授课资源、随堂练习、互动答题工具四大模块助力教师打造高效课堂,助力精准教学。

课前,教师通过资源上传,能够轻松管理授课资源;课中,轻量化的授课形式与基础教具有效结合,助力教师提高课堂授课效率,资源授课与互动答题工具的深度融合,帮助教师在流畅授课的同时即时了解学生学情,有的放矢。

历史作业数据实时调用放映讲评可省去教师制作课件时间,多人轨迹同屏播放对比,学生思维过程可视化,追根溯源解决学科薄弱点,同时搭配同类题推荐,培养学生举一反三能力。

(4)课堂数据报告助力因材施教

课堂纸笔互动有效记录答题结果、书写笔迹并进行云端存储,自动生成课堂记录,教师可以随时回看,帮助教师进行教学反思,改进教学过程,精准的科学数据助力因材施教。

(5)点阵数码笔覆盖智慧作业全场景

家校共通,支持离线书写,不用实时连接网络,数据离线自动传输,教师在线批改,系统自动生成学情,真正做到全场景学生学习行为数据采集,生成学生专属数字画像。

2. 借助智慧作业系统,初步实现数学作业精准化

在探索过程中,数学教研组内的每一位数学教师充分使用和挖掘点阵数码笔的功能,探索精准化的智慧教学模式。作为教师,每天的授课均可使用网页版的"一起作业"授课系统,上传授课资源,查阅教学资源,使用点阵数码笔批改每日的长宁优质《分层作业》,及时反馈和订正,网上集体阅卷也更为高效和公平。作为学生,每一位同学都配备了点阵数码笔、相对应的课堂笔记本、点对点的个人《数字作业》,每周的随堂练习和月评价练习均使用点阵系统的对应试卷,既有纸质的试卷,也有网络电子稿的记录,课后随时可以查阅电子版本的试卷和错题本,方便快捷。

下面分别从课堂练习和家庭作业两方面说明。

(1)课堂练习精准化

课堂上,学生使用点阵数码笔在点阵纸上答题,书写结果实时同步到智能白板上。教师可清晰查看学生的答题过程及结果,了解学生的答题进度与学习情况,还能开展

对比教学讲评。智慧课堂集成了纸屏同步、手写笔迹电子化、AI 数据分析等技术，实现了客观题自动批改与快速随堂测评。

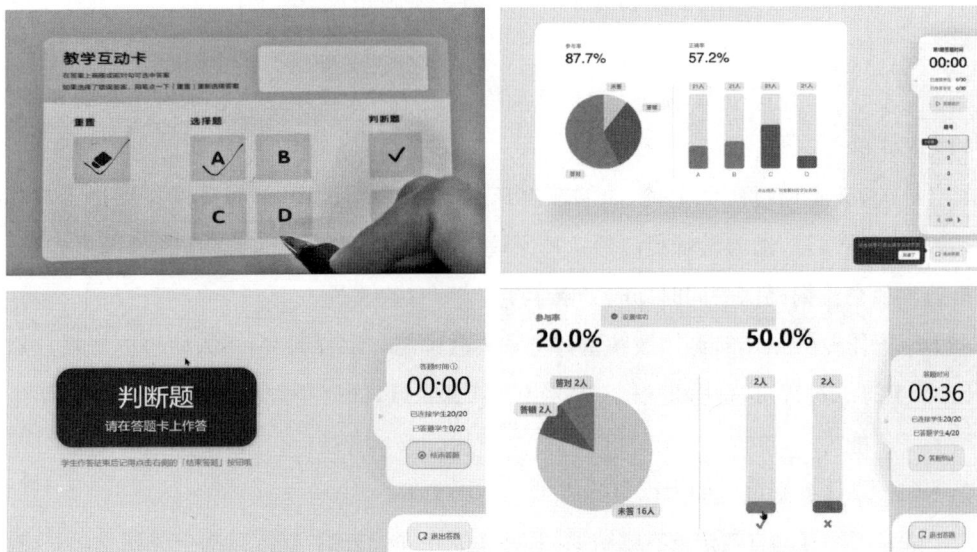

实时分析作业数据，课堂精准评价

初一年级郑敏老师在"线段和角中的分类讨论"展示课上，借助纸笔同步系统的选择题数据收集功能，及时获取反馈信息，精准了解答错学生的问题所在。学生完成作图题后即时呈现，便于教师进行整班巡视，通过同屏比对和个别点评，让学生清晰了解自身作图存在的问题。通过引导学生独立思考与小组合作，郑老师成功地解决了教学难点，有效提升学生数学核心素养。在这堂课上，当学生完成选择题后，系统迅速收集数据并生成报告，郑老师可以直观地看到每个学生的答题情况，以及哪些知识点学生存在理解困难。对于作图题，学生在点阵纸上绘制的图形实时同步到智能屏幕，教师可以在巡视过程中及时发现学生的作图错误，并通过同屏比对，将正确和错误的图形展示给学生，让学生更直观地理解错误原因。在小组合作环节，学生们围绕教学难点展开讨论，分享自己的思路和方法，相互学习、共同进步。这种教学方式充分调动了学生的积极性和主动性，培养了学生的合作能力和创新思维。

青年教师孙怡俊在"一元一次方程及其解法"这节展示课上，借助点阵数码笔所收集到的数据，精准定位课堂中的难点和重点，通过小组合作的教学方式，帮助学生掌握含分母的一元一次方程的解法，实现了数据驱动的精准教学。孙老师根据点阵数码笔

1. 如图，如果 AD、AE、AF 分别是 $\triangle ABC$ 的角平分线、中线和高，

那么∠＿＿＿＿＿＿ ＝∠＿＿＿＿＿＿＝90°，

∠＿＿＿＿＿＿ ＝∠＿＿＿＿＿＿，

线段＿＿＿＿＿＿ ＝＿＿＿＿＿＿.

作答结果分析

题目满分：5   平均分：4.9   满分：35人   得分：1人   未批改：4人   作答详情 ∨

班级正确率：97.22%   平均作答时长：3分10秒   红色为典型错误，建议老师重点讲解。   [设置优秀作答]   [设置典型错误]

徐愫君　　　　朱予霏　　　　陆李阳　　　　王乐新

实时分析作业数据，课堂精准讲评

采集的数据，发现部分学生在去分母步骤上存在较多错误，于是将这一知识点作为课堂重点进行讲解。在小组合作中，学生们通过讨论和实践，总结出了去分母的技巧和注意事项。教师在旁进行指导和答疑，帮助学生更好地理解和掌握知识。这种基于数据的精准教学提高了课堂教学的针对性和有效性，让学生在有限的时间内获得更多的知识和技能。

第 4 题·解答题·作答详情

已批改 **36** 人   正确 **15** 人   错误 **21** 人   正确率 **42**%

正确率·账号

97%

109%

98%

42%

86%

109%

83%

82%

作答正确（15人）

查瑞宸　顾依琳　郭修齐　黄试翼　刘稣羊　陆李阳　闵佑嘉　施奕君　王均怡　薛智天　杨家峥

杨奕琳　张一鸣　赵峻浩　朱泽轩

列比讲评

当堂订正

类题推荐

作答错误（21人）

陈涵秋　傅奕辰　梁潆竹　刘骏涛　钱佑家　戎承　石潽嫣　史令闻　宋涵瑭　孙一尘　孙一帆

王乐新　吴若欣　徐愫君　徐子悦　郁子卿　张笑涵　赵一悦　郑思璇　郑艺璇　支清羽

未作答（1人）

殷博珺

未批改（4人）

激活 Windows
长时间设置以激活 Windows

实时分析作业数据，课堂精准讲评

杨雯倩和陈卓嘉老师分别在六、七年级开展教学对比课，一节课采用传统教学模式，另一节课则使用纸笔同步系统授课新模式。对比结果显示，纸笔同步系统结合大数据反馈，能帮助教师更精准地挖掘单元模块中的重难点和综合问题，帮助学生更清

晰地了解自身的不足之处。在传统教学模式下,教师往往只能通过课堂提问和课后作业来了解学生的学习情况,用这种方式所获取的信息有限且不够及时。而在使用纸笔同步系统的课堂上,教师可以实时获取学生的答题数据,通过大数据分析,准确找出学生的薄弱环节和存在的问题。例如,在讲解数学单元知识时,系统可以分析学生在各个知识点上的答题正确率、答题时间等数据,帮助教师确定哪些知识点学生掌握得较好、哪些需要进一步加强。学生也可以通过查看自己的答题报告,了解自己在学习过程中的优势和不足,有针对性地进行学习和改进。

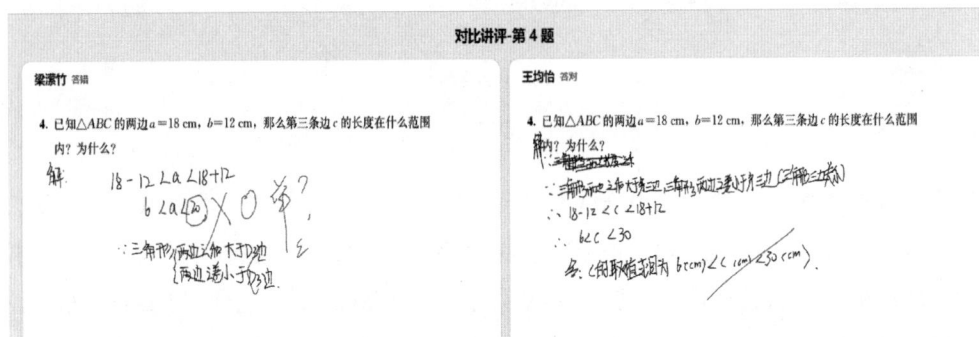

对比教学有助学生加深课堂练习印象

（2）家庭作业精准化

借助点阵数码笔的交互功能和大数据图表,能够精准汇总学生课后作业的掌握情况,为教学改进提供有力依据。

精准反馈可以体现在以下几个方面。

① 精准的时间反馈

学生完成数字作业后,数据通过蓝牙或网络上传至终端,后台可以精准地统计出学生的作业时间、完成过程。这有助于减少抄袭作业现象,纠正学生的拖拉习惯,同时帮助教师了解学生对知识的掌握度程度。当学生使用点阵数码笔完成家庭作业时,系统会记录下学生从开始作业到完成作业的每一个操作步骤和所用时间。如果发现学生在某道题上花费的时间过长,教师可以判断该学生可能在这个知识点上遇到了困难,需要进一步辅导。同时,精准的时间反馈也可以让教师了解学生的学习效率,对于学习效率较低的学生,教师可以给予相应的学习方法指导,帮助他们提高学习效率。此外,通过监控作业时间,还可以有效遏制作业抄袭现象,因为抄袭作业往往会导致作业时间过短,与正常完成作业的时间差异较大。

作业情况概览

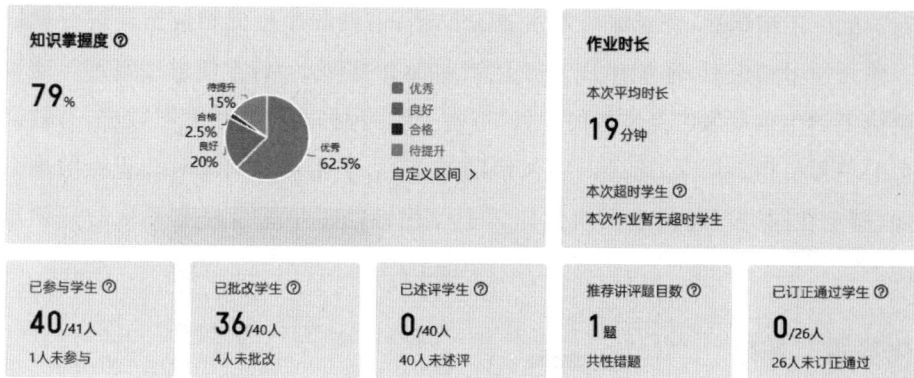

知识掌握度 ⑦

79%

待提升
15%
合格
2.5%
良好
20%
优秀
62.5%

■ 优秀
■ 良好
■ 合格
■ 待提升
自定义区间 ＞

作业时长

本次平均时长

19分钟

本次超时学生 ⑦
本次作业暂无超时学生

已参与学生 ⑦	已批改学生 ⑦	已述评学生 ⑦	推荐讲评题目数 ⑦	已订正通过学生 ⑦
40/41人	**36**/40人	**0**/40人	**1**题	**0**/26人
1人未参与	4人未批改	40人未述评	共性错题	26人未订正通过

做答时长与正确率关联分析，聚焦需关注学生

② 精准的正确率反馈

数字作业被批改后，系统自动生成多维度分析报告，涵盖整体的四率分析和每题正确率，方便教师全面了解学生的作业情况，精准进行集错纠错。教师在班级讲解错题时，通过网页可清晰查看每位学生的作业情况，可有针对性地选择错误率较高的题型进行讲解演示。例如，对于一道错误率较高的数学应用题，教师可以分析学生的错误原因是对题意理解不清还是解题方法错误，然后有针对性地进行讲解和示范。同时，教师还可以通过平台查看每个学生的答题情况，了解学生的解题思路和存在的问题，为个别辅导提供依据。

题目作答分析 ⑦ 课堂讲评共性错题

讲评

・建议您重点关注并讲评一下题目 ⑦

4: 正确率低且作答时间长

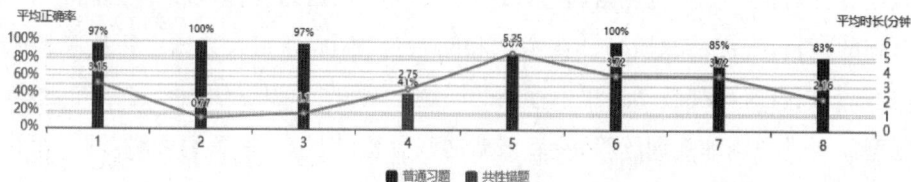

平均正确率

	1	2	3	4	5	6	7	8
	97%	100%	97%		53%	100%	85%	83%

平均时长(分钟)

■ 普通习题 ■ 共性错题

作业正确率反馈

③ 个性化错题集

学生订正错题后,登录账号即可查看错题,借助题库生成相似错题进行巩固练习。单元学习结束后,还能生成个性化错题集并打印出来,方便学生复习。这种方式避免了学生重复做已经掌握的题目,节省了学习时间,提高了学习效率,有效减轻学生的学习负担。同时,通过对相似错题的练习,学生可以加深对知识点的理解和掌握,避免在同类型题目上再次出错。个性化错题集是智慧作业系统的一项重要功能。

结合高频错题,选择类题再练,帮助学生举一反三

④ 精准化单元教学评估

结合课堂和作业数据,数学组开展命题研究和规范化培训,规范出卷、考试、阅卷流程,同时鼓励教师利用大数据进行质量监控分析,轮流自主命题,制定科学合理的单元测试或练习,巩固学生知识,实现减负增效与因材施教的目标。通过对课堂和作业数据的分析,数学组教师可以了解学生对各个知识点的掌握情况,从而在命题时更有针对性。在规范化培训中,教师学习如何根据课程标准和学生实际情况设计合理的题目,提高命题质量。在考试和阅卷过程中,利用大数据进行质量监控分析,教师可以及时发现教学过程中存在的问题,如哪些知识点学生普遍掌握不好、哪些题型需要进一步加强训练等,然后根据这些分析结果,调整教学策略,制定更科学合理的单元测试或练习,让学生在减轻作业负担的同时更好地巩固知识,提高学习成绩。完整的分析模式帮助老师更好地进行精准化教学,有助于学生对自己的学习精准定位。

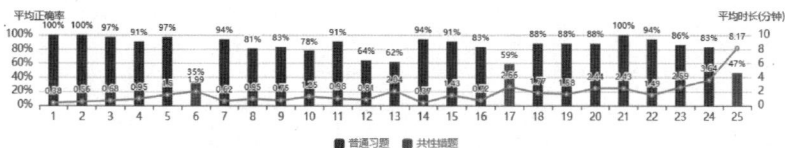

随堂练习的整体分析

3. 数学作业精准化模式探索

（1）利用判断题、选择题数据把握学情

判断题、选择题通常涉及数学概念、定理等基础知识，通过点阵数码笔收集这些题目的答题数据，确定个体正确率，可以精准掌握学生在概念部分的学习情况。例如，在学习函数概念时，教师可以通过判断题、选择题来考查学生对函数定义、定义域等概念的理解。系统收集学生的答题数据后，教师可以清晰地看到每个学生的正确率，以及哪些学生在哪些概念上存在理解误区。对于正确率较低的概念，教师可以在课堂上进行重点讲解和强化训练，帮助学生夯实基础。

（2）借助纸笔同步监控解题过程

针对解答题，利用纸笔同步功能实时监控学生的解题过程，深入了解学生的认知过程。解答题能够更全面地考查学生的综合运用知识能力和思维过程。在学生解答数学题时，纸笔同步功能可以记录学生的每一步解题思路和书写过程。教师通过查看这些记录，可以了解学生是如何分析问题、选择解题方法的，以及在解题过程中遇到了哪些困难。例如，在几何证明题中，教师可以观察学生的推理逻辑是否严谨、辅助线添加得是否合理等。通过对学生解题过程的监控，教师可以及时发现学生的思维漏洞，给予针对性的指导，帮助学生提高解题能力。

初一数学随堂练习（5） 03-23 12:56

下载表格　作业详情

跨班级统计　七年级1班　**七年级2班**　七年级3班　七年级5班　七年级6班　七年级7班　七年级8班　七年级9班

整体分析
题目分析
学生分析

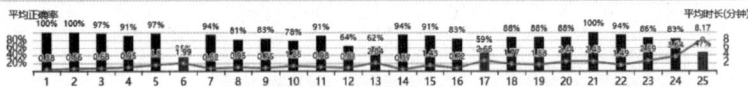

16. 如图所示，AB∥CD，∠D=80°，∠CAD：∠BAC=3：2，则∠CAD=_____.

作答结果分析

题目满分：2　平均分：1.7　满分：31人　0分：6人

作答详情 ∨

班级正确率：83.78%　平均作答时长：44秒　红色为典型错误，建议老师重点讲解。

设置优秀作答　设置典型错误

徐慷君　　朱予霏　　王乐新　　蔡林君

展开 ∨

随堂练习的试题分析

初一数学随堂练习（5） 03-23 12:56

下载表格　作业详情

跨班级统计　七年级1班　**七年级2班**　七年级3班　七年级5班　七年级6班　七年级7班　七年级8班　七年级9班

整体分析
题目分析
学生分析

学生分析

学生姓名 ⇕	学号 ⇕	开始时间 ⇕	用时 ⇕	成绩 ⇕	正确率 ⇕	订正情况 ⇕	答题情况
赵峻浩	38	03.23 12:56	33min	98 ☑	98%	-	1道错题 〉
杨家峥	34	03.23 12:55	45min	98 ☑	98%	-	1道错题 〉
朱予霏	18	03.23 12:55	44min	97 ☑	97%	-	3道错题 〉
钱佑家	28	03.23 12:55	17min	97 ☑	97%	-	1道错题 〉
郑思璇	16	03.23 12:55	43min	97 ☑	97%	-	1道错题 〉
王乐新	32	03.23 12:55	40min	96 ☑	96%	-	2道错题 〉
刘稣羊	24	03.23 12:55	44min	96 ☑	96%	-	2道错题 〉
卢憬悦	25	03.23 12:55	44min	95 ☑	95%	-	3道错题 〉
陈诵秋	--	03.23 12:55	44min	95 ☑	95%	-	2道错题 〉
张一鸣	37	03.23 12:55	44min	92 ☑	92%	-	2道错题 〉

钱佑家行备注：作答快 正确率高

随堂练习的学生评价

（3）运用同屏对比强化难点学习

同屏对比具有代表性的练习结果，结合针对性讲评，加深学生对难点的理解，规范答题格式。数学教学中存在一些难点内容，学生理解和掌握起来比较困难。同屏对比功能可以将不同学生对同一道难题的解答过程展示在屏幕上，让学生们相互对比、学习。教师可以针对学生的不同解法进行讲评，分析每种解法的优缺点，引导学生找到最佳解题思路。同时，通过对比正确和错误的答题格式，让学生明确规范答题的重要性，养成良好的答题习惯。

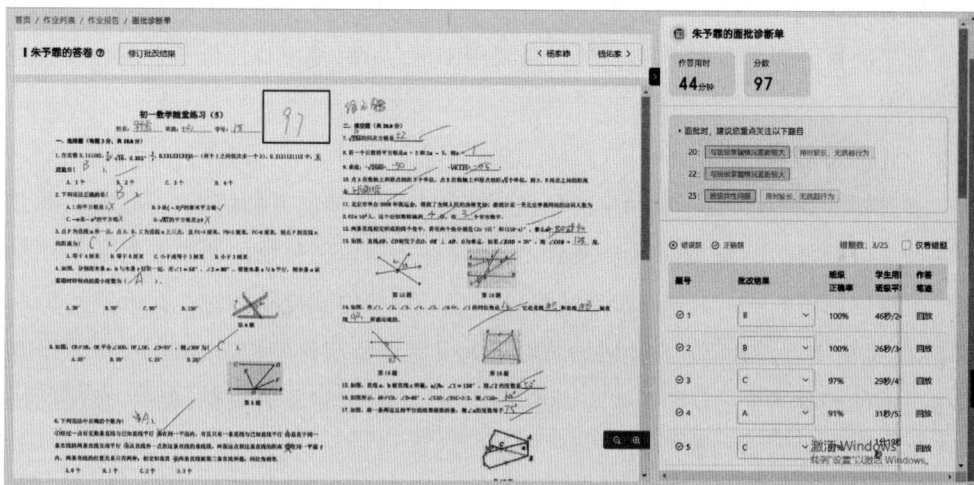

随堂练习的学生个体分析

（倪俊）

三、 精准化的智慧学习场景的应用与成效

纸笔同步系统赋能教学评价

新一代信息技术为教育提供了各方面的支持，能够有效助力学生学习、教师教学、学校管理等。其中，教学评价是教学活动中的一个重要环节。作为教学效果的客观反映，传统的教学评价存在评价内容不全面、评价方法单一、重结果轻过程等问题。在国外，美国学校利用大数据技术开发的评价系统支持快速组织与分析基准性评价数据。在国内，2018 年，习近平总书记在全国教育大会上指出，要深化教育体制改革，健全立

德树人落实机制,扭转不科学的教育评价导向。2020 年,《深化新时代教育评价改革总体方案》指出,要系统推进教育评价改革,积极探索和改进与新时代相匹配的育人评价模式、教育评价方式、管理评价机制。这对于推进教育高质量发展、建设教育强国都具有重要意义。而新一代信息技术在教学评价中的应用能从一定上弥补传统教学评价的不足,促进教学评价的客观性、科学性和系统性等。已有研究从不同学科、教学模式等角度对教学评价相关研究进行了综述。本文从技术角度切入,了解纸笔同步系统在助力数学教学评价方面的优势。

1. 评价形式

学生的核心素养表现有多种形式,需要用多种方式才能准确评价学生核心素养的养成情况。

（1）课堂观察

通过课堂观察,可以了解学生的基础知识和基本技能的掌握情况,还可以获得书面测试难以获得的结果,如学生的听课习惯、专注力等。但传统的课堂观察是一种主观性较强的评价方式。纸笔同步系统可以让这一评价方式变得客观。在纸笔同步系统下,学生使用点阵数码笔在铺码的练习本上书写课堂听课笔记,教师在授课的智能白板上能够观察学生记录的数学知识是否恰当、正确,笔记是否完整、规范,客观反映学生的专注力和听课习惯。

（2）课堂练习

教师在课堂上讲授完一个知识点后,常常设置相应的课堂练习,可以是选择题、填空题、计算题,也可以是解答题,以检验学生对当堂课内容的理解和掌握情况。传统课堂中,教师设置的选择题通常请一两位同学回答,或通过学生举手统计选择某个选项的人数。计算题或解答题常常请学生在黑板板演以达到找寻易错点的目的。这样的形式对整个班级学生的练习反馈考察不全面,在收集反馈结果上稍显低效。新技术的引入帮助教师解决了这一困境,使每位同学独立作答的结果可视化。如：在讲授沪教版七年级下册平行线间的距离时,请同学们辨析四种对两条平行线间的距离的概念描述,选择题的作答结果非常清晰地展现每个选项被选择的学生人数并具体到学生名单,包括在规定时间内未能完成作答的情况。及时反馈的作答正确率帮助教师适时调整教学策略和节奏,关注学生对知识点的理解。

又如：在讲授沪教版数学七年级下册两直线平行的性质时,由于该章是学生进入初中学习几何说理的开篇,教师担心学生逻辑段表达不清、书写不规范。纸笔同步的

作答结果分析

有效参与率: **94%** (30/32)　正确率: **69%** (22/32)　错误: **25%** (8/32)

A (0人)	B (6人)	C (2人)	D (22人)	未作答 (7人)

技术实现教师在较短的时间内完成对全班学生课堂练习的巡视,标记典型错误、优秀作答,帮助学生及时发现知识运用的不足。

作答结果分析

有效参与率: **100%** (32/32)

（3）课后作业

课后作业是督促学生复习、巩固所学知识的重要手段,教师通过批阅作业,了解学生的学习情况,发现学生存在的问题,以便有针对性地进行后续的教学,及时帮助学生弥补缺陷,促进学生不断进步。将批阅反馈转化为教学调整的这一过程,与教师自身的经验和能力有较大关系,缺乏教学经验的老师或难做到有的放矢或忽略了典型问题的重要性。纸笔同步系统可采集作业批改的数据,生成作业报告,对学生的作业评价有作答正确率、作业时长等方面的呈现。通过信息技术的辅助,教师可以方便地了解和掌握学生的课后学习情况,及时反思教学过程,调整教学设计,实现教学的优质高效。作业数据反映学生对数学中的概念、定理、法则、性质、公式、公理以及数学学习方法的掌握情况,从知识的表征形式、知识的逻辑形式和知识的意义方面考查学生整体把握知识内容的情况,能够恰当评价学生基础知识与基本技能的掌握情况。

（4）书面测试

书面测试主要是运用纸笔测试的方式来考查学生对基础知识与基本技能的掌握情况以及核心素养的表现。书面测试的结果反馈了学生学习中存在的问题,为教学改进提供重要依据。借助纸笔同步技术统计学生的学习成果信息,可以了解班级的整体水平。没有信息技术融入之前,学生的每一次书面测试成绩都是零散的,有了信息技术的辅助,可以看到每位学生各次考试成绩的变化,教师可以通过网络及时向学生和家长反馈,学生也方便利用平台收集错题、下载错题、巩固错题。

2. 评价结果的呈现

评价结果不仅仅反映学生在某一阶段的学习效果,更重要的是可以为改善教师教学和学生学习服务。一般的定量评价只能体现学生的总体分数,不能反映学生学习的细节情况,但若想全面细致地描述学生的学习情况,往往又担心出现主观性强的问题。为避免主观偏见带来的影响,客观呈现显得尤为必要。

在呈现评价结果时,纸笔同步系统在日常教学过程中收集的数据能够帮助教师客观、全面、准确地分析全班学生的评价结果,关注到学生已经掌握了哪些知识与技能,具备了哪些能力,在哪些地方进步了,在哪些地方还有提高的空间。纸笔同步系统辅助下的评价结果呈现形式包含课堂报告、作业报告。课堂报告既包含下图所示的课堂活跃度、课堂投入度、表现较好的学生名单,也包含每位学生课堂作答练习的所有记录。

"核心素养"勋章榜单 ⑦

知识之星:杨怡婷、金正勋、李丝婷、庞喻宸、赵伊俊、都馨怡、邵雅姿、俞茗月、李烨翰、蔡泽枫、宋易、张开元、黄泓玮、刘悦、朴有斌、陈语瞳、王思琪、谢思文、张亦桓、陈禹璇、高源、王若歌

纸笔同步系统帮助教师全面地收集能够反映学生学习情况的资料,便于定期对学生的学习发展情况进行总结和反思。学生学习习惯等在传统评价模式中难以定量刻画的维度变得有迹可循。系统持续地记录学生核心素养的养成和发展变化,可以向教师、家长和学生提供有关学生学习情况的全面的、具体的证据,为学生和家长提供更具有针对性的反馈。而学习过程记录及时反馈给学生和家长,既能帮助家长了解孩子的学习情况,又有助于发挥家长在学生成长中的作用,与教师一同形成育人合力。

3. 技术赋能教学评价的优势总结

教学评价本身以核心素养为导向,强调学生必备的知识与技能,注重学生核心素养的发展,以便学生为未来的生活与工作做好充分准备。在技术赋能之下,教学评价体现出的优势可概括为以下三类。

(1) 强化过程性评价

传统教学评价较为关注现状描绘,而纸笔同步技术能对学生学习过程中产生的数据进行全过程采集,让教学评价从关注学习结果走向关注学习全过程,学习过程中的专注度、互动度、任务完成率和正确率等方面成为影响评价结果的重要指标。此外，还能实现学习过程中的即时性数据反馈、动态性学习评价，有效帮助学生进行个性化学习、帮助教师随时了解学生的学习情况。

（2）改进结果性评价

新技术改进了结果评价，来自全过程的多模态学习数据让最终评价结果更加全面与客观。积累下真实有效的信息反馈，优化后续教学的针对性、精准性以及可行性。

（3）关注发展性评价

有了较全面的评价内容，便于进行纵向的前后对比，关注学生的纵向发展进步和综合素质提升，对学生进行发展性的评价，挖掘学生的多元性，增强学生学习数学的兴趣与自信心，帮助学生了解自己存在的问题与不足，促进学生改进自己的学习行为，养成良好的学习习惯，发展核心素养。并且为教师分析教学过程中影响学生能力发展和素养提高的因素，改善教学对策提供了数据支撑。

4. 结语

纸笔同步系统承载着技术助力教学的美好愿景，为教育教学发展提供了新的空间与机遇。现代信息技术与初中数学教学评价体系机制有效融合是一件非常有必要的事情。这既是满足教师发挥教书育人职能的需要，又是顺应时代提升数学教学质量的需要。纸笔同步系统的建立让教学评价科学、有效。教师应保持学习者的姿态，不断学习新技术，将信息技术与教学有效整合，推动信息技术发挥更佳的育人功效。

（郑敏）

从"平行线的判定与性质"浅看纸笔同步课堂

在目前数字基座、智慧教育的大背景下，我校数学组借助点阵数码笔将纸笔同步精准化的智慧型教育融入课前的备课、学习单设计，课中的课堂互动、课堂练习，课后的作业完成、批改与讲评以及平常的测验考试等各个教育的场景环节中。

本文主要对"平行线的判定（2）"和"平行线的性质（4）"这两节新授课进行了剖析。

1. 课前准备

两节课的内容都隶属于沪教版数学七年级下册第十三章《相交线　平行线》。本章内容属于"实验几何"的范畴，有关几何概念的建立和性质的确认。这两节新课都侧重于逻辑推理的教学，需渗透"三段论"的表达形式并展现其格式规范，为学生逐步进入论证几何的学习进行铺垫。

	平行线的判定(2)	平行线的性质(4)
学情分析	在学习"平行线的判定(2)"之前,学生已经通过操作实验活动归纳出了平行线的判定方法1,并且会用这一基本事实进行说理。本节课需要学生利用平行线的判定方法1继续对平行线的判定方法进行探索,导出平行线的判定方法2和平行线的判定方法3,让学生体会"把新问题转化为已经解决的问题"所体现的化归思想,初步会用平行线的判定方法2和平行线的判定方法3来判定两直线平行,进一步学习说理和表达。	对平行线性质的探究,与前面探讨的平行线的判定方法的过程和方法是类似的。在通过操作活动认识了平行线的性质1后,运用化归思想推导出了性质2、性质3,也理解了平行线的传递性。"平行线的性质(4)"着重于让学生综合运用平行线的判定以及性质来解决简单的问题,让学生在解决问题的过程中把握平行线的判定与性质之间的区别,进一步体会逻辑推理的方法,也让学生掌握不同位置关系的角所有的数量关系和直线的位置关系(特指两直线平行之间的互相推导关系)。
教学设计说明	本节课的重点在于利用平行线的判定方法1去推导平行线的判定方法2和平行线的判定方法3。所以,在学习平行线的判定方法1的基础上,通过给出两条直线被第三条直线所截,一组内错角相等的条件或两条直线被第三条直线所截,一组同旁内角互补的条件展开讨论,引导学生分析:如果要运用判定方法1进行说理,那么还需要知道的条件是什么?怎么去利用已知条件找到所需要的条件?接下来在进行说理的过程中,指导学生根据"由何条件""得到何条件""依据是什么"这些基本的问题一步步写出说理过程。本节课主要根据已有的基本概念和基本事实出发,运用化归的思想方法进行引导探究,得到新的正确结论,让学生逐步认识基本的说理思路,建立简单的逻辑推理过程。	本节新授课是在学生完成平行线的性质1、性质2、性质3以及平行的传递性后的一节新课,也可以理解为是一节习题讲评、习题操练课。通过这节课,加强学生对于平行线的判定以及平行线的性质的综合运用,进一步体会逻辑推理的过程与方法,也进一步让学生理解不同角的数量关系与两条直线平行之间存在的互相推导关系。在这节课上主要通过作业讲评和习题练习来让学生理解平行线判定与性质之间的区别与联系,提高分析问题和解决问题的能力。在习题的选取上,本节课的习题均选自长宁区数字作业(区本)。讲评前一天的作业可以利用纸笔同步系统"一起作业",首先对于所有学生的用时以及正确率可以做个整体的点评,接下来就可以直接根据题号查看错误率高的题目,点击进行分析讲解,针对一些典型错误还可以查看学生当时的答题过程痕迹进行针对性的分析。习题练习作为本堂课的重要部分,需要提前从区本中摘取出来,进行专门的铺码,打印制作成学习单,从而在课上就可以让学生利用点阵数码笔进行实时答题,实时查看答题情况即时知晓学生的掌握程度如何。
课前教具准备	教师准备: 1. PPT 2. 智能白板 学生准备: 1. 数学书 2. 笔记本	教师准备: 1. 学习单(区本内容,铺码配合点阵笔使用) 2. 智能白板 学生准备: 1. 数学书 2. 点阵笔 3. 笔记本

2. 课堂教学情况

（1）平行线的判定（2）

① 复习引入

从文字语言、图形语言以及符号语言三方面回顾平行线的判定方法1。

文字语言：两条直线被第三条直线所截，如果同位角相等，那么这两条直线平行。简单地说，即"同位角相等，两直线平行"。

图形语言：

符号语言：∵ ∠1＝∠2（已知），∴ a ∥ b（同位角相等，两直线平行）。

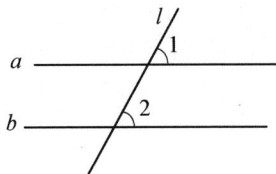

② 引入新知

两条直线被第三条直线所截，同位角相等可以判定两条直线平行，那么当一组角的位置关系是内错角或同旁内角时，能否满足相应的数量关系也可以判定两条直线平行？

先请学生思考：内错角有怎样的数量关系时，可以得到两条直线平行？

如图，直线 a、b 被直线 l 所截，∠1 与 ∠2 是内错角，且 ∠1＝∠2，那么直线 a、b 有怎样的位置关系？为什么？

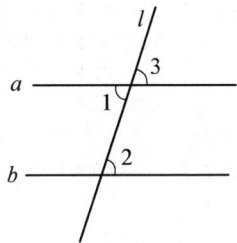

引导问题1：我们已经学过什么方法可以判定两条直线平行？

回答：平行线的判定方法1"同位角相等，两直线平行"。

引导问题2：运用判定方法1，需要的条件是什么？

回答：找到一组同位角，看它们是否相等。

引导问题3：如何将已知条件转化为一对同位角相等？

如图，直线 a、b 被直线 l 所截，∠1 与 ∠2 是内错角，且 ∠1＝∠2，那么直线 a、b 有怎样的位置关系？为什么？

解：将∠1 的对顶角记作∠3。

∵ ∠1 与 ∠3 互为对顶角（已知），

∴ ∠1＝∠3（对顶角相等）。

∵ ∠1＝∠2（已知），

∴ ∠2＝∠3（等量代换）。

∴ a ∥ b（同位角相等，两直线平行）。

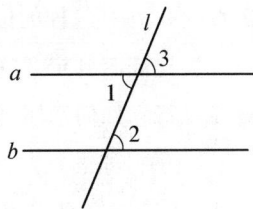

③ 新知讲授

a. 平行线的判定方法 2

文字语言：两条直线被第三条直线所截，如果内错角相等，那么这两条直线平行。简单地说，即"内错角相等，两直线平行"。

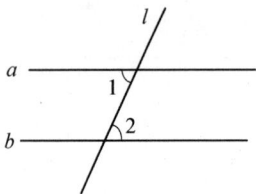

图形语言：

符号语言：∵ ∠1＝∠2(已知)，∴ a // b (内错角相等，两直线平行)

④ 例题讲解

如图，已知∠1＝40°，∠B＝40°，DE 与 BC 平行吗？为什么？

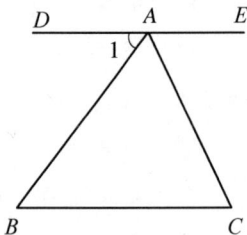

解：∵ ∠1＝40°，∠B＝40°(已知)

∴ ∠1＝∠B(等量代换)

∴ DE // BC (内错角相等，两直线平行)

⑤ 新知讲授

如下左图，直线 a、b 被直线 l 所截，∠1＝40°，∠2＝40°，那么直线 a、b 平行吗？同旁内角有怎样的数量关系时，两条直线平行？

∠1＝∠2？

∠1＋∠2＝180°？

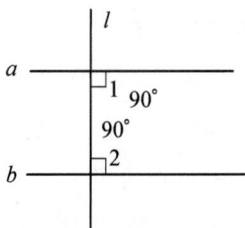
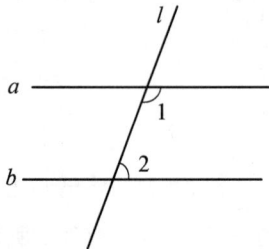

如上中图，直线 a、b 被直线 l 所截，∠1 与∠2 是同旁内角，且 ∠1＋∠2＝180°，那么直线 a、b 有怎样的位置关系？为什么？

类比证明判定 2 的方法：能否将已知条件转化为已经学过的方法来判断这两条直线平行？如何运用判定方法 1 和 2 来说明 a//b？

b. 平行线的判定方法 3

文字语言：两条直线被第三条直线所截，如果同旁内角互补，那么这两条直线平行。简单地说，即"同旁内角互补，两直线平行"。

图形语言：

符号语言：$\because \angle 1 + \angle 2 = 180°$（已知）

$\therefore a \parallel b$（同旁内角互补，两直线平行）

⑥ 例题讲解

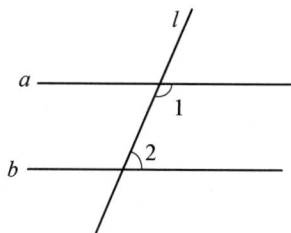

如图，直线 a、b 被直线 c 所截，已知 $\angle 1 = 60°$，$\angle 2 = 120°$，直线 a 与 b 平行吗？为什么？

平行线的三种判定方法都是在通过角的数量关系证明两直线的位置关系。

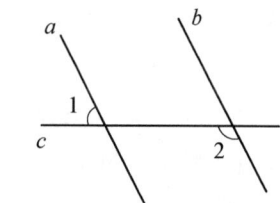

总结三种判定平行线的方法，让学生体会"把新问题转化为已经解决的问题"——"化归思想"。

（2）平行线的性质（4）

① 作业讲评

这里讲评的三道说理题均为根据纸笔同步系统选取的错误率较高的三题。新课开始先做出讲评，一来是让学生知道自己的错误点在哪里，二来是让学生能够对平行线的判定与性质有进一步的掌握。

a. 如图，已知 $DB \parallel FG \parallel EC$，$\angle B = 60°$，$\angle C = 36°$，$AP$ 平分 $\angle BAC$，求 $\angle PAG$ 的度数。

本题考查平行线的性质，条件较多，所呈现图形也比较复杂。学生的问题在于解题过程过于繁杂，从而导致计算错误。本题要提醒学生根据已知条件做好相应的标注，然后根据所做的标注和所要求的问题进行思路整理，以便观察得到角之间的数量关系。

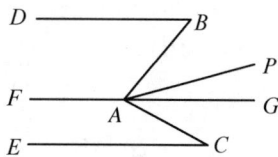

b. 若 $AB \parallel CD$，点 P 在射线 AB 与 CD 之间，则有 $\angle P = \angle A + \angle C$，若点 P 在射线 AB 与 CD 的上方，那么 $\angle P$ 与 $\angle B$、$\angle C$ 有怎样的关系，请说明理由。

本题的错误点在于学生没有思路，不知道该如何求解。要给学生分析：下左图由两直线平行应该可以得出相应位置关系的角所具有的数量关系，那么这时发现应该去

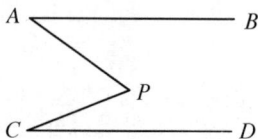

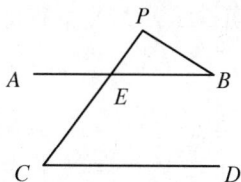

构造一个"三线八角"：过点 P 作 AB 的平行线。

类比左图，右图也可以过点 P 作 AB 的平行线。很多学生都是用三角形内角和进行说理，这里要启发

学生运用平行线的性质进行说理。

c. 如图，在 △ABC 中，∠ABC＝∠ACB，先将 △ABC 沿 BC 翻折至 △A'BC，过点 A 作 AD // BC 交 A'B 的延长线于点 D，则图中除了 ∠ACB 外，还有哪些角与 ∠ABC 相等？并对你所得的结论加以说明。

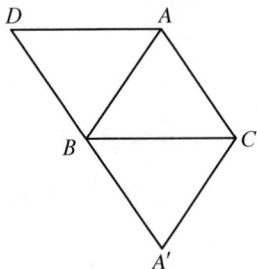

本题的错误点在于少解漏解。本题将平行线的性质与翻折运动进行结合，由翻折得到对应边的长度、对应角的大小均不改变，再结合平行线的性质得到相应的角相等。这里要提醒学生做好标注和看题全面的重要性。

在课堂开端借助了纸笔同步系统，先给前一次通过点阵数码笔完成和批改的作业做出讲评，点阵数码笔系统的使用省去了教师数据统计工作的时间，在批改完作业后，它会自动导出作业的情况，包括学生完成作业的用时、每道题目的正确率等，让教师和学生都能对作业情况一目了然，教师能根据所显示数据做到"精题精讲"，学生能对错题做到更精准地"举一反三"。

② 实操训练

a. 如图，在 △ABC 中，点 P 为边 BC 上的一点，已知 PD // AC，PE // AB，试说明 ∠DPE 与 ∠BAC 相等的理由.

解：

∵ PD // AC（_____），

∴ ∠_____ ＝∠_____（_____）。

∵ PE // AB（_____），

∴ ∠_____ ＝∠_____（_____）。

∴ ∠DPE ＝∠BAC（_____）。

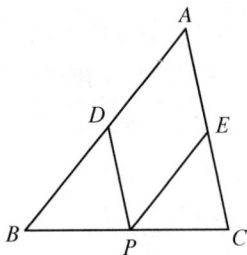

本题是利用平行线的性质对两个角相等进行说理，要先理清思路，通过两组平行分别证明两组角相等，从而等量代换得到所求。在证明过程当中要将已知与所要求的内容相联系。

b. 如图，已知 AB // CD，GH 平分 ∠AGF，MN 平分 ∠EMD，请说明 GH // MN 的理由.

解：∵ AB // CD_____，

∴ ∠AGF ＝∠EMD_____。

∵ GH 平分 ∠AGF，MN 平分 ∠EMD_____，

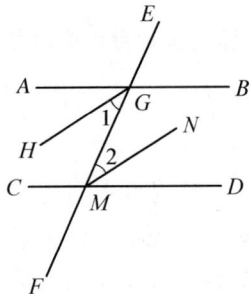

$$\therefore \angle 1 = \frac{1}{2}\angle AGF,\angle 2 = \frac{1}{2}EMD\underline{\qquad}。$$

$$\therefore \angle 1 = \angle 2。$$

$$\therefore GH \mathbin{/\mkern-5mu/} MN\underline{\qquad}。$$

本题考查学生对于角平分线意义的掌握,考查对于角平分线关系式的选用,结合平行线的性质和判定进行说理。根据点阵笔数码信息的实时传输可以看到有部分同学此题在角平分线关系式的得到和选用上出现了错误,归根到底,还是因为思路混乱,不知道如何通过已知条件去进行证明。

c. 如图,已知 $AB \mathbin{/\mkern-5mu/} CD$,试探究 $\angle B + \angle D + \angle E$ 的度数。

本题考查学生对于平行线的性质的运用,需要启发学生如何添加辅助线进行证明,慢慢让学生能够完成基本完整的说理。在添加辅助线时,需要对学生进行规范的添线说明教学。需要注意的是,添完辅助线之后,$\angle E$ 就变成一个复合角,所以这里也需要跟学生强调规范标准的书写。此外,本题解法不唯一,需要学生发散思维。

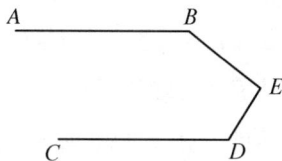

d. 如图,已知 $AB \mathbin{/\mkern-5mu/} CD$,分别写出 $\angle B$、$\angle D$ 和 $\angle E$ 之间的数量关系。

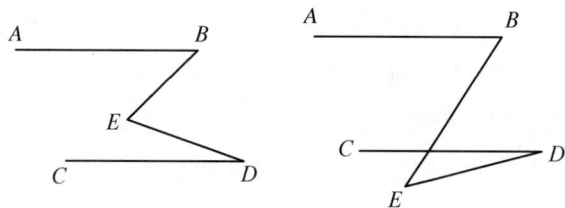

本题与上题有异曲同工之妙,解法不唯一。

利用点阵数码笔,可以非常清楚地看到学生不同的添线方法。根据不同的方法,笔者可以有选择性地让学生来讲解自己这样添线的思路。

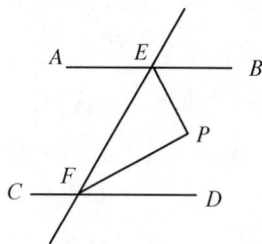

e. 如图,$AB \mathbin{/\mkern-5mu/} CD$,直线 EF 分别交 AB,CD 于点 E,F,$\angle BEF$ 的平分线与 $\angle DFE$ 的平分线相交于点 P。求 $\angle P$ 的度数。

本题很多学生都会用三角形内角和去解,在这一章节中如何引导学生运用平行线的判定以及性质求解很重要,并且在添加辅助线时也需强调规范书写语言。

3. 课后反思

在课堂中,这五道习题的练习是需要互动和检验的,学生用点阵数码笔在学习单上进行书写,解题过程都会同步到大屏幕上,教师不需走动就可以看到全班学生的作答情况,既调动了学生学习的积极性、活跃了课堂气氛,又能够让教师不费力气地关注到班上每一位学生。这种积极的双向互动让每位学生都能够更公平、更有效地参与课堂互动,提升他们的学习积极性和效能;学生完成后,教师可以在课堂上随机抽取学生的练习结果,学生答题的每一步书写过程都可以被展示出来,反映出学生的答题思路,有利于教师针对重难点进行讲评,极大地提高了课堂讲解习题的效率。

在课后作业完成过程中,点阵数码笔可以即时收集作业完成数据并形成多维度的分析报告。教师在批阅时也十分便捷,结合学生完成时间的数据,能够迅速了解每位学生当日作业的完成状态以及作业本身的难易程度。批阅完成后,作业质量报告包括题目正确率、完成时间等的数据统计也迅速生成,能够让教师清晰地了解到整体情况和作业完成得好与不好的地方,针对具体情况具体分析。教师可以更加明确地制定下一堂课的要点与重点,促进了教师的自我教学反思。在下一堂课的备课过程中,教师就可以根据科学统计反映出的学生知识点掌握情况,实现针对性教学,能够出具更适合的学习单和题目的预分析。点阵数码笔的使用使教师的课堂环节形成一个完美闭环。

从个人角度出发,点阵数码笔的使用是以最基本的练习作业过程复现,结合大数据进行分析,反映了每位学生的知识掌握程度,这样才能够帮助教师或学生切实了解自己的薄弱点到底在哪里。根据较为直观的数据分析,我们可以掌握班级和个人在这一特定时间段内的学情情况。将统计情况结合之前互动式课堂所采集的数据,可以分析出班级在平时授课中的整体掌握水平,结合详细的知识模块化分析和班级数据趋势对比,教师能够更清晰地制定出下一阶段的教学计划。具体到个人,教师可以整合每日课堂作业、课后作业的数据,对每位学生所学知识点进行细致的剖析,真正做到查漏补缺,更有针对性地教学。

4. 特点归纳

综上,纸笔同步的智慧课堂大致有如下几个方面特点:延续了教师传统授课的教学方式和习惯;保持了传统的纸笔书写习惯和书写介质,真正做到以学生为中心;互动式的授课模式积极调动了课堂氛围;利用大数据进行学情分析、精准教学,大大提高了教师与学生之间教与学的效率问题;所有错题自动归纳整理,方便复习巩固;以区域教育管理平台作为大数据支撑。

随着科技的发展,学生和教师从传统的课堂教学模式转向了智能化教学模式。这种新型的智能学习场景给予了学生更多元的学习方法,也为教师制定精准的教学计划提供了可能性。纸笔同步精准化教学以学生为中心,有效地将教师的指导思想、教学内容和学生的实际表现有机结合在一起,以实现教学目标。在智慧学习场景中,教师可以随时根据学生的实际情况去定制精准的教学内容,从而更好地指导学生学习。点阵数码笔支持校本区本资源及教师资源电子化,没有改变教师现有的教学习惯,与学校已有信息化设备能够快速融合搭建,将大数据覆盖学科并精准到班、精准到人。通过点阵数码笔的使用,我们切实感受到了信息化对于教学的赋能,不仅提高了教师的教学质量,也提升了学生的学习效率。

这个时代是信息化的时代,信息技术正在不断地改变人们的生活与学习方式。教育行业也被信息化赋予了新的内涵与要求,所以我们要紧跟时代的步伐,积极推动教育数字化转型。

现在,长宁区已率先成为市级推进教育数字化转型实验区的试点,并在持续着力构建一个具有鲜明"数字长宁"特色的智慧教育生态圈。数学科目上点阵数码笔的使用也将为数字化转型试点区建设工作稳步推进添砖加瓦。

(陈卓嘉)

智慧教育背景下中学数学精准教学的实践与思考
——以沪教版数学六年级上册第四章 4.3 圆的面积①为例

1. 教学案例简介

(1) 基本信息

① 教学内容:沪教版初中数学六年级上册第四章第二节 4.3 圆的面积①。

② 教学环境:基于教育数字基座下,借助纸笔同步的点阵数码笔系统、PPT。

(2) 实施背景

借助纸笔同步的点阵数码笔系统及其背后的大数据系统,充分利用现代信息技术对教学实施、教学评价和学生学习的支持,做到了"精准",能从"以学生为主体"的视角,重塑课堂结构,改变和生成新的学习场景,丰富学习活动过程,真正达到全面提升学生数学核心素养的意义。

(3) 特色亮点

借助点阵数码笔,通过纸笔同步创设精准化的智慧学习场景,可以准确地在课堂上把握每一个教学关键点。比如概念生成,可以发起判断题目,通过点阵数码笔快速了解学生新概念掌握的达成率；比如例题讲解、课堂练习，可以通过同屏多人次比对，准确找到易错点，快速了解课堂的得失；比如实践应用，通过课前准备好学习单，纸笔同步论证过程，了解学生不同的思维途径，找到突破口；对于综合论述，可以通过小组讨论、问题抢答等方式，活跃思维，同伴互助。同时，点阵数码笔学习系统能统计出答题的区分度、难度和得分率，还能在后台保存学生的练习，便于教师对学生的学习情况进行跟踪调研，这个系统还可以将课堂中呈现的易错点和难点反馈在稍后的作业或考试中，使教学更为精准和高效。

2. 教学设计方案

（1）教学分析

① 教材分析

本章教材是建立在小学直观认识圆的基础上，学习圆的相关概念及其周长和面积的计算，再从整体到部分，研究圆弧和扇形，所涉及的相关计算在人们日常生活和生产实践中有着广泛的应用。教材的知识内容和教学中渗透的"化曲为直""无限逼近"等数学思想方法，能有效地发展学生的空间观念和想象能力，渗透辩证唯物主义教育和爱国主义教育，也有利于今后学习简单统计图表等知识。因此，让学生学好这部分知识，理解有关公式的推导过程，提高运用公式进行计算的能力，是十分必要的。

同时，这部分内容既是前面所学直观地认识几何形体特征以及相关计算的延续和发展，又为今后逐步由实验几何阶段转入论证几何阶段做好渗透和准备。因此，在教学时应把握好教材承上启下的衔接作用，一方面注意联系实际，加强直观，在学生原有知识和生活经验的基础上恰当地引入概念，为学生逐步地从感性认识上升到理性认识作准备；另一方面注意引导学生注重观察，初步学习分析、判断推理，并初步学习用确切、简明的数学语言表述概念，引导学生初步接触通过归纳推导出公式的方法，并理解和掌握公式的应用，为进一步学习打下基础。

② 学情分析

在学习本课内容前，学生已经认识了圆，会求圆的周长，在学习长方形、平行四边形、三角形、梯形等平面图形的面积时，已学会用割、补、移等方式，把未知的问题转化成已知的问题。在本课学习时，引导学生用转化的方法推导出圆的面积公式。

（2）教学目标分析

① 理解圆的面积的概念，通过操作、实验、探索推导圆的面积公式。

② 掌握圆的面积公式，会利用公式进行简单的计算。

③ 通过操作、实验、探索推导圆的面积公式的过程，感悟"无限逼近"的数学思想。

（3）教学重、难点分析

① 教学重点分析：通过操作推导圆的面积公式，掌握圆的面积公式。

② 教学难点分析：体会并感悟"无限逼近"的数学思想。

（4）设计思路与教学方法

① 教学方法和策略

本节内容通过创设情境引入：一只小狗被它的主人用一根绳子拴在草地上，小狗能够活动的范围有多大？

通过四个问题构成问题链来引导这一活动环节：要知道小狗活动范围的大小，我们首先需要知道什么呢？那你知道是怎样的一个图形吗？那么你知道什么是圆的面积吗？你会求圆的面积吗？

本环节通过生动活泼的生活情境来激发学生的学习兴趣，引导学生讨论分析，并引出本课主题——圆的面积。在此过程中，综合运用数字化教学模式、情境教学模式。问题链的设计基于建构主义学习理论，对教学内容加以改造，引发学生强烈的探究欲望，提高学生的主观能动性，通过 PPT 动画直观感受小狗活动范围是一个怎样的图形。启发学生，要知道小狗活动的最大范围，需要知道小狗活动范围是怎样的一个图形。锻炼学生抽象概括的思维能力。我们把小狗看作一个点，由于拴它的绳子的长度是不变的，拴绳子的桩子是固定的，所以小狗活动的范围是一个圆以及圆的内部。也就是说，我们只要求出圆的面积就可以了。由此，学生通过准备好的纸笔同步系统学习单，完成圆面积概念的生成：我们把圆所占平面的大小叫作圆的面积。

在新知探究环节，通过试一试、想一想、操作以及概括等环节从已有的经验出发，通过对圆的面积的两个关键点——圆与面积的把握，从画图、估算入手，符合逻辑地猜想圆的面积与半径之间的关系——回顾三角形、平行四边形、梯形等图形面积的求法，帮助学生找到求圆的面积的方法，体现"把未知问题转化为已知问题"的数学基本思想方法。通过视频、PPT 动画演示观察、操作，启发学生发现圆的面积可以转化为长方形，并体验"无限逼近"的数学思想，进而概括出圆的面积计算公式：设圆的半径长为 r，面积为 S，那么圆的面积 $S = \pi r \times r = \pi r^2$。实现教学目标 1 的达成。

回到这节课的最初，提问：是否知道小狗活动的最大范围该如何计算？结合最近发展区理论，帮助学生顺利理解问题关键：我们只要知道绳子的长度就是圆的半径就可以求出圆的面积，也就是小狗活动的最大范围了。初步实现本节课教学目标 2。在例题讲解环节，学生先通过完成两道判断题，通过点阵数码笔快速了解学生对新概念——圆的面积公式掌握的达成率,把握住求圆的面积的关键是知道对应圆的半径的长度(r^2)。由于学生使用的每支数码笔与其学号或姓名相匹配,教师通过翻阅浏览可以看到学生记录或答题的过程及结果,从而了解全班学生的答题进度与学习情况。应用点阵数码笔的智慧课堂集成了纸屏同步、手写笔迹电子化、AI数据分析等技术,实现客观题自动批改,详细分析每一位学生的学习行为,精准把握学生学习过程中的难点和易错点,以此创建智慧课堂。教师通过课前预设的学案,结合富有层次性的问题链引导,帮助学生独立思考,提高课堂效率的同时也优化教学;在完成课堂练习时即时呈现,实现了整班的快速巡视,再利用同屏比对、个别点评、规范格式,让不规范的学生及时了解到自身问题所在,以便更好地达成掌握圆的面积公式进行简单计算的重点;充分了解学生的薄弱之处,进一步推进“智慧课堂”的生成为抓手,提升学生数学核心素养。

　　② 教与学资源及工具

　　本课中需要运用到的资源有教材、学案、点阵数码笔、纸笔同步互动课堂、教育数字基座。

教学阶段	教师活动	学生活动	技术应用	设计意图
情境引入	【思考】一只小狗被它的主人用一根绳子拴在草地上,小狗能够活动的范围有多大?	小组讨论	PPT 动画	通过生动活泼的生活情境激发学生的学习兴趣,并引出本课主题:圆的面积。
新知探索	【试一试】如何计算圆的面积呢?	圆的面积对我们来说是一个陌生的问题,我们没有现有的经验来进行研究,那怎么办呢?我们可以借鉴已有的经验,借鉴哪些经验呢? 以问题为中心引领教学:我们有研究圆的经验吗? 之前,我们刚刚研究过圆的周长。我们是怎么研究圆的周长的呢? 引发思考回忆:我们首先猜想圆的周	PPT 演示演算、纸笔同步系统展现学生估算、猜想以及整体与部分的思维过程。	1. 从已有的研究经验出发,通过对圆的面积的两个关键点——圆与面积的把握,从画图、估算入手,符合逻辑地猜想圆的面积与半径之间的关系。 2. 回顾三角形、平行四边形、梯形等图形面积的求法,帮助学生找到求圆的面积的方法,体现“把未知问题转化为已知问题”的数学基本思想方法。

教学阶段	教师活动	学生活动	技术应用	设计意图
新知探索		长与半径有关,于是,我们测量圆的周长,从而判断圆的周长与半径之间的关系。回到圆的面积,我们可以做些什么呢? 我们也可以先猜想一下:圆的面积与哪个要素有关? 我们注意到,圆的半径越长,圆的面积就越大。我们意识到,圆的面积也与圆的半径有关。下面,我们就可以来测量一下圆的面积。但是问题又来了:我们有测量面积的工具吗? 我们有测量长度的工具,比如直尺、三角尺,但是我们没有测量面积的工具,怎么办呢? 在小学阶段,我们研究平行四边形的面积、三角形的面积、梯形的面积的时候,我们是怎么研究的呢? 我们是借助方格纸! 在这里可行吗? 我们来试一试!		3. 通过观察、操作,发现圆的面积可以转化为长方形,并体验"无限逼近"的数学思想。
	【想一想】平行四边形、三角形、梯形等直线型图形面积的求法。	创设问题情境,启迪学生回想平行四边形、三角形和梯形面积计算公式的推导过程,激发起学生用旧知研究新知的兴趣。	通过小视频动态直观回顾将平行四边形、三角形、梯形等直线型图形通过割补转化为长方形的面积。	

教学阶段	教师活动	学生活动	技术应用	设计意图
再入情境	【操作】拿一张圆形纸片,试试看把它转化为近似的直线型图形。 【概括】设圆的半径长为 r,面积为 S,那么圆的面积 $S = \pi r \times r = \pi r^2$。 回到我们这节课的最初,你知道小狗活动的最大范围该如何计算了吗?	我们只要知道绳子的长度就是圆的半径,就可以求出圆的面积,也就是小狗活动的最大范围了。	结合纸笔同步系统留下的课堂痕迹,对学生的学习过程有一个记录和评价。课前准备好的学习单,通过点阵数码笔可以快速地了解学生学习目标的达成率。课中结合小组讨论、问题抢答,点阵数码笔学习系统即时统计出答题的区分度、难度和得分率,留下课堂中优秀学生的高光时刻,确定学困生问题所在。	解决问题,鼓励学生在操作、探索过程中用数学语言进行表达和交流。
例题讲解	例题 1 已知一个圆的直径长为 24 分米,求这个圆的面积. 分析:根据圆的面积 $S = \pi r^2$ 可知,由圆的半径长可求出圆的面积. 例题 2 已知一个圆的周长为 62.8 米,求这个圆的面积。 分析:由圆的周长 $C = 2\pi r$ 可求出圆的半径 r,进而可求出这个圆的面积.	师:要求圆的面积,我们要知道哪些量呢? 生:根据圆的面积公式,我们只要知道半径的长度就可以求出圆的面积。 师:那么这个圆的半径长是多少呢? 题目告诉我们直径长是 24 分米,那么半径长就是? 生:12 分米。 师:我们已经知道已知半径可以求得圆的面积,那么已知周长呢?比如说像这个问题(PPT 呈现例题 2)。 生:我们仍然回到关于计算圆的面积公式,要求圆的	即时呈现,实现整班的快速巡视,再利用同屏比对、个别点评,让作图不规范的学生及时了解到自身问题所在。	简单运用圆的面积公式进行计算。 体会圆的周长与圆的面积之间的联系。

教学阶段	教师活动	学生活动	技术应用	设计意图
例题讲解	练习1 把边长为2分米的正方形纸片剪成一个最大的圆,求这个圆的面积.	面积,要知道圆的半径,在这里并不直接知道,可以通过周长求出半径。 学生尝试画图,找到最大圆的半径与正方形纸片边长的关系。通过点阵数码笔在学案上的答题呈现,展现画图能力。		关注学生在解决问题和公式应用的过程中对公式的理解、作图能力的培养以及数学思想方法的把握。
课后探究	小明家新置了一张圆桌,妈妈让他求圆桌的面积,你能试着帮助小明解决吗?	学生带着这个问题回家完成,第二天在课堂上交流各自的测量、计算方法。		关注学生在操作、探索过程中的参与态度、思维水平和归纳能力等。
归纳小结	通过这节课的学习,你有哪些知识或方法上的收获? 回顾梳理本课对圆的面积的探究过程、涉及的数学方法和数学思想。	1. 圆的面积的探究过程。 2. "割补"的数学方法。 3. "无限逼近"的数学思想。	通过思维导图提高学生的思维能力,关注学生与他人合作与交流的意识以及运用数学语言进行表达的能力。	回顾本节课的学习,我们主要研究了如何计算圆的面积,我们借鉴了圆的周长的研究过程,平行四边形、三角形、梯形的面积的研究过程,并通过割补的方法得到了圆的面积公式。我们通过对圆的面积的不断等分,使得圆的面积无限逼近长方形的面积,最终等同于长方形的面积,这种无限逼近的数学思想需要学生进一步体会和感悟分解与重组!

教学阶段	教师活动	学生活动	技术应用	设计意图
作业布置	1. 区本作业 4.3(1). 2. 查阅其他圆的面积公式探究过程的资料,与同学们分享.	通过点阵数码笔完成回家作业。	通过点阵数码笔完成的回家作业,以及第二天教师端点阵数码笔的同步批改,能留下大量关于学生回家后的数字作业数据,便于教师了解课堂的得失和学生学习情况的跟踪调研,更能体现在以后的学生综合评价体系中,使教学后的评价更为精准和科学。	评价系统更注重全面性,强调过程性,关注科学与精准,能够在学生学习过程中留下痕迹,保存数据的纸笔同步系统,将会更容易达成目标。

（5）教学效果评价设计

① 评价思路及方法

教育数字基座建设作为教育数字化转型实施方案中的一项重要任务,提供了一个良好的教学信息化平台,通过智联、数联、物联等方式实现学情数据的汇聚与处理,促进教学的高效率、精准性和个性化,多项数字信息技术和设备在教学中得以使用,旨在实现以技术赋能教学。借助纸笔同步的点阵笔系统,推进精准化的数学智慧学习场景创建,集成了教师备课、学生学习过程的全生命周期。因此,依据学生课前的互动环节、预设学案中的答题情况、课堂举手发言次数和抢答次数、课后习题检测得分等平台数据,给每位学生赋分,量化后得到学生课堂表现分,依据课堂表现分对学生进行评价,形成正向反馈激励。

② 评价工具

智慧学习笔和课堂教学、作业、考查、拓展、综合相结合,教师能随时调阅网端数据,互动课堂、在线检测、作业模块等会量化统计每位学生数据,教师加权赋值后,即可自动得到每一位学生的综合表现评价分数,对学生的学习作出更为精准和全面的评价。

3. 教学反思

本课借助纸笔同步的点阵笔系统,遵循以学生为主体,以问题为中心引领教学,以思维为核心促进发展,使数学的课堂成为研究问题的课堂,成为展开数学活动的课堂,成为启迪学生思维的课堂。从本课的课堂效果来看,能够极大地激发学生的学习兴趣,充分发挥他们的学习主观能动性。但在这一节课中,感觉操作活动时间短,有点操之过急。解决这类问题不能让学生草草地操作,而是应该通过让学生自己操作教具来指引学生察看、比较、剖析,发现圆的面积、周长、半径和拼成的近似长方形面积、长、宽之间的关系,进而再通过视频看到随着等分份数的增加,所得到的图形越来越接近平行四边形,感受拼接后的图形,随着份数的增加,不只是越来越接近平行四边形,更是越来越接近长方形,启发学生思考能不能确定等分份数的上限。比如,我们只能最多将圆平均分为 1 万份,无法分成更多份了,或者我们最多只能分为 100 万份,无法分为更多份了。显然,我们可以将圆不断地等分下去,对于任何一个确定的等分份数,我们总能比它分得更多。实际上,我们总能使圆的面积比我们想象的更加接近长方形的面积。那么这样一来,圆的面积与长方形面积会有怎样的关系?此时让学生体会感悟圆的面积会无限逼近长方形的面积,因此圆的面积就等同于长方形的面积了。在推导出圆的面积计算公式过程中,学生的思想在沟通中虽有碰撞,但总感觉不够,在此后这一类的教学中,应当给学生足够的思考空间和研究时间,使学生思想的能动性和创造性获得充足激发,研究能力、剖析问题和解决问题的能力获得充足提升。

与传统的教学方式相比,纸笔同步的点阵数码笔系统使用对提高学生学习的主动性、自觉性,以及在关注学生的操作、探索的过程中的参与态度、思维水平和归纳能力上有明显的优越性。应用点阵数码笔学习系统,促使每一位数学教师改进传统教学方式,有目的地改变教学思维,增加更多的互动设计,充分体现生本教学思想。需要教师备课时充分做好预设,关注教材中的重难点,强调独立的思维能力,以及相对应的教学模式,以精准教学为目的,达到真正的智慧教学。从这一点上来看,它值得我们广大数学教师在课堂教学中去尝试和探索。

(韩倩)

第三节　教学评一致性的智慧学习场景创设与运用——英语学科中的展现

一、教学评一致性的智慧学习场景的思考与创设

———————— 教学评一体化的智慧学习场景创设——以英语学科为例 ————————

1. 教学评一体化的智慧学习场景创设的研究背景

（1）英语中考听说考试的背景

2021 年上海英语中考改革颁布后，英语学科将增设基于计算机的英语听说考试，满分为 10 分，计入中考英语总分。这一变化对英语教学提供了明确导向——教师在英语教学中需更加注重培养学生的语言能力，特别是学生的听说表达能力。英语听说人机考试实施后，教师也普遍更加重视学生听说能力的培养。然而，在实际的听说教学和评价过程中，教师仍然存在着三个典型的问题。

① 听说教学仍多以应试为导向

教师一般在日常教学中加入"人机对话"训练，并结合中考的听说试题，给学生布置在线听说练习任务或在学期末提供指导。

学生在电脑室或机房集中训练和考试。这种"题海"式的训练方法以应对听说机测试为导向，教学目标只注重应试能力的培养。此外，"人机对话"的训练缺乏真实的交流情境，学生只能通过机械的计算机训练来提高回答问题的能力，并不能真正提高学生的听说能力。

② 听说教学任务设计模式化和碎片化

有些教师在教授教材听力文本时，没有关注文本的主题意义，没有注意文本的文本类型和文本特征，导致听力活动设计形式单一，学习任务碎片化，类似于给学生安排听力练习。在碎片化的听力活动中，学生既不能从文本中获得完整的信息，也不能通过自主内化将文本信息构建成一个整体，达到实际的交际目的。

③ 听说教学缺乏有效的课堂评价

在听力和口语测试中,教师通常使用"人机对话",采用智能评分系统进行快速评分,根据系统提供的分数对学生的听说能力进行评估。在课堂教学中,教师经常定期进行听力测试,并根据学生回答的准确性对他们进行评分。因此,在听说教学中,终结性评价的比例过高,课堂内的形成性评价和实时反馈较少,教师无法监控学生的学习过程,更无法提供实时的指导和反馈,学生也很难以评价者的主体身份积极参与课堂评价的过程。

基于以上普遍性问题,我校借助科大讯飞英语听说教考平台及 AI 听说课堂,教师可以通过教学评一体化的听说教学的设计与实施,解决听说教学中存在的教学目标模糊、教学活动缺乏整体性、评价与课堂教学脱节、评价主体单一等问题,从而进一步践行教、学、评一体化的新课程理念。

(2) 教育数字化转型的背景

① 顺应时代变革的需要

教育数字化转型升级中,英语课堂展现出与以往截然不同的全新特征,教学场域、课程模式、教学手段、教学方法、课程呈现、学习活动、学习评价等方面都发生了深刻变革。跨界融合、人智融合、智能大数据等成为教育数字化的新特征。学生可以根据兴趣和需求融入新教学主体,"以学寻教"成为教育新常态。

数字化的教育生态对教师提出更高的要求,教师需兼备"新技术、新观念、新方法、新角色"。教师需不断适应这种教育形态,适应性地供给学生教学资源、塑造新教学模式、开辟新教学场域。这需要英语教师善于利用各种适切的信息化技术手段,为教学提供丰富而对口的资源,打造智能化时代多元的个性化的教学环境,促进语言学习的有效发展。

② 语言教学本质的需要

数字化催生了英语学习互动渠道的多样化,从传统的师生互动、生生互动,发展到现在的人机互动、大数据驱动的智能反馈互动等新形势。第二语言习得领域的教授迈克尔·朗(Micheal Long)在 1989 年写了一篇名为《任务、小组和任务小组的互动》(Task, group and task-group interactions)的文章,讲述互动在语言习得中的重要作用。朗的互动假说指出语言学习产生于各种因素的交互过程中。语言知识不是通过"教"而学会的,而是通过不断积累语言使用经历才能习得。英语教学不同于一般性知识传授性课程,最重要的是设计语言交际性的互动活动,使书上知识"活"起来。

因此,根据学习内容,适应性地借助技术,开展有意义的交际,能促进语言的有效产出。教师若能利用数字化新生态下的技术,借力使力,有利于学生意识到协商过程中的修正性输出,促使学生有机会检验自己对第二语言形成的假设,有意识地反思语言形式,并能有针对性地提升语言输出内容和语言质量,这将对英语学习产生积极作用。

(3)《义务教育英语课程标准(2022年版)》的要求

《义务教育英语课程标准(2022年版)》提出了如下的建议:坚持以评促学、以评促教,将评价贯穿英语课程教与学的全过程。注重发挥学生的主观能动性,引导学生成为各类评价活动的设计者、参与者和合作者,自觉运用评价结果改进学习。注重引导教师科学运用评价手段与结果,针对学生学习表现及时提供反馈与帮助,反思教学行为和效果,教学相长。坚持形成性评价与终结性评价相结合,逐步建立主体多元、方式多样、素养导向的英语课程评价体系。教学评价应贯穿英语课程教与学的全过程,包括课堂评价、作业评价、单元评价和期末评价等。教师要将评价结果应用到进一步改进教学和提高学生学习成效上,落实"教—学—评"一体化。

课堂评价活动应贯穿教学的全过程,为检测教学目标服务,以发现学生学习中的问题,并提供及时帮助和反馈,促进学生更有效地开展学习。但是,目前在英语听说教学过程中,初中英语课程评价也存在一定问题,评价与教学的内部一致性不够,对教与学的促进作用有限,教师难以开展精准教学和科学评价,学生缺少有效互动和针对性的指导,需要进一步提升和优化。

AI听说课堂的智能技术与教育的深度融合为教育教学评价改革创新提供了可行路径,为教育评价带来新的发展机遇。AI听说课堂的介入使教师能够更新迭代教育评价手段,研究开发教育测量和评价技术,充分利用"互联网+"、AI等技术工具,探索"智评"模式,以此推行精准评价。

(4)娄山中学英语听说教学与测试的现状及需要

目前,我校英语教学仍然存在"重读、写,轻听、说"的趋向,"聋哑英语"问题仍然困扰着广大师生。经过认真的分析和反思,发现我校当前英语听说教学还存在以下问题。

① 教师训练学生口语的形式和方法单一:学生在教师的指导下完成规定的口语材料,在整个训练的过程中,学生始终在被动地训练口语,自己的思维空间和思考动力

受到限制。

② 教师在教学过程中教学重心失衡：牛津英语上海版教材提供了大量的口语材料，虽然教材具有信息量大、时代性强、内容新颖、符合中小学生口语心理和兴趣等优点，但在实际教学中，仍有不少教师把口语材料分解成孤立的语言知识点进行教学，致使英语口语教学的重心失衡，在很大程度上弱化了英语口语材料的应用功能。

此外，2022年初，我校初二年级还参加了全区英语听说测试。区统测的标准分常模显示，我校听说成绩刚刚超过区均分，学生表现一般，优秀学生数量偏少，只占总体十分之一不到，优良学生刚过一半，大部分学生的口语成绩集中在中等及偏下水平。大部分班级虽然能够超过区均分，但也有少数班级未到校均分，也未到区均分，差距较大，在短时间内追赶其他班级有难度。测试中，除了第一大题，其他三个大题，本校学生没有显示出太大优势。

测试中，第三和第四两大题对学生要求较高，难度较大。第三大题复述考查学生是否具备恰当地记笔记与对于听到的内容进行复现的能力，得分率为72.5％。第四大题自由表达的得分率59.8％，表现欠佳。虽然这道表达题的话题"规则"是学生操练较多的话题，但是由于涉及不同的使用场合，学生对于生活中的知识了解不均衡，因此得分率不理想。

我校英语听说教学仍然存在一些课堂教学问题，我校学生在英语听说测试方面优势也不够明显，在区层面并没有超出其他学校学生的实力。基于我校听说教学与听说测试的现状，教师有必要改变思路，借助AI听说课堂的大数据分析与精准评价技术，在课堂内进行精准评估，并有意识地在科学的评价下在课堂教学中增加与学生的互动，激发学生开口表达的欲望，并争取定期进行班级内的听说测试，指导学生听说测试的技巧与方法。

2. AI听说课堂在日常教学中的具体的场景模式

AI听说课堂在日常教学中使用灵活，有多种应用模式，使用的具体场景模式有以下几种。

（1）早读课

通常早读课是学生练习英语，尤其是口语练习最好的时间段，教师可以充分利用这个时间段进行口语或听说训练。具体的场景模式有以下两种。

场景一：教师可以利用早读时间进行预习和复习。如果是利用早读预习的话，

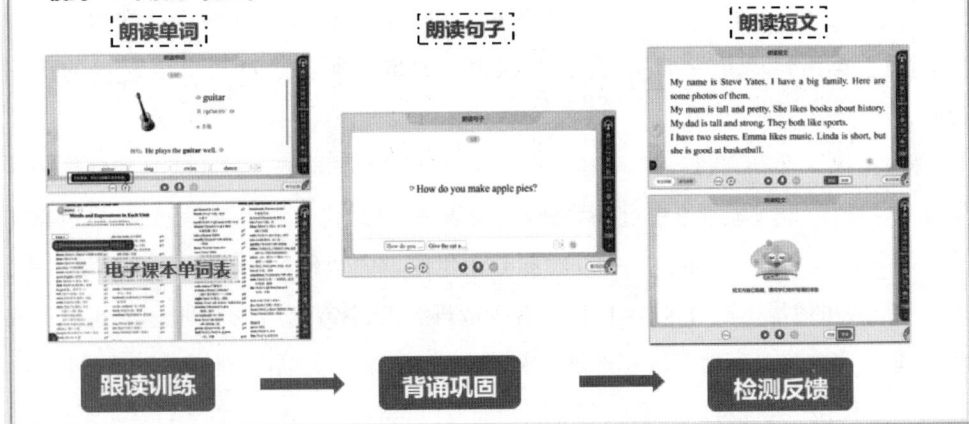

多应用模式结合，覆盖课前、课中、课后全场景

·模式一：早读课（课前）

朗读单词　　　朗读句子　　　朗读短文

电子课本单词表

跟读训练　→　背诵巩固　→　检测反馈

教师可以让学生进行朗读单词、朗读句子或朗读短文的训练，比如通过 AI 听说课堂下发 2—4 道朗读单词题、2—3 道朗读句子题或者 1 篇朗读短文题，利用系统的带读功能，跟着系统去读，系统会即时反馈学生朗读的结果，让学生知道自己练习的情况。如果是利用早读复习的话，教师可以选 1 篇和上节课知识相关联的内容，让学生先去朗读 1 篇短文，再利用系统的背诵功能，隐藏该文本，让学生背诵出这篇短文。

场景二：打开 AI 听说课堂的电子课本，点击工具栏的"目录"，找到电子课本内教材同步单词表，可以带领学生进行本单元单词的听读、跟读训练。

在以上早读场景模式下，教师还可以请班干部或课代表组织并带领学生在班级进行训练，培养学生的自主学习能力。

（2）常态化听说教学课

常态化听说教学课是学生提高听说能力的主要途径，教师可以参考以下两种教学模式。

场景一：利用 AI 听说课堂的电子课本（见下图），可以进行和课本完全一致的同步教学。教师直接打开电子课本，里面会有提前设置好的资源图标，按照平时上课的步骤，在某一教学环节想使用听说练习的时候，可以直接点开该资源图标进行授课。

场景二：利用 AI 听说课堂（见下图），进行传统的听说教学课，比如听前活动、听中活动和听后活动。

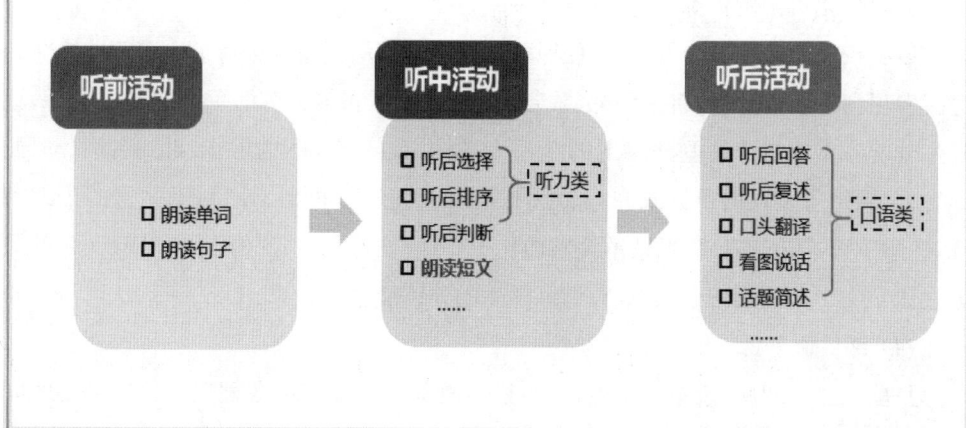

听前活动：教师可以选择朗读单词或朗读句子,帮助学生预热相关的主题词汇,扫清读前或听前的词汇障碍。

听中活动：教师通常可以选择听力类的资源,诸如听后选择、听后排序的客观题,训练学生的各种听力微技能。此外,朗读短文和朗读对话也可以放在听中活动进行,训练学生的语音语调以及包括辅音连缀、连读、失去爆破和不完全爆破、强读和弱读、单词重音和句子重音等在内的各种朗读技巧,同时可以引导学生感知语言,关注语用功能,为接下来的输出活动做准备。

听后活动：通常选择输出类的资源,像听后回答、听后复述、口头翻译等都可以,训练学生将语言知识转化为语言能力。这些教学活动都可以配合着教师的日常 PPT 课件进行教学,不会打乱正常的听说教学流程。

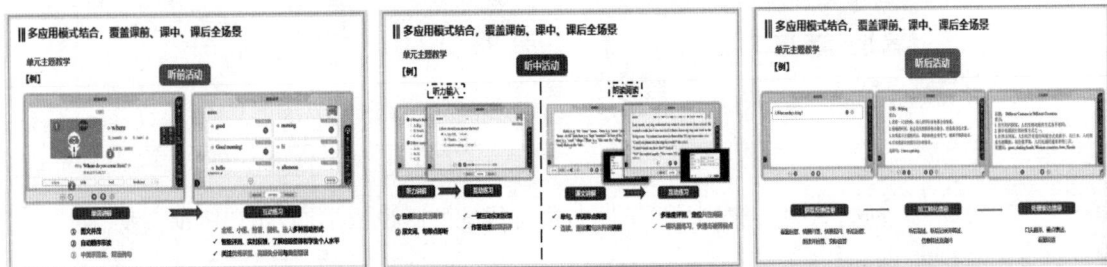

（3）听说专项训练课

专项训练课主要是针对听说专项能力的提高。首先,教师可以进入教考平台网页端,点击"分析报告",可以查看到近期一段时间学生练习的情况,了解学生的薄弱题型是哪些,然后针对学生的薄弱题型,再到 AI 听说课堂的备考专项资源里的"专项训练"选择需要强化巩固的资源,下发进行训练。

以我校七年级 9 班为例,英语任课教师在一堂英语课内仅选择了 4 道朗读短文题进行专项训练,从单词的拼读训练、重音训练、双音节和多音节的重读音节的训练,让学生分辨各重读音节的差异,从读准每一个单词,到朗读句子的重音,再到名词、动词、形容词、副词等实词的重读及介、冠词等虚词的轻读,再到不同句子类型的语调训练,让学生读准句子升降调、读准完整的句子。这堂听说专项课的设计与操练,目的是通过让学生学习正确的朗读技巧,训练学生的朗读能力。

（4）课后服务课

目前,随着"双减"政策的实施,针对很多教师对于如何高效利用课后服务的时间段的困惑,AI 听说课堂提供了三种教学模式,可以应用在课后服务的时间段。

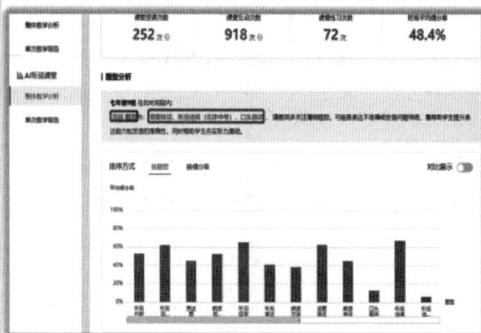

||| 多应用模式结合，覆盖课前、课中、课后全场景

· 模式三：专项训练（课中）

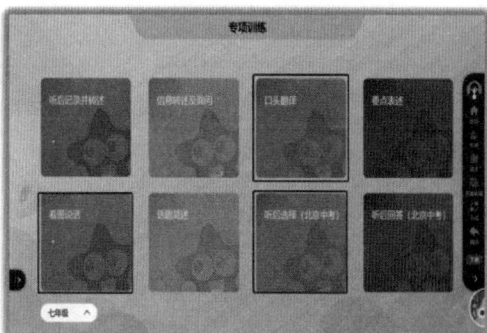

||| 多应用模式结合，覆盖课前、课中、课后全场景

· 模式四：课后服务（课后）

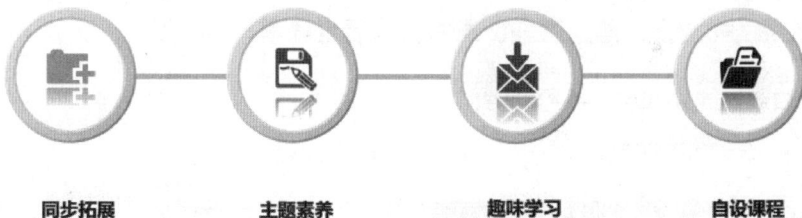

| 同步拓展 | 主题素养 | 趣味学习 | 自设课程 |

　　课后服务场景一：教师可以利用系统内置的主题资源，充分利用课后服务的时间，选择某个主题资源，带领学生进行主题情境式口语课堂教学。例如，教师选择"运动"这个话题，然后选择几道不同的题型，如朗读单词、听后选择、看图说话等，进行主题口语练习。

多应用模式结合，覆盖课前、课中、课后全场景

· 模式四：课后服务（课后）—— 主题素养

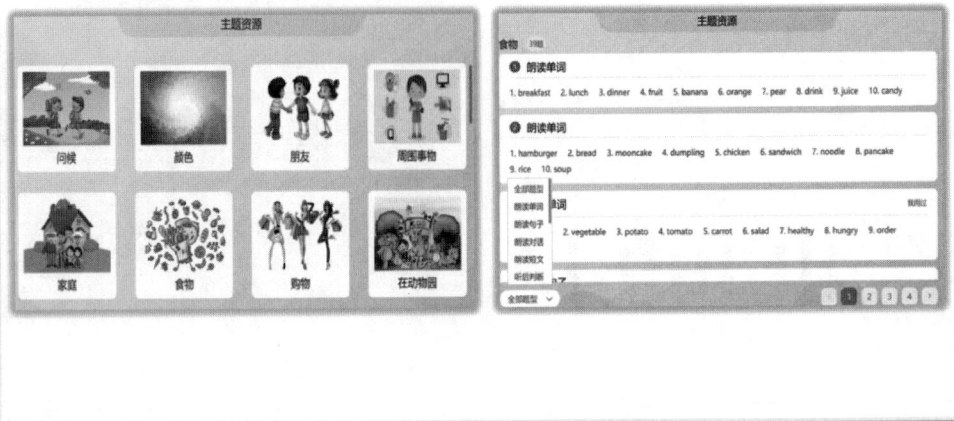

　　课后服务场景二：教师能够将自己比较感兴趣或实践使用效果比较好的资源，通过教考平台网页，自制资源，上传文本材料和音频。如果没有音频的话，也可以利用平台进行音频制作，最后形成自己的特色自设课程。

多应用模式结合，覆盖课前、课中、课后全场景

· 模式四：课后服务（课后）—— 自设课程

方式一：教考平台网页自制　　　　　　　方式二：AI听说课堂端自制

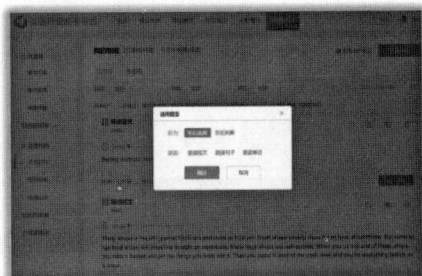

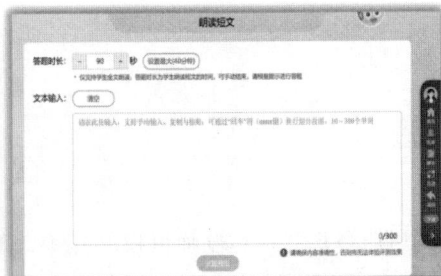

课后服务场景三：考虑到课后服务课的性质，通常不在该时间段练习来自课上学习的内容，所以教师可以选择一些与近阶段学习相关的同步拓展的资源进行训练，选择几道同步拓展资源题，下发给学生，让他们利用课后服务时间进行训练。

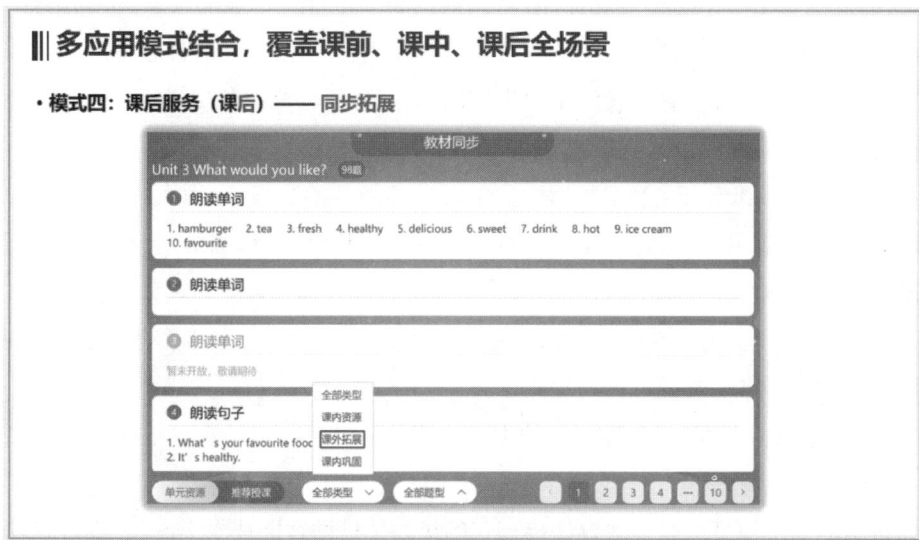

课后服务场景四：利用趣配音和绘本资源，进行趣味练习。选择一个主题的绘本或者配音资源下发，让学生在课后服务时间进行配音和绘本朗读，提升学生的英语学习兴趣。

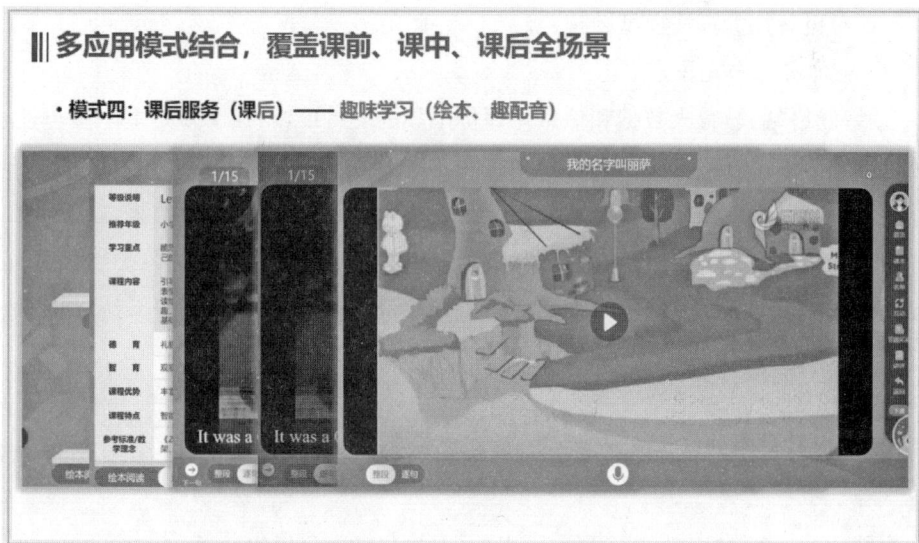

3. AI听说课堂的关键技术及赋能教育评价的主要价值

（1）AI听说课堂的关键技术

① 智能语音评测技术：通过语音识别和智能评测技术，采用人机对话互动的方式，实时评测每个学生的英语发音，准确识别判断学生读得不准的音素、单词是什么；评价学生的朗读整体流畅度、完整度、准确度，帮助学生全面提升语言能力。

② 智能纠错技术：自动检测出学生答错的单词，给出标准的读音示例。系统还可进行乱说检错，自动判断异常语音输入，规范学生正常答题。

③ 大数据精准分析：智能提取学生学习过程的各类数据，利用大数据分析，对学生的互动次数、课堂听说数据、课后学习数据等形成校级、班级和学生个人分析报告。同步展示班级、学校、区的平均分，协助区域管理者进行统一管理。

④ 智能语音合成技术：将文本自动转换为各种嗓音的音频，丰富听说教学资源，帮助学校构建自己的听说材料资源库。

（2）AI听说课堂赋能教育评价的主要价值

① 评价模型科学化

科学的评价模型是新型教育评价模式的核心。借助智能技术手段，通过教育评价研究人员、信息技术专业人员、教育教学人员等多方的协作，针对不同的评价目标、对象和内容，构建科学的评价指标模型、权重模型、算法模型。比如，利用定性方法、定量方法及混合研究方法，实现指标定义有实证依据；从兼顾评价决策的主观价值导向和测量结果的客观准确性，确定合理的指标权重；利用专家系统、机器学习等智能技术手段，实现对更智能的算法模型的构建。

② 主体参与多元化

在智能终端、教育大数据和信息化评价工具的支持下，增强了多元主体参与性，使教师、学生个体、同伴、专家及利益相关者等多元化主体形成"评价共同体"，关照不同评价主体权益，多视角反映评价对象的综合表现，全面客观呈现评价结果，以保证教育评价的有效性和公平性。比如，利用移动通信、教育大数据平台支持各类主体共同参与评价，让学生、家长、社会等多个角色参与到评价过程中，将更有利于系统、协调地推进教育评价变革①。

③ 数据获取伴随化

利用平台系统及智能硬件设备对评价数据进行全过程、全方位、多维度的采集，

---

① 余胜泉.数据赋能的未来教育评价[J].中小学数字化教学，2021（07）：5-10.

可以改变过去人工采集记录的方式，实现评价数据件随时调取。全过程强调依托数据采集平台和设备，自动记录评价对象在整个活动中产生的各项数据，由过去的"间断性记录"转变为"全过程记录"；全方位强调数据的获取打破时空界限，不必局限于传统课堂，还包含线上学习数据的获取、户外教学活动数据的获取等；多维度强调从多个角度、多个层面采集评价对象的数据，如采集评价对象的心理、生理、行为等各方面数据。

④ 诊断分析最优化

通过采用数据融合、数据分析等技术，对多模态数据进行诊断分析，实现多维、全局数据处理和分析的最优化，从而达成精准评估和测评。例如，在海量的多模态数据挖掘中，基于不同模态数据融合，可通过模态数据间的互补学习提取出复杂数据中的有效特征，从而提升决策结果的准确性；使用机器学习等算法对不同种类的数据进行分析，包括文本分析、语音分析、图像分析、视频分析等，可准确表征评价对象的特征要素。

⑤ 评价反馈精准化

评价反馈是实现教育评价应用价值的必由之路，也是评价的重要组成部分。基于智能技术实现过程化的评价数据反馈，为教师提供实时、准确的反馈信息；通过高度个性化定制的交互式数据可视化图表，将评价结果直观、生动、精准地呈现给用户；通过智能推荐引擎等技术，将评价结果精准推送给用户。评价反馈贯穿整个教育活动的始终，数据的精准反馈有效提升了评价对象对自我的认知，使评价对象及时调整学习策略、教学目标等，进而有效地促进管理、教学、学习等。

4. AI 听说课堂赋能教学评一体化的设计与实施

我校借助科大讯飞英语听说教考平台及 AI 听说课堂，实现"新课标多次提到的提升信息技术的使用效益，提高教学效率，落实'教学评'一体化设计与实施"，赋能教师教学及学生学习。我们可以借助讯飞教学系统"以终为始、逆向设计"，也就是从评价的学情结果出发，决定教学起点、教学内容、教学活动等。在课前，我们可以借助互联网的学情评价反馈，决定教学的基准点，包括教学内容、教学活动等，让"教有目标"；在课中，针对不同的听说教学环节，借助 AI 听说课堂不同听说题型及互动形式，设计层层递进的听说教学活动，进行精准教学，帮助学生进行个性化学习，根据实时评测，让"学有抓手"；在课后，针对课上新的学习的评价学情，又能帮助教师检验教学效果是否达到了预定的教学目标，通过差异诊断，让"评有方向"。同时，新

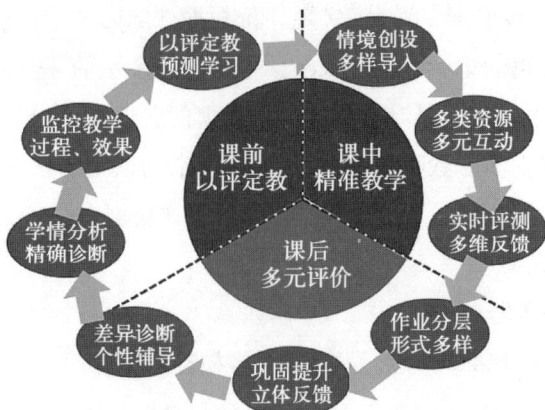

人工智能大数据支撑下的闭环教学模式
（以终为始，逆向设计）

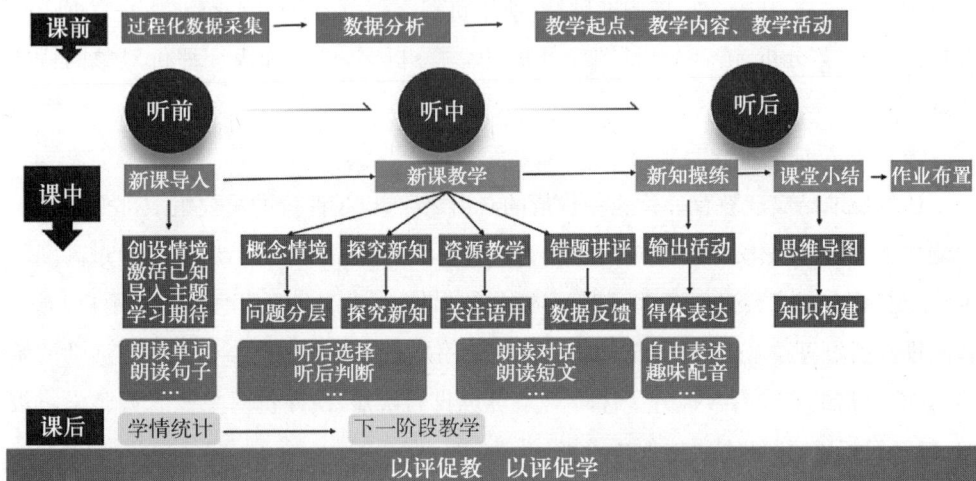

的学情又能指导教师下一阶段的教学计划，助力教师减负增效，指导学生培优补差。

在过程评价实践中，AI听说课堂的智能技术的引入为实时反馈、精准呈现和调整改进等提供了重要手段。过程性评价贯穿教学的始终，这种即时反馈既可以帮助教师改进自己的教学，也能促使学生进行反思，从而更好地为下一步学习做好铺垫，进而提高课堂教学的有效性。这主要体现在以下几方面。

（1）追踪学生成长性

通过过程性数据的采集与汇聚，可以对学生进行纵向的衡量，科学地反映学生整体及个体的成长情况，从而能够更好地实现精准识材、因材施教，促进学生的整体及个体化发展。

（2）记录教学阶段性

通过过程性数据的采集与汇聚，可以关注到某一教学阶段内（可以是一个月、一学期、一学年等）学生的学习进步表现。利用人工智能技术对学生开展前后测，重点考查学生在前后测这段时间内进步的幅度，从而帮助教师有针对性地调整教学策略。

（3）呈现结果激励性

通过过程性数据的采集与汇聚，人工智能技术进行学生发展水平的可视化呈现，可以高效直观地指向不同学生学业进步的结果，从而对学生的进一步学习起到激励作用。

5. AI听说课堂赋能教学评一体化的教学应用成效分析

（1）使用数据分析

为打破传统背诵书写的英语学习模式，营造学生英语听说学习环境，我校于2022年8月引入AI听说课堂，探索学习方式和教学方式的创新，提升学生的综合语言运用能力。

与传统课堂上教师点名、学生回答问题的形式不同，AI听说课堂让每位学生通过智能语音答题器完成朗读单词、朗读对话、配对题和话题简述等任务，实现了全班学生同时参与的英语听说人机互动教学。教师可以即时查阅学生的答题结果，给出相应的点评和教学反馈，也能够通过播放学生录音，关注学生个体差异，应对学生个性问题，当堂进行个性化指导，实现精准教学。通过丰富流畅的教学环节以及听说设备的即时检测评价，在提升学生自主学习能力的同时也锻炼了学生的思维品质，进而实现了"教学评一体化"。

经过近一学年的积极摸索，教研组内老师们已经能够熟练使用系统的常用功能，并应用到日常教学的各个场景。比如，教师可以利用早读时间检查前一天课文的朗读和背诵情况，省去了学生课后排队背书的时间和教师的检查时间，减轻了双方负担，大大提高了教学效率。内置的资源与课本单元相匹配，提供了一部分可供教师常态课使用的听说练习。教师还可以根据教学进度和需求制作并上传题目，丰富优化听说资源。学生通过日常训练能够做到不惧怕口试，口试时不受他人干扰，提高心理素质，为中考口试增添自信心。

我校应用AI听说课堂以来，已累计发布教学任务数714次，累计参与人次38 128人次。按年级、班级使用统计数据如下表所示。

序号	年级	班　　级	任务数	参与人次
1	六年级	六年级 6 班	51	4 098
2		六年级 3 班	42	2 670
3		六年级 5 班	39	2 990
4		六年级 4 班	28	2 230
5		六年级 7 班	27	1 932
6		六年级 9 班	17	1 012
7		六年级 1 班	7	448
8		六年级 8 班	5	256
9		六年级 2 班	1	68
10	七年级	七年级 6 班	86	3 071
11		七年级 1 班	57	1 292
12		七年级 2 班	56	2 352
13		七年级 4 班	41	1 762
14		七年级 7 班	10	402
15		七年级 9 班	10	470
16		七年级 5 班	9	330
17		七年级 8 班	7	234
18		七年级 3 班	5	162
19	八年级	八年级 9 班	93	4 334
20		八年级 7 班	37	2 306
21		八年级 8 班	21	1 855
22		八年级 5 班	17	994
23		八年级 6 班	13	897

序号	年级	班 级	任务数	参与人次
24	八年级	八年级 2 班	11	1 107
25		八年级 1 班	3	297
26		八年级 4 班	1	40
27	九年级	九年级 5 班	15	282
28		九年级 6 班	4	165
29		九年级 1 班	1	72
总 计			714	38 128

（统计周期：2022/8—2023/4）

具体到口语相关题型，我校主要以练习"朗读短文""朗读对话""听后复述"题型为主，学生练习任务数占总练习数的 75.83％。循序渐进的学习方式不仅减轻了学生口语输出的压力，也让学生愿意开口读，提高了对英语口语学习的积极性。

（2）应用成效

① 年级应用成效

在常态化应用下，学生整体得分率随着应用频次的增加也随之提高。常态化应用有利于提升学生的课堂参与度，激发学生学习英语的兴趣。以我校七年级为例，通过在课堂开展互动教学与多样化的听说练习，学生的听说成绩显著提高。2022 学年第二学期平均得分率相比第一学期增长 10.5％（见下图）。

我校七年级听说练习平均得分率

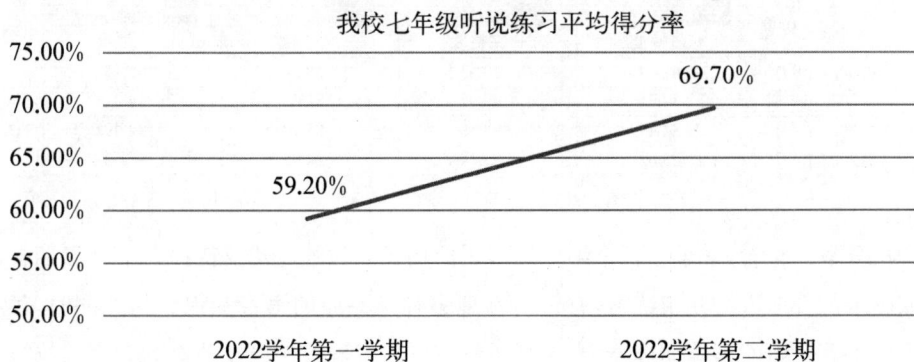

② 班级应用成效

以应用频次较高的七年级 2 班为例，观察在常态化使用后学生"朗读短文""听后复述"题型平均得分率变化（见下图）。

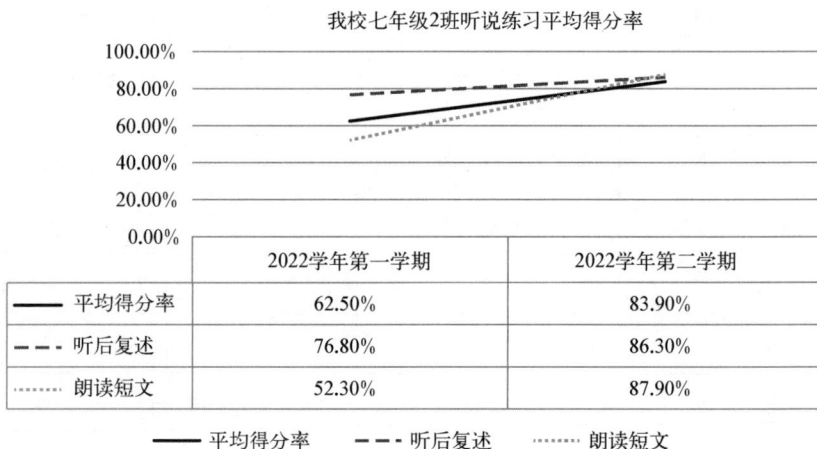

我校七年级2班听说练习平均得分率

	2022学年第一学期	2022学年第二学期
—— 平均得分率	62.50%	83.90%
- - - 听后复述	76.80%	86.30%
········ 朗读短文	52.30%	87.90%

—— 平均得分率   - - - 听后复述   ········ 朗读短文

从上图中可以看到，学生在经过常态化使用后，平均得分率呈正向增长。利用 AI 听说课堂让学生进行语音朗读，不仅可以促使学生发音输出更加准确，还可通过利用 AI 实时检测学生答案，进一步提升课堂效率。

具体到"朗读"题型评分维度来看，七年级 2 班学生"朗读短文"维度得分变化如下图所示。

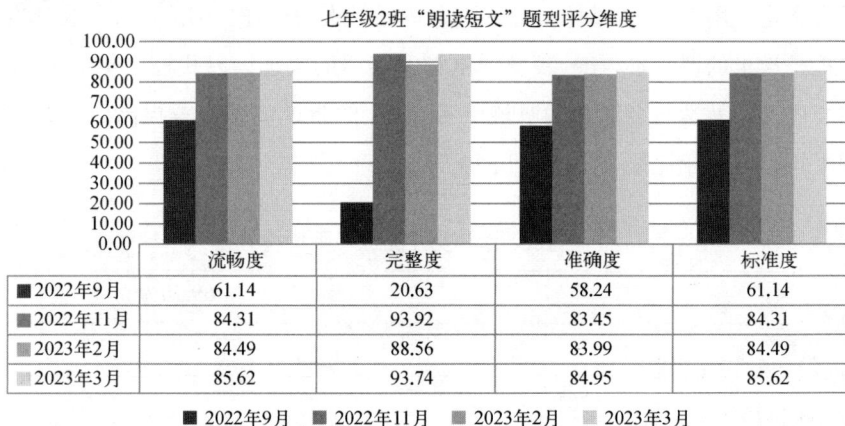

七年级2班"朗读短文"题型评分维度

	流畅度	完整度	准确度	标准度
■ 2022年9月	61.14	20.63	58.24	61.14
■ 2022年11月	84.31	93.92	83.45	84.31
■ 2023年2月	84.49	88.56	83.99	84.49
■ 2023年3月	85.62	93.74	84.95	85.62

■ 2022年9月   ■ 2022年11月   ■ 2023年2月   ■ 2023年3月

从分数变化看，学生在各个维度均呈正向增长。教师应建议待提高学生参照标准的朗读示范音多进行模仿练习，有针对性地去补足对应的语音知识。与此同时，教师也可以培养学生的语篇朗读能力，包括重读、连读、意群停顿以及节奏等方面的技能。

③ 个人应用成效

通过 AI 听说课堂分析报告,教师可关注班级内每个学生的口语水平变化,包括整体薄弱题型、班级内优秀学生及待提高学生等,方便教师精准把控学生的学习情况,有利于下一步进行有针对性的教学。七年级 2 班学生表现报告见下图。

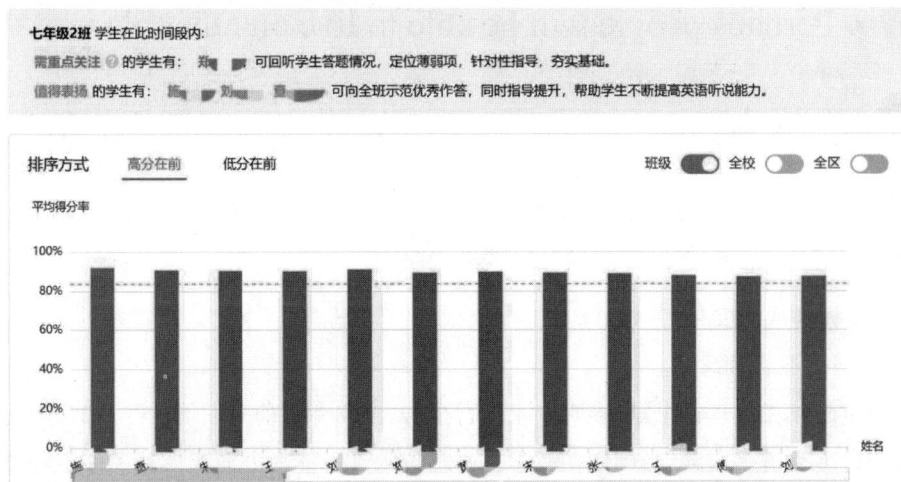

随着系统使用增加,学生英语听说水平均有不同幅度的提升。以七年级 2 班宋同学为例,对比该同学第一次朗读录音和最近一次的朗读录音,发现该同学在使用 AI 听说课堂之前常常处于被动地位,羞于开口。在一段时间后,该生敢于开口、大声朗读,在流畅度、完整度、准确度方面均有提升。

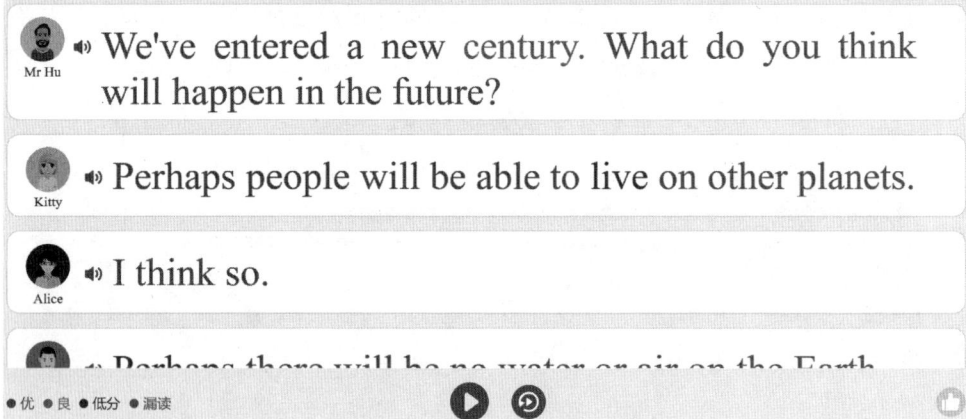

宋涵瑭的个人报告 88分

流畅度 ★★★★☆　完整度 ★★★★★　准确度 ★★★★☆　自然度 ★★★★★

Mr Hu 🔊 We've entered a new century. What do you think will happen in the future?

Kitty 🔊 Perhaps people will be able to live on other planets.

Alice 🔊 I think so.

🔊 Perhaps there will be no water or air on the Earth.

● 优　● 良　● 低分　● 漏读

（3）教师成长变化

① 转变教育理念

通过多读相关理论书籍，多听专家同行报告，多向专家前辈们请教等方式，教研组内多探讨多交流多实践，教师们在教学教研理论水平和能力方面都得到了一定程度的提升。

情境认知理论：在初中生英语听说能力培养的教学活动中，要求教师能够了解每位学生的知识背景、学习水平，构建不同的教学情境，有效激发学生的学习兴趣与自主学习能力。利用 AI 听说课堂，创设出不同的真实语境，让学生深切感受到英语学习环境的重要性，锻炼听力的同时打破"哑巴"英语的现状，以提高学生听说能力，达到培养面向未来、面向世界的人才的目的。

语言输出理论：英语学科是一门语言表达学科，激发学生对英语听说训练的学习兴趣，提升学生英语表达和应用交流能力，培养学生以听说能力为核心的英语综合应用能力是学生英语学习的重中之重。在以往的听说教学中，教师大多一味将语言知识传授给学生，学生只完成了"听"的输入过程，却忽略对"说"的输出表达。我校借助 AI 技术优势，在课堂上采用 AI 听说课堂系统，让学生听说结合，鼓励学生大胆开口，营造轻松愉快的课堂氛围。与此同时，课堂任务的设置也更趋多样化、便利化。

混合式学习：混合式学习就是把传统学习方式的优势和信息化学习的优势结合起来，只有将两者优势进行结合，才能起到互补的效果，获得最佳的学习效果。在教学过程中,既要发挥教师引导、启发、监控的作用,又要充分体现学生作为学习过程主体的主动性、积极性与创造性。

② 提升信息素养

信息技术应用能力是新时代高素质教师的核心素养。教师常认为在课堂上运用了多媒体课件教学就是运用了信息技术,这是认识上的偏差。信息技术与学科教学深度融合,要逐步实现教学内容的呈现方式、学生的学习方式、教师的教学方式和师生互动方式的变革。同时,要运用信息技术创造主动学习的情景,用技术真正实现教学的减负增效。

通过智慧学习场景的应用研究,教师在信息获取能力、资源整合能力、网络工具应用能力、基于网络的教学设计和课堂教学能力、数据分析能力都有了一定的提升,这些信息素养逐步影响了他们的教学方式,促进他们后期的专业发展,也间接影响了所教学生学习方式的优化和变革。

(4) 优化评价体系

AI听说系统平台提供的分析报告能较好地反馈学生听说水平和能力薄弱项,有助于教师因材施教针对性开展教学,帮助学生进行个性化学习,提升教学的质量与效率,同时也给学校的教学管理带来了极大的便利,实现了用数据说话、用数据决策、用数据管理。

① 校级管理——以评提质

AI听说系统能够辅助学校组织听说模拟考试,简化准备流程,全面动态掌握全校学生听说水平,并辅助学校进行过程性数据的积累,助力学校英语教研组进行听说教考质量分析,为教育决策提供数据支撑。

② 教师教学——以评促教

依托 AI 听说系统,通过将评价贯穿到英语教学的全过程,教师能科学检测和衡量学生在相关学段的学业成就,帮助教师实现形成性评价,从而因材施教,开展精准教学,达到以评促教的效果。

③ 学生学习——以评促学

AI听说系统的课堂实时评价和平台报告一方面能够帮助学生更高效、更有针对性地进行日常听说练习,提升听说水平,另一方面能够帮助学生快速适应中考口试模式,提高心理素质,提升中考英语听说考试成绩。

(倪云飞　张乐淳)

二、 教学评一致性的智慧学习场景的实践与探索

"教—学—评"一体化在初中英语听说课的
设计与实施——以 AI 听说课堂为例

1. 引言

评价是英语教学过程中的关键环节,有效的教和学都离不开评价的全程参与。《义务教育英语课程标准(2022 年版)》指出,"注重教—学—评一体化的设计,坚持以评促学、以评促教,将评价贯穿英语课程教与学的全过程"。要引导教师科学运用评价手段与结果,针对学生学习表现及时提供反馈与帮助,反思教学行为和效果,教学相长。坚持形成性评价与终结性评价相结合,逐步建立主体多元、方式多样、素养导向的英语课程评价体系。"教—学—评"一体化的提出有利于引导教师从教学设计与实施入手,关注教什么、学什么和如何学的问题,并通过对学生学习成效的持续观察和评价,确保目标的达成。

听说课是初中生学习语音、词汇、语法、口语表达等的综合语言实践课程。长期以来,英语听说教学存在教、学、评不一致,课堂评价缺乏针对性,评价的主体局限于教师,教学与评价过程脱钩等问题,同时也缺乏实时反馈和形成性评价,学生难以成为课堂评价主体参与到课堂评价中。本文将结合牛津英语教材中的具体教学课例,探究如何在初中英语听说课中设计和实施"教—学—评"一体化,以达成以评促学、以评促教的目的。

2."教—学—评"一体化的内涵

"教—学—评"指一个完整教学活动的三个方面,"一体化"则指这三个方面的融合统一。《普通高中英语课程标准(2017 年版)》指出:"完整的教学活动包括教、学、评三个方面。教是教师把握英语学科核心素养的培养方向,通过有效组织和实施课内外教与学的活动,达成学科育人的目标;学是学生在教师的指导下,通过主动参与各种语言实践活动,将学科知识与技能转化为自身的学科核心素养;评是教师依据教学目标确定评价内容和评价标准,通过组织和引导学生完成以评价为导向的多种评价活动,以此监控学生的学习过程,检测教与学的效果,实现以评促学、以评促教。"可见,教以目标为导向,指向学科核心素养的培养;学是为了发展核心素养,与教的内容保持一致;评则是为了促教和促学。因此,教、学、评三者本质一致,共同指向发展学生的学科核心素养。而课堂活动是教师教学和学生学习的基本组织形式,是落实课程目标的主要途径。为

实现课程目标,教师必须构建与目标一致的课程内容和教学方式,也就是将教学目标和学习结果整合到评价任务和课堂活动中,确保教学、学习与评价的一致性,即实施教学评一体化的实践范式。由此,教学评一体化模式能有效整合课程目标、课程内容、教学方法和学习策略,推动新的课程标准在实践中落实,促进学生学科核心素养的发展。

3. "教—学—评"一体化的课堂实例

将"教—学—评"一体化应用于初中英语听说教学中,对提升听说教学的有效性,发展初中生学习主动性和学习能力具有重要的意义。以牛津英语六年级下册 Unit 4 听说课"Health problems"为例,探索如何在初中英语听说课中利用 AI 听说课堂设计和实施"教—学—评"一体化。AI 课堂可以实现全班学生参与互动,并能实时反馈学生的答题情况,有助于教师及时分析问题、即时评价。

(1)教学准备

① 教材分析

本单元为《英语(上海牛津版)》6B U4"Staying Healthy"。单元学习内容围绕"保持健康"的话题展开,本课时的文本取材于本单元的第三课时"Listening and Speaking:Health problems",是听说课型,话题为"健康问题",属于"人与自然:卫生与健康"话题。本课时由四个板块构成:"Listen and learn"利用图片帮助学生学习有关健康问题的词汇;"Listen and say"以医院为场景,由图片及两则对话构成,Doctor Chen 分别与Joe 和 Kitty 谈论健康问题的起因、提出建议,涉及"询问""建议""可能"等语言功能,是本课的主要听力内容;"Read,match and say"板块和"Ask and answer"板块帮助学生运用本课的核心句型,为病症配对起因,并提出合理的建议,巩固听中所学。

在本课时的学习中,学生通过分析健康问题可能的成因、提出恰当的建议等活动,学习语言知识、运用语言技能,进而提高思维品质;通过运用记笔记、合作学习等策略提高学习能力。教师聚焦班级里真实存在的健康问题,引导学生展开讨论,帮助学生意识到保持健康的重要性,初步形成健康生活的理念。

② 学情分析

a. 语言能力

学生在五年级就学习并掌握了与就医话题相关的语汇,例如表示疾病的词汇"toothache""a cold""a fever""cough"、表达建议的句型"What should I do …?""You should …",表达询问、关心等相关语言功能的句型"What's wrong with you?""How do you feel?"。在本课时的学习中,学生能够在教师的引导下听取对话的关键信息,能够在就医情境下运用基本的语言支架,围绕疾病的起因与建议进行口头表达。教师要引导学生运用目标句型,提出其他可能导致健康问题的原因,使口头表达内容更丰富,使学生能在真实的就医情境下进行沟通和交流。

b. 思维品质、学习策略、文化意识

在牛津英语6AU10"Healthy eating"这一单元的学习中,学生对健康与饮食的关系有一定的认知,但对健康的理解尚不全面。本节课中,教师将引导学生关注饮食习惯、生活习惯和锻炼习惯等因素对健康的影响,并引导学生从自身出发,思考健康问题可能涉及的不同方面,提升学生思维品质。在本课时的学习中,学生将通过两两合作的方式,在讨论、分享、评价的过程中进行思维碰撞,从而意识到保持健康的重要性,初步形成健康生活的理念。

此课的授课对象为六年级3班学生,对英语学习比较有兴趣,课堂上善于倾听、乐于参加对话和讨论,但是思维的活跃度和发散性有待提高。

③ 教学目标

经过本堂课的学习,学生能够:学习有关于健康问题的单词和词组,如"a headache""a stomach ache""a sore throat";在教师的引导下,预测并听取对话的关键信息,能够在就医情境下运用基本的语言支架,围绕疾病的起因与建议进行口头表达;运用目标句型,提出其他可能导致健康问题的原因,使口语表达内容更丰富;意识到保持健康的重要性,初步形成健康生活的理念。

④ 教学重难点

教学重点:学生能够在就医情境下运用基本的语言支架,围绕疾病的起因与建议进行口头表达。

教学难点:学生要能够运用目标句型,提出其他可能导致健康问题的原因。

⑤ 设计教学活动及评价活动

教学环节	教 学 活 动	设计意图
听前活动	步骤一:导入 1. 教师由最近班级学生生病没来上课的话题,依次随机邀请两位学生自由谈论没来上学的原因,并由两位学生的"have a headache"和"have a fever"引出这些都是"health problems",从而引出本节课所学主题。 2. 教师通过展示不同疾病的图片带领学生学习疾病词汇。	联系学生实际,激发学生兴趣,引出本课主题。

教学环节	教 学 活 动	设计意图
听前活动	步骤二：朗读单词 1. 教师通过英语听说智能教学系统下发朗读单词任务，检测学生对目标词汇的掌握情况。 2. 教师通过系统查看成绩分析报告，点评学生本次朗读表现。 　① 播放优秀学生语音，让学生评价该生语音表现，总结该生做的好的方面。 　② 播放中等学生语音，分析和优秀学生语音对比需要注意的事项，进一步补充朗读技巧。 　③ 查看班级失分高频词（标红部分），教师点击这些单词的原音示范，让学生跟读。 　④ 通过系统下发巩固练习，纠正学生错误发音（如有高频失分词）。	预热主题相关词汇，铺垫必要的语言基础，为接下来的听说活动做准备。
听中活动	步骤三：听前预测 1. 通过 PPT 展示 2 幅图片，依次让学生猜测"What's the relationship between them?""Where are they?""What are they probably talking about?"，分别邀请不同学生分享观点。针对第 3 个问题的学生猜测，教师进行板书。 2. 教师通过 PPT 播放对话录音，对板书中学生针对"What are they probably talking about?"问题的猜测进行核对。 3. 教师通过 PPT 再次播放对话录音，让学生完成学案中"Listen and take notes"任务，并邀请 1 位学生上台板书笔记，其他学生学案完成。 4. 教师通过依次提问"What's Joe's health problem? Why?""What's the doctor's suggestion?""What's Kitty's health problem? Why?""What's the doctor's suggestion?"问题，邀请不同的学生分享答案。	训练学生听前预测的能力。
	步骤四：朗读对话 1. 教师通过 PPT 播放对话录音，并让学生模仿跟读。 2. 教师带领学生讲解对话句子的语音语调、连读等朗读技巧。 3. 通过英语听说智能教学系统，布置朗读对话任务。 4. 通过系统查看成绩分析报告，点评学生本次朗读表现。查看班级失分高频词（标红部分），对学生高频错误语音进行针对性的纠错教学。 5. 依次播放 1 位优秀学生及 1 位中等学生语音，带领学生分析学生朗读表现，从而带领学生学习朗读技巧。	结合智能语音评测方式，对学生发音进行精准指导教学，提高学生发音的准确性。
	步骤五：听后配对 1. 通过 PPT 呈现 Doctor Chen 的另外 4 位就诊病人，让学生根据图片说出几位病人的疾病。	训练学生获取关键和细节信息的能力，帮助学生构

教学环节	教 学 活 动	设计意图
听中活动	2. 通过英语听说智能教学系统,步骤配对任务,将病人和 Doctor Chen 描述的病因进行匹配。 3. 带领学生查看班级成绩报告,并通过师生问答的形式,带领学生核对答案。 4. 教师通过 PPT 再次呈现配对任务的几位病人,依次邀请 4 位学生,让学生根据病人的疾病提供相应的建议,带领学生可数名词及不可数名词的修饰词用法。	建语言知识结构,拓展主题认知,帮助学生强化语言的功能及意义。
听后活动	步骤六:角色扮演 1. 教师介绍 Doctor Chen 给 Joe 和 Kitty 提供了健康建议,现在让学生根据对话样例角色扮演 Doctor Chen 和其他的病人,组织对话。 2. 针对 4 个人物,依次邀请 4 个小组学生展现对话,并对学生表现给予反馈和评价。 3. 教师带领学生学习总结常见疾病产生的原因及相应建议的表达,并让学生将相关的表达记录在学案 Task 2 部分。	结对活动,培养团队合作能力;口头练习,检验本堂课所学,聚焦语言真实运用。
	步骤七:思维拓展 1. 教师再次呈现本节课所涉及的病因,邀请 1 位学生上台将这些病因进行分类,其他学生完成学案 Task 3 的任务。 2. 教师提问被邀请的学生这样分类的原因,并带领学生共同总结将这些病因分类为"bad eating habits""bad exercising habits""bad living habits"。 3. 教师针对以上坏习惯(bad habits),邀请学生分享他们的坏习惯。	拓展学生思维,将学生学习的目标语言进行结构化处理,帮助学生更好地理解目标语言。
	步骤八:结对活动 1. 教师呈现课前针对班级学生所做的健康问题调查结果,总结本班学生主要的健康问题是"lack of sleep""shortsighted""overweight"。 2. 让学生和同伴合作,选择其中 1 个问题,按照教师提供的对话样例和同伴组织对话。 3. 教师通过英语听说智能教学系统—学科应用—自由表述的功能,2 位学生使用 1 台答题器进行讨论。 4. 教师播放部分小组学生语音,并让其他学生根据评价量表评价该组学生表现。	内化与运用,训练学生运用所学语言,就主题进行得体的表达,助力学生将知识转化为能力。
总结	带领学生复习本节课所学内容。	梳理与归纳,复习巩固所学。

教学环节	教　学　活　动	设计意图
作业	1. Listen to the recording on page 24&25, and read the dialogue at least three times. 2. With your classmates, talk about the other two health problems we have with the key sentence patterns.	检验本课输出效果,巩固本课所学。
板书设计	6BU4 Staying healthy 　　　　　　　　　　　Joe　　　　　　　　　Kitty √　Health problems　watch too much TV　don't wear enough clothes √　Causes　　　　　have a headache　　have a cold ×　Feelings ×　Prescriptions √　Suggestions　　　watch less TV　　　wear more clothes	

（2）教学实施

首先,在听前环节,教师先是基于学生已有的知识水平,围绕"Health Problems"主题语境,带领学生学习相关的主题词汇,接着利用 AI 听说课堂下发朗读单词的任务,要求学生朗读这些词汇。教师利用系统即时评价、学情结果即时反馈等功能,对学生的语音进行针对性指导纠错,帮助学生提升单词发音的准确度,打牢词汇基础,为接下来的听说活动做铺垫。

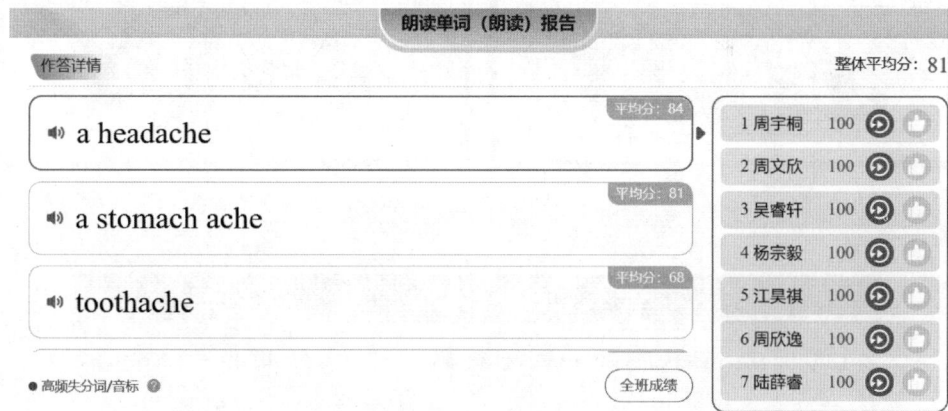

AI 听说课堂朗读报告

接着,在听中环节,为了帮助学生了解"Health Problems"的诱因及建议,教师利用AI 听说课堂先后下发了朗读对话及听后配对的任务,开展进阶式教与学体系,在训练

1 杨彰萱 40***96	100分		**2** 陈偲苗 40***97	100分		**3** 王奕辰 40***30	99分		**4** 吴国印 40***46	99分
5 蒋恒音 40***53	99分		**6** 徐庆庭 40***10	98分		**7** 何诺天 40***31	98分		**8** 王清韵 40***90	98分
9 陈瑞强 40***25	97分		**10** 莫士尧 40***36	97分		**11** 平悠冉 40***50	97分		**12** 唐承骏 40***78	97分
13 周宇桐 40***01	95分		**14** 周文欣 40***04	95分		**15** 张旨轩 40***50	95分		**16** 杨佽玥 40***91	95分
17 杨宗毅 40***15	92分		**18** 谢司晟 40***37	92分↑		**19** 刘宇轩 40***72	90分		**20** 杨颖芝 40***54	89分
21 张乐洋 40***73	89分		**22** 周欣逸 40***19	84分		**23** 丁麟智 40***56	84分		**24** 吴睿轩 40***06	83分
25 江昊祺 40***19	83分		**26** 曹心蕙 40***73	83分		**27** 李易栩 40***86	83分↑		**28** 朱佳怡 40***03	81分
29 舒心怡 40***24	79分		**30** 吴胤君 40***83	78分		**31** 陈佳雯 40***09	77分		**32** 王湛玥 40***33	76分

AI 听说课堂学生个人朗读报告

学生听力微技能的同时,利用系统纠正学生错误语音语调,通过播放优秀学生录音,发挥朋辈作用,激励学生。加强学生对语言知识的深刻理解;拓展主题认知,帮助学生强化语言的功能及意义,关注语用功能,为接下来的口头输出做准备。

升降调、连读和它们的内涵

Checklist		
• Did he/she read clearly and correctly?	Yes.☐	No.☐
• Did he/she pay attention to the liaison(连读)?	Yes.☐	No.☐
• Did he/she use the correct intonation?	Yes.☐	No.☐

课文朗读生生互评表

最后,在听后环节,教师则借助 AI 听说课堂开展口头输出活动。学生 2 人为一组,手持一台答题器就能实现自由对话。系统自动收集语音帮助教师带领学生利用口语评价量表分析不同小组的表现,从而进行生生评价。

Checklist	
• Did they mention the health problem, causes and proper suggestions?	★ ★ ★
• Did they make the dialogue correctly?	★
• Did they make the dialogue fluently?	★
TOTAL	

口语评价量表

（3）教学反思与总结

与传统课堂上教师点名,学生回答问题的形式不同。AI 听说课堂上,学生手中都拿着一个语音互动答题器,对准答题器说出相应的语句或答案,多功能大屏幕上的智能系统便会自动识别,并根据流畅度、完整度和准确度给每个学生的回答打分。

这堂课中有以下四个环节使用了讯飞 AI 听说课堂,分别是朗读单词、朗读对话、配对题和话题简述。在朗读单词和朗读对话的环节,每位学生都能使用答题器进行朗读,教师可以直接看到学生的朗读分数以及班级的平均分。教师可以带领学生对于平均分较低的单词和"高频失分词"进行反复操练,当堂做到即教即练即评即纠正。在配对环节,在系统的大数据实时分析下,学生的评测结果一目了然,教师借助详细的可视化报告可精准诊断并定位学生的问题,有针对性地提问。在自由表述环节,AI 课堂实现了全班学生参与的英语听说人机互动教学,更能激发学生的学习兴趣。学生听说水平实时反馈,帮助教师精准教学和学生快速纠错,每个学生都开口练习,所学得到了操练。教师能够通过播放学生的录音,关注学生个体差异,判断学生个性问题,当堂对有需求的学生进行个性化指导,达到精准教学的目标。本堂课中,我选取部分学生的录音进行精听,检测学生是否在真实语境中,也能注意到上课提到的语音语调和发音连读等问题。

这堂课结束以后,我觉得在教学课堂中,在运用班级报表来评价学生的朗读这一块,还可以再做一些改进,如在听取学生的朗读录音时,应抓住学生的薄弱点,实施精准评价,并多加操练。此外,留给学生自由表述的时间不足,学生输出的面不够广,这都是在听说教学中需要平衡的地方。

4. 结语

"教—学—评"一体化是基于课程标准和核心素养的教学实践的有效途径,是真正把教学目标、教师的教、学生的学、课堂评价、评价标准等教学要素相融合的过程。教师可以借助这一教学理念激发课堂活力,提升教学有效性。课堂是实施"教—学—评"一体化的主要场所,教师在实现"教—学—评"一体化中扮演着关键角色,这也对教师提出了更高的专业性要求。实现具备"教—学—评"一体化的课堂对教师来说是一个系统的实践过程,是一个不断摸索、试错、反思和提升的过程,也是教师专业化发展的一大路径。一线英语教师只有在日常教学中不断渗透、实践和落实教—学—评一体化,才能充分调动学生评价与学习的主观能动性,从而驱使学生在持续反思的过程中,螺旋式地发展语言能力、思维品质、文化意识和学习能力等多方面的英语学科核心素养。

(陈芙莉)

三、 教学评一致性的智慧学习场景的应用与成效

智慧学习场景下的教学评价赋能教师教学的实践
应用——以英语 AI 听说课堂为例

2022 年版义务教育新课标在各学科"课堂教学评价建议"中明确提出了"教学评一体化"要求。以学业质量标准为核心,落实"教学评一体化"成为中小学教学改革的重点。同时,随着教育技术的发展,智慧学习场景作为数字化学习的高端形态,也为教师提供了新形式的教学辅助。因此,积极探索利用智慧学习场景开展初中英语教学,解决当前教、学、评三者无法融合推进的难题,推进教学评一体化的实施,不失为一种有意义的尝试。

1. AI 英语听说智慧学习场景下的教学评价

(1) AI 英语听说智能教学平台概述

AI 英语听说智能教学平台是一种基于人工智能技术的在线学习平台,旨在帮助学生提高英语听说能力。该平台采用自然语言处理、语音识别、机器学习等技术,实时给予学生语音表达的反馈和纠正,提供量身定制的学习计划和教学大纲,以及丰

富多样的学习资源和方法，让学生在个性化、高效的教学环境下快速提升英语听说水平。

（2）智慧学习场景下教学评价的相关概念

在智慧学习场景下，教学评价不仅是对学生成绩的量化评价，也包括对学生个性化、综合素质和学习过程中不同阶段所表现出的能力进行全面、深入的评估。这种评价主要关注以下几个方面。

① 学习目标的衡量：评价学生是否达到学习目标，包括听说能力、学习自觉性、思维能力、创新能力等。

② 教学过程的评估：评价学生在学习过程中的表现，包括学习效果、学习态度、学习策略、课堂参与度等。

③ 学习结果的检验：评价学生是否实现了预期的学习效果，包括听说能力、学习兴趣和能力的提升等。

（3）AI英语听说智慧学习的评价形式和方法

① 语音评测：通过语音识别技术对学生的发音、语调、语速、语音连读等进行评测，给予学生语音纠正和反馈，并记录下学生语音表达的得分和错误情况，以达到量化评价效果。

② 学习数据分析：通过对学生学习过程中获取到的数据进行分析，包括学习时长、学习内容、学习进度、学习难度等，来评价学生学习效果和个性化需求。

③ 作业评估：根据作业完成情况、作业质量和作业得分等对学生进行评估，以检验学生是否掌握了相关知识和技能，并指导学生进行下一步的学习和提高。

综上所述，AI英语听说智慧学习平台的评估形式和方法可以帮助教师全面、深入了解学生的学习情况，为学生提供更加个性化、有效的学习方案和指导。

2. 教学评价赋能教师教学的实践应用

（1）教学评价对教师教学的重要性

教学评价是教师教学中不可或缺的一环。通过评价结果，教师可以及时发现学生的学习成果和不足，针对性地调整教学方法和内容，使学生能够得到更好的学习效果。同时，教学评价还能够帮助教师了解自己教学的优势和不足，进一步提高教学质量和水平。

（2）AI英语听说智慧学习场景下教学评价的实践应用

在 AI 英语听说智慧学习场景下，教师可以通过 AI 智能教学平台进行教学评价，为其教学提供更加精准、个性化的指导。教学评价应用于此场景,可以有以下实践应用。

① 个性化学习方案:根据学生个人的英语水平、翻译能力等评价结果,为其制定个性化的学习方案,针对性地进行教学。

② 提供实时反馈:在学习过程中,通过 AI 语音评测技术及时给予学生纠正和反馈,让学生的口语表达更加自然、流畅。

③ 制定课程更新策略:通过学习数据分析技术,及时发现教材中的薄弱环节,为下一轮课程更新和制定策略提供重要参考。

3. AI 英语听说智慧学习场景下教学评价的实践效果

(1) 实践效果及其评价

在我校初中生的英语学习实践中,使用 AI 英语听说智能教学平台进行教学评价。结果表明,该平台的个性化学习方案、实时反馈及课程更新策略等应用使学生的英语听说能力得到显著提高,学生的自信心和学习兴趣也得到提高。

(2) 分析评价的影响因素

教学评价的影响因素包括平台技术的可用性、教师的教学能力和教学方法、学生的个人差异和学习态度等。在实践过程中,平台技术的稳定性和教师的运用能力是关键因素。教师对学生的差异性和心理因素的理解也是教学评价的关键,只有充分了解学生成长的动态发展、个别差异和多样性,才能更好地把握评价标准。此外,学生的学习态度和兴趣,也会影响其在教学评价中的表现和表达能力。

4. AI 英语智能教学平台与传统教育教学的比较分析

(1) AI 英语智能教学平台的优势

① 个性化学习:根据学生的学习表现定制学习计划,更加贴合学生个性化需求。

② 实时反馈:通过 AI 语音评测技术,实时纠正学生口语表达中的错误,提高学生口语表达能力。

③ 多元化教学资源:AI 英语智能教学平台为教师提供了多元化、丰富的资源,实现了高效能的教与学。

(2) 传统英语听说教学的缺点

① 教师授课重视程度不同,导致学生总体素质存在差异。

② 传统听说教学难以深入了解学生的实际情况,难以针对性地进行教学。

③ 传统听说教学模式单一,缺乏趣味性,影响学生的学习兴趣。

5. 在 AI 英语智慧教学场景下的教师教学角色

（1）传统教师的角色定位

在传统英语听说教学中，教师是知识的传递者、组织者和管理者，通过精心的教学组织和布置作业等方式，促进学生的学习进展。

（2）AI 英语智慧教学场景下的教师角色

在 AI 英语智慧教学场景下，教师不仅是学科知识的传递者和组织者，还应成为学生的引导者和伙伴。教师通过 AI 英语智慧教学平台，根据学生的学习特点，创造更加有趣、丰富的课堂环境，引导学生更好地掌握英语听说技能。

6. 娄山中学在 AI 智慧教学场景下的实践应用

（1）学生模仿朗读/背诵

朗读作为英语的语音关，是最基础也是最重要的。通过 AI 听说课堂，将学生的录音转化为文本和答案文本进行比对，检测是否有错读、漏读、多读，根据匹配度进行打分，实现对语音完整性的评测。在朗读长句时，AI 听说课堂从语音中抽取多个维度特征，如重读、停顿、语音语调等，实现对音段质量及韵律节奏的评测。每一个学生的朗读内容和评分都会显示在教室的电子白板上，教师可以根据学生的实时评分点击完成度不够理想的学生录音进行现场分析纠正，保证每一个学生都能参与到课堂中来。有效解决了评价方式单一，评价标准缺失或者单一的短板。

（2）学生分角色进行问答

分角色进行问答，其实就是运用对话、现实模拟等形式让教学更生活化、实用化。教师可以根据教材内容，通过设置角色，让学生在分角色问答中真正使用所学内容。从整体上激发学生的英语运用能力。借助 AI 听说课堂，教师可以通过师生互评、生生互评等方式从对话内容、语法、语音语调等角度对学生的音频进行点评，提高学生课堂活动的完成度。学生可以在分角色进行问答中充分展示自己的个性，在主动参与中习得知识与智慧，获得情感与体验。

（3）学生复述

复述是切实促进学生对英语信息的收集、整合、处理、归纳和表达，以此提高学生的听说能力、分析能力和整合能力的一种切实有效的课堂活动。教师借助 AI 听说课堂，可以预先设置内容的信息要点和关键词句，同时在语言组织、流利程度和语音语调方面设置相应的评分档，将两部分综合起来对学生的复述进行评价。学生可以在上传完复述音频之后即时得到自己的复述评分。教师可以根据评分对录音进行讲评，也可让学生自行从内容、语法、语言组织等几方面根据教师给出的评分标准进行集体分析。这样就解决了课堂活动评价标准不明确、课堂活动评价形式单一和学生参与度不高的问题。

7. 总结

随着 AI 技术的不断发展和应用，AI 英语智慧教学场景正在逐渐普及。在这一场景中，教师的角色发生了变化，不再只是单纯地传授知识，更需要兼备伙伴、引导者等高级素质。AI 英语智能教学平台的出现不仅提升了学生的学习体验，也为教师的教学成果和教学过程提供了更加精准、高效的指导。

（夏意）

智慧学习场景下的教学评价赋能学生学习的实践应用

1. 引言

《义务教育英语课程标准（2022 年版）》（以下简称为新课标）的课程理念中明确提出要"注重'教—学—评'一体化设计"。新课标提到，应坚持以评促学，将评价贯穿英语课程教与学的全过程。注重发挥学生的主观能动性，引导学生成为各类评价活动的设计者、参与者和合作者，自觉运用评价结果改进学习。坚持形成性评价与终结性评价相结合，逐步建立主体多元、方式多样、素养导向的英语课程评价体系。

由此可以看出，教师应借助各类教学评价帮助学生学会开展自我评价和相互评价，主动反思和评价自我表现，促进自我监督性学习，并在相互评价中取长补短，总结经验，规划学习。而我校使用的科大讯飞听说教考平台和 E 听说平台可以帮助教师即时生成各类教学评价，如课堂评价、作业评价、单元评价及期末评价等，从而赋能学生学习，促进学生的自我发展和提高。

2. 科大讯飞听说教考平台和 E 听说平台简介

"英语听说教考平台"是在英语中高考改革背景下依托科大讯飞智能语音及人工智能技术开发的集英语听说教、学、考、评于一体的区级教学、考试综合解决方案。该平台提供海量的教学资源和考试资源，支持组织区级联考、校级模考和班级日常测试；可帮助教师开展英语听说课堂教学活动，支持学生进行个性化自主学习；并且能自动汇总统计学生的考试记录和学习记录，形成考情分析报告和学情分析报告，辅助教师进行教学研究和教学决策。除了提供考试评价外，学生可以在课堂上通过 AI 听说设备完成老师布置的任务，如朗读、背诵、听后复述等，并即时获得相关课堂评价和赋分，帮助学生更快了解自己的学习情况。

而"E听说"是一款基于语音测评的中学英语"听说读写"创新学习空间产品,可以依照考纲、教材、话题定制内容资源,按照中高考标准提供听说人机对话测评和手写作文智能批改,运用三段三步教学法快速提升听说成绩,帮助中学生提高英语语用能力和学科核心素养。同时,学生可以即时收到作业反馈,并根据反馈内容进行有针对性的查漏补缺。

总的来说,两款产品从不同的教学评价类型出发,前者注重提供课堂评价和考试评价,后者注重作业评价,通过多元化的评价内容,学生可以更加直观地了解到自己的学习情况,并能够根据评价结果进行反思和调整,从而可以促进自主学习。本文中主要以学校中应用范围更广的 AI 听说课堂为例,重点讨论该智慧学习场景下的课堂教学评价对学生学习的促进作用。

3. AI 听说课堂的应用优势

(1)自由组合资源,适用各类学习场景

在课前,教师可以通过英语听说教考平台进行备课并创建相应备课包。如图 1 所示,教师可以根据自己所教授的教材、年级、单元以及对应的应用场景创建合适的授课包。

在创建授课包环节中,平台包含教材同步、考试专项、主题资源、校本资源等部分。其中,教材同步部分已提前预置了包含课本练习、单元巩固、教学素材在内的授课包资源;考试专项部分则包含了朗读句子、情景提问、听后复述、看图说话的题型并提供了难度等级。主题资源部分根据不同年级的要求,提供了各类主题相关、题型各异的题目,教师可以根据主题需求和题型要求选择合适的题目。而校本资源部分允许教师将自己设计的教学资源共享到全校,从而提高整体教学效率。同时,在筛选上课所需素材或练习时,教师可以看到该练习的更新时间、使用次数、得分率等信息,这也可以帮助教师更有针对性地选择适合的练习,提高上课质量和效率。

此外,平台提供多个版本的电子教材及音频,教师可以在上课时使用电子教材进行授课。这既减少了教师在备课时插入课本音频的工作负担,也可以帮助学生更快定位书本内容,及时进行跟读。

(2)即时生成评价,考查全部学生情况

除了丰富的备课资源,AI听说课堂配套的听说设备是在课堂上生成评价的关键。在教师确定回答时长、发布听说任务后,学生需通过使用AI听说设备录入回答。之后,学生可以立刻在自己的AI听说设备上看到自己的评分。同时,AI听说课堂客户端也可以及时生成相应的班级评价和个人评价(如图2所示)。

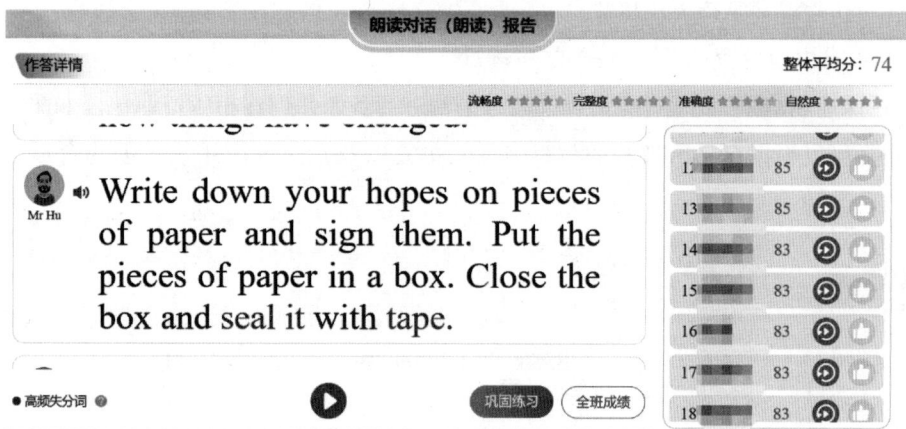

其中,课堂评价可从整体评价和个体评价两部分进行解读。整体评价可以帮助教师了解班级整体情况,并根据报告结果即时调整课堂教学,而学生可以在了解自己的评价结果的同时与班级整体情况或其他同学的评价结果进行对比,从而可以促进学生主动反思和评价自我表现,并在这个过程中取长补短,总结经验。

此外,从图2可以看出,本次朗读任务的评价标准主要包括流畅度、完整度、准确度和自然度共四个部分,这给学生的自我评价和提升提供了指导方向。通过了解不同听说任务的评分标准,学生可以更有针对性地进行学习和提高。

(3)立足智能平台,提供科学有效评价

AI听说课堂是依托科大讯飞智能语音及人工智能技术开发的教学平台。科大讯飞是亚太地区知名的智能语音和人工智能上市企业,自成立以来一直从事智能语音、自然语言理解等核心技术研究并保持了国际前沿技术水平。作为技术创新型企业,科大讯飞坚持源头核心技术创新,多次在语音识别、语音合成等各项国际评测中取得佳绩。这些领域的技术研究成果也为 AI 听说课堂这一平台打下了扎实的基础,提升了课堂评价的客观性和科学性。

4. AI 听说课堂的应用策略与实践

(1)个性化评价,方便学生找到自身薄弱点

在完成听说任务后,学生可以立刻从自己绑定的听说设备上了解到自己获得的评价分数,从而对自己的任务表现有大致的了解。此外,每个学生也会形成自己的任务报告,通过阅读报告内容,学生可以了解自己在活动中存在的问题,从而可以主动反思和改进自我表现。

以朗读任务为例,图 3 为一位同学的个人报告,和整体报告一样,报告内包括了评分维度(即流畅度、完整度、准确度和自然度)和任务分数。这可以让学生和班级整体情况进行对比,了解自己在班级的位置,从而督促学生去查漏补缺。除了整体评价外,通过细看朗读文本,学生也可以知晓自己的不足之处。文本中共有四种类型的颜色标注,如图 3 左下角所示,绿色为优,橙色为良,红色为低分,灰色为漏读。通过这些颜色标注,学生可以知道自己在哪些词句上还存在漏读、错读的情况,从而可以在后续的学习中进行有针对性的练习。

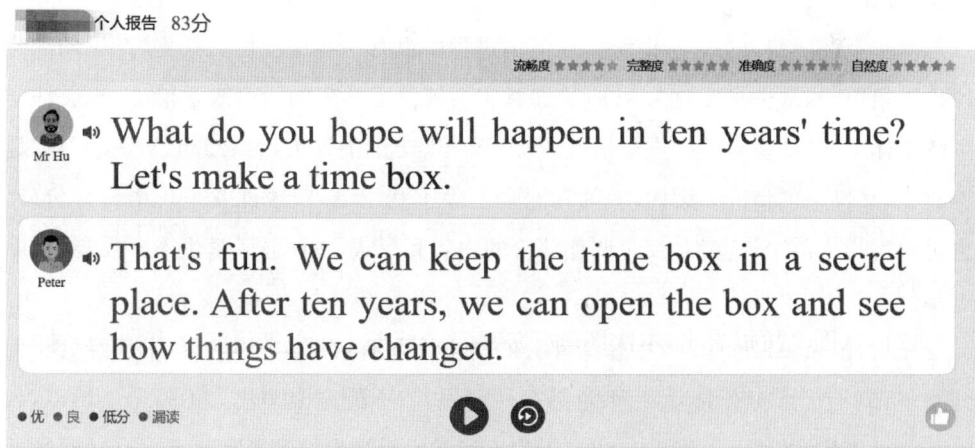

(2)全面性反馈,方便学生了解常见易错点

除了个体报告外,整体评价也能让学生了解自己在班集体中的位置并选择合适的

学习目标,鼓励学生向同伴学习。从图2中,学生可以知道自己的任务结果是否达到了班级平均标准,而图4则可以让学生更加详细地了解自己的学习情况。学生明确了自己的学习情况后,可以选择合适的学习目标,向排在自己前面一点的同学学习。这样,学生不会有过大的追赶压力,也更容易在努力过程中获得成就感和进步,从而达到互相促进的目的。

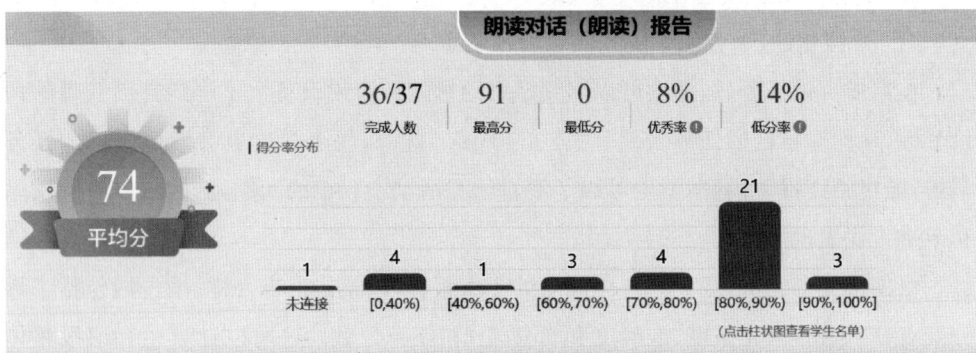

此外,报告(见图2)中也对全班常见的错误进行了整理和归纳,这也可以让学生注意到朗读过程中的一些易错点,加深记忆,避免之后犯类似的错误。在听后复述、看图说话等复杂题型中,教师可以引导学生总结易错点并制作评价量表,方便学生进一步精进所学。

5. AI听说课堂的局限性

除了上述优势外,AI听说课堂在使用过程中也有一些局限性。首先,产生的课堂评价视角单一,缺少多元化。AI听说课堂主要评价了学生的语言表达能力,未关注学生的个体差异,缺少对学生进步情况、投入程度等方面的评价,容易造成学生学习兴趣不高、主动性差的情况。因此,教师在课堂上除了利用AI听说课堂呈现语言评价外,也可根据学生的个体差异,及时调整评价的内容和形式,从而鼓励学生不断反思、不断进步。

其次,虽然AI听说课堂中智能评分的科学性和有效性在同类平台中已经处于前列水平,但是就目前来说,人工智能仍有一定误差,不能完全替代人工打分。所以,教师不能过度依赖智能评分这一功能,仍应该经常回听学生们的答案并进行有针对性的评价和指导,特别是听后复述等灵活性较高的题目。

(田诗媛)

依托 AI 技术的"教—学—评"一体化——初中英语听说教学案例研究

1. 问题提出

新课标明确提出:"教师应树立'教—学—评'一体化的意识,科学选择评价方式,合理使用评价工具,妥善运用评价语言,注重鼓励学生,激发学习积极性。"事实上,一线教师一直以来都在探索进行着课堂教学与评价,但却未能实现以评促学、以评促教,主要原因有两个:一是教师日常教学方法较为传统,学生仍然处于被动学习状态。部分教师仍采用"一言堂"的传递式教学,强调"教"而忽视"学"的过程,导致课堂教学中教师主导和控制过多,学生缺乏自主学习和独立思考的能力。二是教师缺乏有效评价的意识。这一问题体现在以下三方面:其一,评价形式单一,注重纸笔测试等终结性评价而忽视课堂评价,或让课堂评价流于形式,如学生回答问题后教师口头简单评价或让学生举手等方式统计作答情况等,此类评价效果浮于表面,起不到促进学生深度思维的作用;其二,评价主体单一,多以教师评价为主,忽视学生评价,学生逐渐失去独立思考和批判性思维的能力;其三,评价标准模糊不清,日常教学中的评价标准常与课标和单元目标脱节,或缺乏针对教学目标制定的有效评价工具或评价维度。因此,要对上述问题有所突破,探索促进"教—学—评"一体化的课堂实践将会是今后一定时期内一线教师的研究方向。

2. "教—学—评"一体化的理念与涵义

新课标指出,教师应"将评价贯穿英语教与学的全过程,充分发挥评价的促学功能",并"优化评价方式与手段,建立科学、合理的英语课程评价体系"。强调"教—学—评"一体化,实际上就是强调在教学过程中评价的积极作用。王蔷、李亮在《推动核心素养背景下英语课堂教—学—评一体化:意义、理论与方法》一文中指出,一个完整的教学活动是由教、学、评三方面构成的。只有将课堂的教学目标、学生的学习活动和课堂的评价活动三者有机结合、融合统一,才能实现以评促学、以评促教的效果。

"教—学—评"一体化是以反向教学设计(backward design)为理论依据,以教学目标为导向的教学模式。在"教—学—评"一体化教学模式中,教学目标对于评价活动和学习活动起到绝对的引领作用。教师先通过教材分析及学情分析,确定学生在本节课中可达到的预期学习结果,即教学目标,并以此作为后续设计的起点。在教学目标的基础上,设计合理的评价活动,最后设计能有效支持教学目标和评价活动的教学活动。

3. 依托 AI 技术的"教—学—评"一体化的课堂实践及实施步骤

合理确定学习目标，设计并开展教学活动，并能有效进行过程性评价的学习活动，是实施课堂"教—学—评"一体化的关键。下面，笔者将围绕亲身实践的一节依托 AI 技术的沪教版牛津英语七年级上册第一单元"Relatives in Beijing"复习课，详述"教—学—评"一体化在课堂教学中的实施步骤。

（1）教学准备

① 教材分析

"What"：本课属于沪教版牛津英语七年级上册，是第一单元"Relatives in Beijing"的复习课。听力输入部分为一段自编的电话对话，对话的双方为主课文中出现过的 Lucy 和她居住在上海的表兄 John。两人主要交流了 Lucy 即将进行的为期两天的上海之行计划安排，包括时间、景点、活动、距离、交通方式及时长等信息。

"Why"：听力文本通过 Lucy 和 John 的电话对话，引导学生合理安排旅游行程，从而引发学生对于故乡上海的热爱和自豪感。

"How"：听力文本是一个旅游计划，因此大部分句子都使用一般将来时来表述，与单元主题匹配。对话仅涉及 Lucy 行程第一天的计划，而缺失第二天的安排。教学材料中适当的留白给予学生足够的发挥空间，有利于学生巩固操练单元目标句型及词汇，并发散思维。

② 学情分析

该授课班学生思维较为活跃，大部分学生拥有一定语言基础，都能积极举手发言，有较强的表达意愿。但班级两极分化的情况较为明显，后进生的口头表达能力较弱，平时的教学难以兼顾两头学生。学生经过第一单元的学习，对旅游计划有了一定的知识储备，对单元重点句型也有了一定基础。因此，听力文本对于大多数同学来说难度适中，但对听后复述等题型的评价标准和口头表达方面还需要教师指导后多加操练。

③ 预期教学目标设定

学习理解：能够获取 Lucy 和 John 在电话对话中谈到的关于上海之行的计划和安排，包括时间、地点、交通方式等具体信息，完成表格。

应用实践：能够归纳复述评价表，并根据文本和单元重点句型有条理地进行复述。

迁移创新：能够通过小组合作，运用目标语言表达，与同伴角色扮演打电话，讨论Lucy上海之行第二天的行程，并进行复述。

④ 教学活动设计

观察上海景点图片，说出景点名称及活动，激活背景知识。

预测对话中可能出现的要素，并进行听后核对。

重排信息，并填写表格中的细节信息。（录入 AI 语音答题器）

自主分析表格信息，得出复述评价表。

听后复述。（录入 AI 语音答题器）

听录音跟读对话，模仿语音语调。（录入 AI 语音答题器）

分析电话用语的文本特征，并补充相关表达。

分组进行三人小组任务：两人针对 Lucy 上海之行第二天的行程进行角色扮演续编对话，第三人根据两人的对话记录要点并进行复述。（录入 AI 语音答题器）

⑤ 评价活动设计

新课标指出，教师在实施教学活动和教学评价的过程中需通过观察、提问、追问等各种合理、科学的方式，及时诊断学生在学习过程中的问题，根据需要提供必要支架和及时反馈，帮助学生达成预期教学目标。

本案例以新课标为原则，制定了如下评价活动：教师观察学生回答问题的情况，了解学生对于上海景点的词汇储备；教师根据学生猜测旅游计划涉及的相关要素，评价学生对旅游计划的已知经验；教师根据 AI 后台答题数据统计分析，了解学生填表的完整程度和准确程度，并给予针对性的指导和反馈；教师通过提问、追问等方式，掌握学生对于复述评价表的理解程度，必要时提供反馈及帮助；教师根据 AI 后台答题数据统计分析，把握学生复述情况，结合复述评价表，进行生生互评；教师根据 AI 后台答题数据统计分析，评价学生朗读是否准确到位；教师观察学生能否找出电话用语表达方式及对话信息的不完整性，必要时提供指导和反馈；通过回听学生录入的对话和复述，结合评价表，进行生生互评，必要时教师可引导评价方向。

（2）教学实施

① 实施教学设计

本案例中，教师将学习目标与学习活动和评价活动做了整合，确保教学、学习与评价的一致性。教学目标中，共分为学习理解、应用实践、迁移创新三个层次，分别对应课堂教学的各个环节。每个环节的推进和开展都以学生为中心，教师通过观察、提问、追问、AI数据分析等方式关注学生掌握程度，并根据需要进行指导或教学环节的调整，充分体现"教—学—评"一体化内涵。

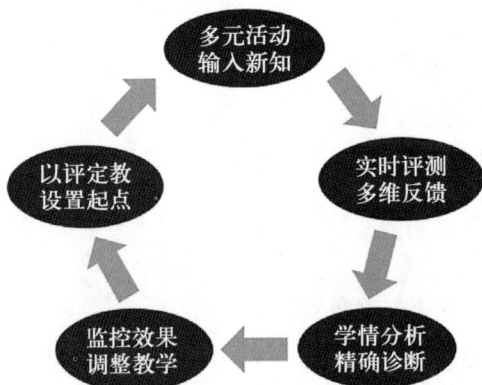

"教—学—评"一体化课堂教学模式

② 开展评价活动

"教—学—评"一体化教学模式下的课堂评价是以终为始、动态循环、螺旋上升的过程。基于课前设置的教学目标，教师通过课堂教学环节的实施进展，判断学生对于教学目标的达成度，以此作为下一环节的起点，形成"新知输入、评测反馈、学情分析、调整教学、设置起点"的动态循环课堂（见右图）。

③ 优化评价方式

在本案例中，除了常见的观察、提问、追问等传统评价方式外，教师在教学的多个环节都使用了 AI 技术辅助教学评价，对学生作答情况进行实时数据监控。

以听后复述环节为例。教师让学生使用 AI 语音答题器实时作答，完成复述。答题结束时，教师得到班级整体报告（见图 2）及学生个人报告（见图 3）。教师简要分析完班级整体报告后，先挑选高分学生的作答进行回放，与学生共同探讨其作答中的优点，总结归纳复述要求，如口语发音是否标准、语句是否流畅完整等。再挑选中下游学生的作答进行回放，对比分析学生不足之处，帮助其他学生反思改进，为之后的小组任务中的复述环节做铺垫。

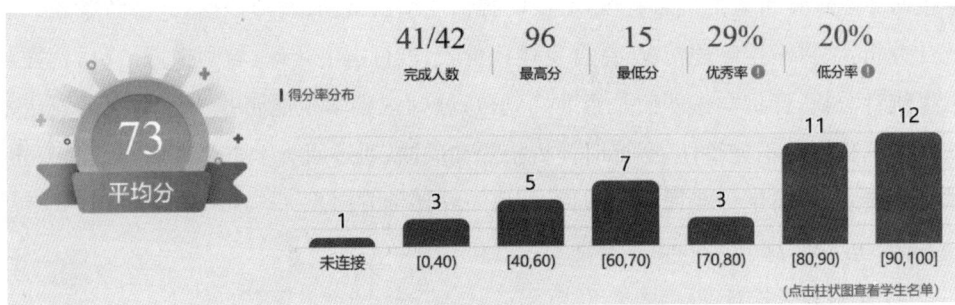

听后复述班级报告

与普通课堂相比，使用 AI 技术的课堂评价更实时、更高效、更有针对性。使用 AI 数据分析的课堂评价能够兼顾全面和个体，在把握整体水平的同时，教师能够更直观地了解到每个学生的口语表达及作答情况,从而进行个性化的指导和帮助。

④ 转变学生角色

案例中,教师先是鼓励学生自主分析对话和表格信息,现场讨论生成复述评价表,让学生成为了评价活动的设计者。学生在得到 AI 语音答题器的实时评分后,能够及时对照评价表进行反思复盘,增强学生的自主学习意识。在之后的迁移创新环节中,教师还进一步发挥学生在评价活动中的主体作用,多次引导学生按照先前讨论的复述评价表进行相互评价,促进自主学习,总结学习经验,让学生从被动转变为主动,从评价的接受者转变为参与者,甚至主导者。

听后复述个人报告

（3）教后反思

从课堂效果来看,学生经过本课时的学习后,对单元重点句型和词汇有了更深层次的掌握,并能灵活使用重点句型进行特定情景的沟通,达到语言交际目的。学生通过自主商议复述评价量表后,对听后复述题型的要素和得分点有进一步的理解,并能根据评价表展开自评和互评。教师在授课过程中,结合 AI 语音评测结果,能够大大提高课堂效率,关注到每一位学生的学习增长点。本课时结束后,针对个别尚有学习困难的学生,教师可结合数据报告及时进行个性化帮助和反馈,了解学生学习难点,以备后续教学的调整。

4. 结语

在新课标背景下,"教—学—评"一体化是日常课堂教学中教师必须遵循的原则之一。基于这一原则,教师需优选评价方式以检测教学目标的达成度,从而提高评价的有效性。AI 技术的出现在一定程度上为一线教师提供了解决问题的思路,辅助教师对不同层次的学生提供有针对性的指导和反馈,改进传统教学模式,提高教学效率。如何进一步有效利用 AI 等现代信息技术赋能英语课堂教学,还需深度探索和实践。

（张乐淳）

第四节　数字情境化的智慧学习场景创设与运用——政史学科中的展现

一、 数字情境化的智慧学习场景的思考与创设

初中道德与法治课堂数字情境化场景的构建与实践探索

思政课是落实立德树人根本任务的关键课程,道德与法治课是义务教育阶段的思政课。《关于深化新时代学校思想政治理论课改革创新的若干意见》指出,要推动人工智能等现代信息技术在思政课教学中的应用。那么,如何在道德与法治课堂中巧妙地运用现代信息技术,构建数字情境化场景,以响应上述指导意见,便成了一个值得深入探讨与实践的课题。

1. 数字情境化场景创设的迫切性

(1) 教育数字化转型的迫切呼唤

在党中央的坚强领导下,我国数字经济发展迅猛,数字中国建设如火如荼。

在党的二十届三中全会上通过的《中共中央关于进一步全面深化改革、推进中国式现代化的决定》明确指出,要深化教育综合改革,"推进教育数字化,赋能学习型社会建设,加强终身教育保障"。2024 年 9 月 11 日,习近平在全国教育大会上指出:"深入实施国家教育数字化战略,扩大优质教育资源受益面,提升终身学习公共服务水平。"《关于深化新时代学校思想政治理论课改革创新的若干意见》指出,要推动人工智能等现代信息技术在思政课教学中应用。在此背景下,初中道德与法治课程必须紧跟时代步伐,充分利用数字技术,创新教学方式,以适应教育数字化转型的迫切需求。

(2) 应对网络挑战的必然选择

共青团中央维护青少年权益部、中国互联网络信息中心(CNNIC)2023 年 12 月 23 日在京联合发布的报告显示,2022 年我国未成年网民规模为 1.93 亿,未成年人互联网普及率达到 97.2%。网络已成为青少年获取信息、交流思想的重要平台。然而,面对纷

繁复杂的网络信息,青少年往往缺乏足够的鉴别能力和判断力。因此,在道德与法治课堂中,加强数字情境化场景的应用,提高青少年的媒介素养,引导他们正确识别网络信息,增强道德判断力和行为选择力,已成为应对网络挑战、培养健康网络公民的必然选择。

（3）实现课程目标的重要途径

情境是连接知识与生活的桥梁,是培育学生核心素养的载体。《义务教育道德与法治课程标准(2022 年版)》(以下简称新课标)明确指出要"充分考虑学生的生活经验,通过设置议题,创设多样化的学习情境,引导学生开展自主合作的实践探究和体验活动""情境创设要考虑情境的真实性、典型性、适切性、复杂性,考察多层次、多角度分析和解决问题的能力,引导学生学会生活、学会思考、学以致用"。同时,课程标准也强调了数字化资源的重要性,要求充分利用信息技术手段,丰富课程资源。因此,将数字技术融入情境创设之中,不仅能够激发学生的学习兴趣,提高他们的参与度,还能够更好地实现课程目标,推动道德与法治课程的持续发展。

2. 数字情境化场景构建的初步模式

依托于先进的数字技术与教育理念,结合道德与法治课堂的实践需求,我校精心设计了道德与法治课堂数字情境化场景构建的初步模式(见下图)。

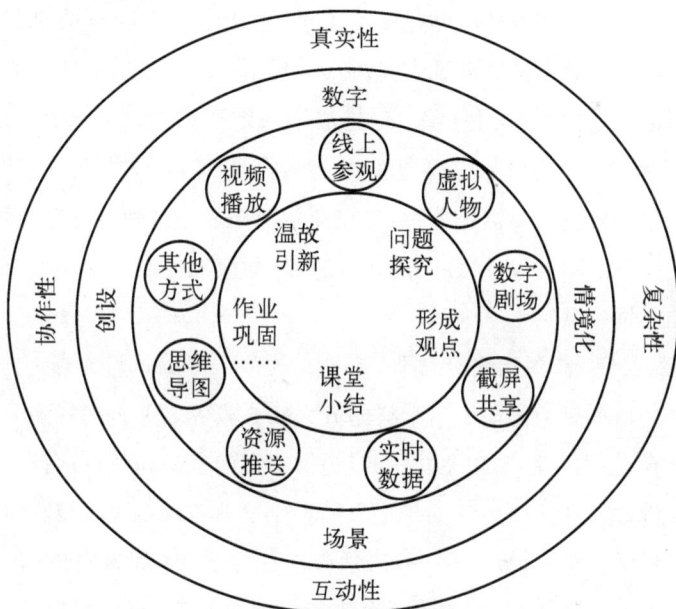

道德与法治课堂数字情境化场景构建的模式图

在该路径图中,核心部分展示了道德与法治课堂的教学核心环节,从情境导入引发思考到新知讲授深化理解,这一过程中穿插着师生互动、学生自主探究、小组合作讨论以及线上线下融合学习等多个关键环节,最终导向观点凝练与价值认同,并以课堂总结作为收尾。围绕这一核心教学流程,外圈则详细描绘了数字情境化场景的具体应用方式,包括但不限于利用 VR/AR 技术进行虚拟场景体验、通过在线平台进行实时互动讨论、借助大数据分析学情进行个性化推送、运用 AI 技术打造智能助教辅助学习、利用数字故事板进行创意表达、采用云教室进行远程协作学习、结合社交媒体进行观点分享与反馈,以及运用数字游戏进行寓教于乐等。

这些数字情境化场景的应用并非一成不变,而是根据教学内容、学生特点以及教学目标进行灵活调整与组合,旨在最大化地发挥数字技术的优势,服务于学科教学流程的每一个环节。在此过程中,既要确保数字情境创设的真实性与情境感,又要注重其复杂性与挑战性,以激发学生的深度思考与问题解决能力;同时,还要强化互动性与协作性,促进师生、生生之间的有效沟通与合作,共同推进学习进程。最终,通过这些数字情境化场景的创设与实践,旨在实现学生的深度学习,促进其核心素养的全面发展。

3. 数字情境化场景创设的实施策略

(1)塑造角色情境,激发道德共鸣

根据新课标的要求,"教学应贴近学生生活,采用学生喜闻乐见的方式,引导学生主动思考"。因此,在数字情境创设中,教师运用信息技术,塑造了与学生年龄相仿、性格鲜明的虚拟角色。比如,在七年级"走进法治天地"课堂教学中创设了三位虚拟人物:小天、小明及普法少年小法。通过动画、视频等形式,将学生在日常生活中遇到的真实问题融入这些角色的生活情境中,并在课堂上播放。这种情境化的教学方式让学生仿佛置身于故事之中,产生了强烈的代入感,从而激发他们主动思考,有效提升了他们的道德认知和情感共鸣。

(2)利用智慧平台,深化法治思维

法治观念的培养是道德与法治学科的五大核心素养之一。在数字情境创设中,教师借助智慧平台,发布与法治相关的任务,提供丰富的资源和观点,引导学生进行深度思考和讨论。例如,在"法律为我们护航"一课中,教师创设了一个数字场景:未成年人网络权益受损的案例,并发布任务,请学生在线完成"你认为应该如何维权?"的投票。根据学生的选择结果,利用智慧平台进行即时分组,并组织学生通过查阅数字资料、圈画关键信息、输入观点等方式,进行充分的论证和解释。在学生的互动交流中,教师运用数据分析工具,将学生的观点进行可视化呈现,引导他们从多个角度、多层次分析问题,形成比较全面的法治思维。

(3)打造数字剧场,强化价值导向

正确的价值导向是道德与法治学科的重要教学目标。新课标强调,在确立教学目标时要价值导向清晰,符合社会主义核心价值观。因此,在数字情境创设中,教师利用现代信息技术,构建数字剧场,模拟各种道德和法治情境,让学生在接近真实的场景中体验、感悟和内化社会主义核心价值观。例如,在"正确看待承担责任中的代价与回报"一课中,教师利用虚拟现实技术,模拟了一个老人摔倒在路边的情境。学生仿佛置身其中,面临是否上前扶助的选择。通过这样的情境模拟,学生深刻体会到在面对社会责任时,个人所可能承受的代价与可能获得的回报,从而引发他们对"面对老人摔倒要不要扶"这一问题的深入思考和讨论。在情境模拟后,教师引导学生进行小组交流和反思,让他们认识到在面对类似情境时,勇于承担责任、伸出援手的重要性,同时也理解到在某些情况下可能面临的复杂性和挑战。通过数字剧场的构建和情境模拟的实施,学生在"沉浸式"学习中深刻领悟了社会主义核心价值观中关于责任与担当的精神,增强了他们的价值认同和行为自觉。

4.数字化场景创设成效

(1)数字化场景创设让道德与法治课堂焕发新生

在道德与法治学科中,数字化技术的融入如同一股清泉,为课堂带来了前所未有的活力。通过数字人物、虚拟现实等先进技术,我们构建出一个个生动逼真的数字化场景,让学生仿佛置身于真实的道德情境与法治环境中。这种沉浸式的学习体验,不仅极大地吸引了学生的注意力,更使他们在互动与参与中深刻理解了道德与法治的内涵。数字化场景的动态生成与实时反馈,让课堂不再是一成不变的讲授,而是充满了探索与发现的乐趣,学生的思维在数字技术的引领下,不断跳跃、碰撞,推动着道德与法治课堂的持续进步与发展。

(2)数字化场景创设优化了道德与法治的育人方式

传统的道德与法治教学往往侧重于知识的灌输与理论的讲解,而数字化场景创设则打破了这一局限。我们利用数字技术,模拟出各种真实的社会情境与道德冲突,让学生在其中扮演角色、分析问题、作出决策。这种基于情境的教学方式不仅激发了学生的学习兴趣,更使他们在实践中深化了对道德与法治的理解与认同。同时,教师借助数字平台,可以实时收集学生的学习数据,进行精准分析与个性化指导,从而更有效地提升学生的道德素养与法治意识。

（3）数字化场景创设激活了道德与法治的教材资源

道德与法治课程的内容丰富多样，涵盖了社会生活的方方面面。而数字化技术的运用，则让这些教材内容变得更加鲜活、生动。我们利用数字技术，将上海这座城市的红色文化、改革开放精神、新时代楷模事迹等丰富的思政元素融入教材中，通过云参观、在线互动等方式，让学生身临其境地感受这些历史事件与人物故事。这种将教材与社会现实紧密结合的教学方式，不仅拓宽了学生的视野，更使他们在学习中深刻体会到了道德与法治的力量与价值。

当然，我们也应清醒地认识到，数字技术的运用并非万能的。它能否真正改善教学、提高教学效果，关键在于教育者是否真正理解了数字技术与教学过程之间的复杂关系，以及是否根据道德与法治学科的特点与需要，合理地运用这些技术。因此，我们需要不断探索与实践，找到技术与学科教学的最佳结合点，让道德与法治学科在数字技术的赋能下，焕发出更加璀璨的光芒。

（倪丽尧）

二、 数字情境化的智慧学习场景的实践与探索

—————— 创设数字化学习情境　提升智慧化学习效能 ——————

2019 年 8 月 14 日，由中共中央办公厅、国务院办公厅印发的《关于深化新时代学校思想政治理论课改革创新的若干意见》指出，要提升思政课教师信息化能力素养，推动人工智能等现代信息技术在思政课教学中的应用。初中道德与法治学科是一门德育与智育内在统一的显性德育课程，对处于拔节孕穗期的中学生的人际交往、思维发展和社会参与等能力的培养以及人生观价值观的形成都有着举足轻重的作用。在实际教学过程中，如何运用现代信息技术的手段来提升思政课育人实效，成为思政教师思考的重要问题。本文以道德与法治九年级上册"生活在新型民主国家"一课为例，试图借助智能白板的相关功能，探究"四史"资源融入初中道德与法治议题式课堂的数字化学习情境创设策略。

1. 精选数字化情境资源

教学资源是教学活动开展的载体，依托教学资源，教师组织学生围绕教学问题进

行探究分享,从而理解和认同教材内容。但是,教学资源是无穷的,运用什么样的教学资源需要依据教学议题进行恰当的选择。

在"四史"资源融入初中道德与法治议题式课堂的过程中,针对"中国式民主的探索历程"这一知识,笔者了解到学生在语文学科中学到了大量的关于中国传统民本思想的诗句及典故,在历史学科中也了解了近代中国的民主探索历程。但是,学生并不清楚中国式民主与中国传统的民本思想及西方民主价值的区别。基于此,本课的第二环节便是围绕语文、历史等学科中学到的民主相关内容,引导学生了解中国式民主的探索历程,理解中国式民主的本质特征。因此,该环节的教学议题便是"从民主探索历程看党领导下的中国式民主"。

"生活在新型民主国家"议题设计

议　题	问　题	情境类型
议题1:从班干部竞选看生活中的民主	1. 班干部需要通过民主的方式产生吗？为什么？	开放型情境
	2. 何种方式能实现班干部的民主产生？为什么？	
议题2:从民主探索历程看中国共产党领导下的中国式民主	1. 你知道哪些反映中国民本思想的诗句或典故？	思辨型情境
	2. 中国传统民本思想与现代民主理念有何不同？	
	3. 近代以来,中国人经历了哪些民主探索历程？	
	4. 其他阶级为何会失败？中国共产党为何能成功？	
议题3:从全国两会看中国式民主的实现方式	1. 全国两会中人大代表和政协委员是如何产生的？	导向型情境
	2. 全国两会是如何保障人民当家作主的？	

有了教学议题,教学资源的选择便有了方向可循。基于"从民主探索历程看中国共产党领导下的中国式民主"这一议题,笔者以"民主探索"为主题,搜集了近代以来我国资产阶级的民主探索历程和典型史实以及共产党领导下中国民主的演进历程和典型史实相关图文资源,以此借助多学科素材的融合,更好地引导学生从已有的知识出发,多学科、多视角、多维度分析和解决问题,促进学生的全面发展。

2. 勾勒数字化情境图式

教学资源是教学活动开展的载体。依托教学资源,教师组织学生围绕教学问题进行探究分享,从而理解和认同教材内容。但是,教学资源是零散和僵硬的,教学资源要想更好地呈现在课堂教学的过程中,还需借助一定的教学工具。

思维导图是智能白板中的一个常见功能,借助该功能,教师可将知识图示化,并在教学过程中灵活演示。在"四史"资源融入初中道德与法治议题式课堂的过程中,借助思维导图,可以将历史进程类的教学资源展示出来,有利于学生知识的整体构建以及运用历史知识解决新问题的能力。

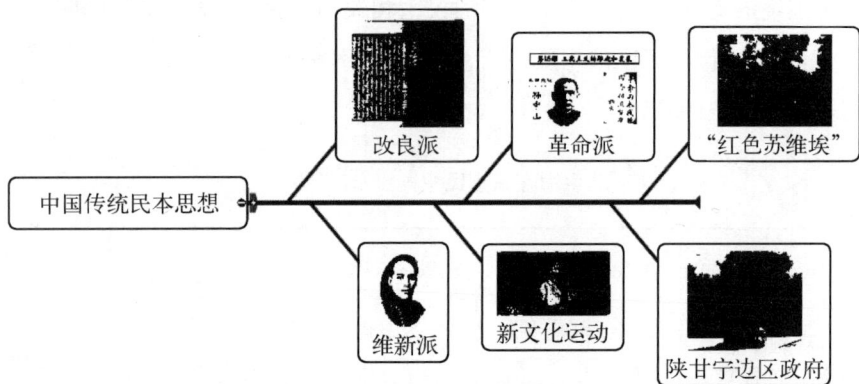

近代以来我国民主的探索历程

如在"生活在新型民主国家"一课中,第二个核心议题是"从民主探索历程看中国共产党领导下的中国式民主"。该议题需要借助近代以来我国资产阶级的民主探索历程和典型史实以及共产党领导下中国民主的演进历程和典型史实相关图文资源进行教学。因此,在教学活动的设计过程中,便需运用思维导图工具将近代以来我国资产阶级的民主探索历程和共产党领导下中国民主的演进历程图示化。

3. 丰富数字化情境方式

教学资源是教学活动的载体,在"四史"资源融入初中道德与法治议题式课堂的过程中,借助思维导图,可以将历史进程类的教学资源展示出来,教师还需要考虑如何在课堂教学中呈现,以此设计有效的教学活动。

智能白板中的遮罩功能便是帮助教师在教学过程中更好地呈现相关教学内容的一个常用工具。该功能可将相关内容隐藏,教师通过展示相关图片,提示学生回答相关内容。在显现的过程中,遮罩功能不拘泥于呈现的先后顺序,教师可任意点击其中内容,以此提升课堂教学的生成性,激发学生互动。

如在"生活在新型民主国家"一课中,在运用思维导图工具将近代以来我国资产阶

"红色苏维埃"

中国传统民本思想

陕甘宁边区政府

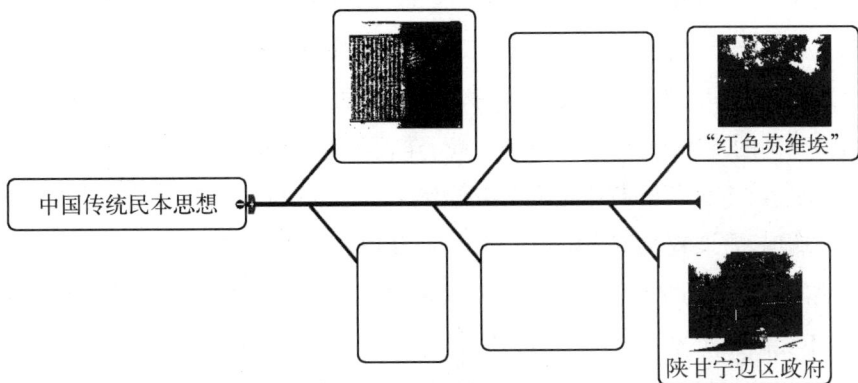

近代以来我国民主的探索历程

级的民主探索历程和共产党领导下中国民主的演进历程图示化之后,笔者选择在部分内容旁边添加相关历史图片,并添加遮罩功能。在课堂教学的过程中,该环节要求学生结合相关图片,运用历史知识讲述近代民主探索历程的重要史实。学生在畅所欲言的过程中不拘泥于思维导图的先后顺序,可任意分享自己知道的内容。在学生分享的同时,教师擦除遮罩,显示出正确知识。

总之,在"四史"资源融入初中道德与法治议题式课堂的过程中,基于教学议题,精选数字化情境资源,有助于学生从已有的知识出发,多学科、多视角、多维度地分析和解决问题,促进学生的全面发展;借助思维导图,勾勒数字化资源图式,有助于学生知识的整体构建以及运用历史知识解决新问题的能力;在历史进程思维导图中叠加遮罩功能,丰富数字化情境的呈现方式,有助于提升课堂教学的生成性,激发学生互动。

(可欣)

三、 数字情境化的智慧学习场景的应用与成效

数字化背景下基于家国情怀的历史情境教学研究

1. 研究背景

家国情怀作为历史学科五大核心素养中的素养灵魂,是人文学科最终的社会责任向导,是国家强盛与民族自强的基础。但是,家国情怀的渗透其实是历史课堂教学中最难达成的环节,主要原因是历史课程现在偏重理性的史实罗列与分析,几百年乃至

上千年的时间跨度,让学生难以做到与历史感性共情,甚至产生了对于历史学科的厌倦。教育部在 1997 年时对北京 2 107 名学生进行历史学科的调研,调研结果显示:在学生对最不愿意学的学科由高到低排序中历史课居前 3 位;在学生对 15 门课程喜欢程度由低到高的排序中,历史课居第 2 位;在被学生视为"枯燥、没意思的课"的排序中,历史课居第 5 位。笔者针对历史课所面临的重大危机不免陷入沉思。结合国家所颁布的《基础教育课程改革纲要》,其中明确指出要倡导学生在自主学习中提高搜集信息和解决问题等能力来取代过去唯分数论的价值导向。笔者针对历史课所面临的重大危机,不免陷入沉思。

基于文献资料的整理、分析以及实际课堂教学,笔者发现良好的课堂教学情境设计有助于激发学生的求知欲,可以激发学生学习历史的主动性。现在的教学情境越发注重学生在教学情境中的参与,情境创设的方式可以多样化。例如:2013 年,崔平在《高中课堂创设历史情境的策略应用探究》中指出,包括运用多媒体课件在内的五种有效的方法可以在教学情境设计中突出学生的主体地位;2015 年,唐启生在《初中历史情境教学存在的问题及解决策略》中批判了教学情境设计中教师由于教学方式单一、语言塑造缺乏美感等一些常见问题,直白地揭示情境教学下简单问题没有思考的深度,不利于学生思维发展;2019 年,程玉婷在《初中历史有效教学情境策略及应用效果研究——以〈沟通中外文明的丝绸之路〉为例》中阐述了华中师范大学杜芳教授的观点,即在情境教学设计中应该强调以学生自主探究为中心,重视师生互动、生生互动。

在大部分的历史教学中,教师往往运用传统的教学方法,教学方式比较呆板、教条。教学模式也十分单一,导致教学内容乏味,缺少对学生历史素养和人文精神的培养,学生自然无法对历史学科产生兴趣。而创设有效历史教学情境可以激发学生的历史学习兴趣。随着多媒体设备在课堂中的广泛运用,笔者认为眼下可借助数字化教学手段来创设历史情境,以便于推进新课程理念,为探索、研究历史情境教学提供方法和思路。

2. 研究概况

(1) 关键词界定

初中历史;家国情怀;历史情境;数字化。

(2) 研究目标与内容

① 研究目标

综合 1997 年的调查和新课改要求,本着培养家国情怀的最终目的,在数字化教学手段的研究推动下探索创设历史教学情境的有效途径。

② 研究内容

什么是情境教学？最早提出"情境"含义的人是唐代诗人王昌龄，在他写的诗中提出了"诗有三境"，包括物境、情境、意境，其中情境的意思是"有情之境"。在此基础上，李秀伟的《唤醒情感——情境体验教学研究》一书中曾指出，情境是与体验相结合的，在教学过程中运用多种方式将学生引入一种预设的生动课堂气氛，这就是情境教学。

什么是历史情境教学？历史情境教学就是在此基础上发展延伸而来。华中师范大学杜芳教授指出，历史情境教学是师生深入历史情境中，以核心问题作为主线的一种历史教学方法。历史情境教学将情境教学方法运用到历史课堂中，以学生为中心，通过图片及实物展示、设置问题进行探究、角色扮演等方式调动学生的历史学习兴趣，进而使他们加强对历史的理解与认识，最终实现立德树人目标。

如何创设历史情境教学？创设有效的历史情境教学方式多样。其一，教师用生动精炼的语言，把复杂的历史知识简单化，把学生带进历史的情境，使抽象的知识印象深刻。其二，创设问题，用问题探究的方式根据学生现有的认识，引导他们带着问题展开思考，在教学过程中循循善诱不断抛出问题激发学生的求知欲。其三，角色扮演，把遥远的历史人物转化为亲近的存在。以历史剧的表演形式重现历史。

3. 研究成果

（1）为何要重视家国情怀的培养

从历史的角度来看，中国作为一个历史绵延千年的文明古国，我们喜欢在古代史中寻根。李林雪曾在中学历史教学家国情怀的培养研究中提到过，"西周宗法制是家国情怀的重要渊源"。古人喜欢将"家"和"国"紧密联系，历经了千年的积淀发展，中国在科技和文化等领域熠熠发光，而宗法制是维系社会稳定和发展的文明根基，重视家国情怀的培养有助于唤醒学生热爱家乡、热爱祖国的情感，提升学生对国家和民族的自豪感和自信心。

从现实的角度来看，随着科技的发展，现实中崇洋媚外的例子并不在少数，如现代青年价值观中个人主义盛行，"藏独"焦躁不安、"疆独"疯狂残暴、"港独"数典忘祖，分裂分子的存在严重威胁国家安全，这一系列令人发指的现象其实都反映了家国情怀的缺失。

中学历史教学培养家国情怀有利于立德树人根本任务的实现，与此同时也有利于实践社会主义核心价值观。家国情怀的存在引领着新一代的年轻力量为中国梦不断奋斗。

历史教学的五大核心素养中就包含"家国情怀"。历史教科书中蕴藏了许多家国情怀的培养素材，对家国情怀的培养有独具特色的一面。如那些历史教学中灿若繁星的历史人物、生动有趣的历史事件以及跌宕起伏的历史进程都是吸引学生进行学习的"利器"。与此同时，这些素材可能也蕴含着家国情怀的内涵。历史教师应该充分挖掘富有家国情怀内涵的培养素材，借助这样的素材，更有效地达到培养学生家国情怀的目的。

乍一听，"家国情怀"仿佛是一个非常沉重的词汇。但是在历史教育界，所谓的"家国情怀"其实更为侧重学生与国家的关系，强调学生应肩负的历史使命与责任。在中国不断崛起的时代背景下，学生应不断培养民族自信。

(2) 什么是情境教学？

情境教学本身可以进行拆词理解。"情境"在现代汉语词典中的释义是"情景、境地"，具体是指人在进行某种行动时所处的特定背景，包括机体本身和外界环境有关因素。换而言之，情境其实是一种氛围，而这种氛围是人为创设的，在这种外在氛围中人进行特定的活动。

而情境教学是教师教学的一种手段。就如情境教学带头人李吉林对于"情境教学"定义的那般："充分利用形象，创设典型场景，激起学生的学习情绪，把认知活动与情感活动结合起来的一种教学模式。"简而言之，所谓的情境教学是要激起学生多种感官的参与，将学科知识尽可能生动地展现给学生，让学生有一种身临其境之感。

(3) 什么是历史情境教学？

情境教学适用于所有科目，历史情境教学就是在"情境教学"基础上发展延伸而来。华中师范大学杜芳教授指出，历史情境教学是师生深入历史情境中，以核心问题作为主线的一种历史教学方法。历史情境教学将情境教学方法运用到历史课堂中，以学生为中心，通过图片及实物展示、设置问题进行探究、角色扮演等方式调动学生的历史学习兴趣，进而使他们加强对历史的理解与认识，最终实现立德树人目标。

(4) 如何运用数字化手段创设历史情境教学？

① 遮盖文档图片后以文字为向导，后揭去遮盖出示图片

历史纵然是讲述过去的事情，但是也正是因为它的沉重感与"过去性"导致许多学生对历史望而却步。所以在笔者看来，要在课堂教学中使学生能"感受"到历史，试着让"过去"重现，这是历史教学的重中之重。历史图片作为历史课堂教学中不可或缺的组成部分，与教材中的文字相辅相成，为学生展现灵动的历史场景，能够从感官上予以

学生视觉冲击。像一双无形的手推动着学生去感知、想象甚至思考。而家国情怀的培养也正是蕴含在一次又一次的思考之中。

历史发展过程中的遗迹与遗址也可通过图片展示的方式呈现。在初中的部编教材中，有一些重要的历史遗迹图，如被烧毁后的圆明园，它可以让学生直观地感受列强给予中华民族的沉重打击。当老师滔滔不绝地讲述万园之园化为焦土是何种文化损失、何种民族的屈辱之时，配上圆明园遗址的照片，可以更好地将学生带入历史情境中。

只有当听觉与视觉相互结合，才会让学生产生直观的震撼感；只有目睹圆明园残垣断壁的惨状，才会让学生与百年之前的历史产生情感的碰撞；只有体会到弱国无外交、落后会挨打的无奈，才会让学生时刻铭记国耻，担负起保家卫国的时代使命。

② 借助符号及图片，将地图化静为动

历史地图是一种直观的教具，在掌握基本的地理知识后读懂历史地图，不是难事。但可惜的是，能读活历史地图却不是一件易事。人类文明的交往过程是由"和平交往"与"暴力冲突"交织组成。和平交往以汉朝的"丝绸之路"为例，丝绸与宝石在西域与中原的交流中首当其冲，众多形态各异的交易货品最终都变为了纸上了无生气的线条。再比如战争的形势图，动荡反复的战争形势被创作者以虚线与实线的作战路线简单地概括。这就不难理解为何笔者在与学生交流后发现，大部分学生对于历史晦涩难懂的感觉来源于复杂的地图。历史地图不应该是死板的静态地图，而应该转静为动。在讲特定地区的时候，教师可以出示相关的地域特色图片，让死板的直线变成一种动态的引导，在局限的区域内出示尽可能丰富的地域文明，借此提高学生对于地图的感悟能力。除此之外，甚至可以借助地域特色。比如，我们身处上海，可以沿着红色的革命道路重走先辈的革命路线，甚至按照走过的路线自己进行手绘地图的制作，在提升读图能力的同时感悟这座城市的历史，提升民族自豪感，这也是培养家国情怀的一种手段。

（5）基于家国情怀的历史情境教学实际操作

2020 年 12 月之际，恰逢笔者所执教的年级要进行中国历史第三册内容的复习。第三册内容集中于中国近代史，从鸦片战争至解放战争，主基调是"屈辱、抗争与探索"。在以往的复习中，所有教师恨不得把毕生的经验化作文字倾倒给学生，其中也包括笔者自己。但可悲的是，结束了半本书的复习后，笔者在讲台上酣畅淋漓之际，低头看学生，他们给予我的反馈却是昏昏欲睡的眼神和接连不断的哈欠。笔者在愤怒的同时却又无可奈何，心中只能安慰自己，复习课就是这样。但复习课只能是这样吗？秉着这样的疑问，笔者在之后的复习阶段做了一次大胆的尝试。笔者按照近代史的发展顺序,整节历史课以图片作为串联,所出示的 PPT 中以图片为主,不牵扯过多的文字,至多出现一两句引语。学生的反馈与之前的复习状态形成了鲜明的对比。当笔者出示文字向导的时候,所有的学生都迫不及待地猜测起了文字背后的那张图片,当图片展现后,学生们跃跃欲试地给笔者讲起了相关照片背后的历史故事。

经过这一次尝试,笔者有了如下直观感受:① 学生的学习积极性明显提高,从原来的被动听讲变为故事的主动叙述者;② 学生的故事叙述能力直线提升,故事叙述的前提是要让叙述者自己沉浸于特定的氛围之中。

由此可见,本来笔者想要通过图片为自己的教学创设特定的历史情境,但是意外地发现学生在笔者出示图片的同时自己创设了特有的历史情境,继而沉浸于特定的历史情境中培养了自己的历史故事叙述能力,可谓无心插柳柳成荫。

4. 研究成效与展望

(1) 研究成效

① 将侵略与反侵略相互对应

首先,笔者对课程进行了整合。为了让学生掌握清晰的历史发展脉络以便构建起较为完整的知识体系,笔者率先以探索为突破口,整理中国遭受侵略之后不同阶层(包括农民阶级、地主阶级、资产阶级、青年学生、无产阶级等)奔走呼告拯救国家于危难之际的相关史实,明确每一个中国人都曾为国家的前途命运贡献出自己的力量。中华民族的这种不畏艰难、越挫越勇的探索精神来源于中国人民对国家富强、民族独立的追求与期盼。

为使学生认识到列强的侵略与中国人民的反抗其实是问题的两面,从中体会到中华民族为保卫家国安定所体现出的不屈不挠的民族精神。笔者将 PPT 的页面一分为二,左侧的相关图片是侵略的主旋律,右侧的相关图片是对应的反侵略举措。如甲午海战,左侧会出示不平等条约《马关条约》,右侧会出示梁启超等人为代表的戊戌变法,使学生明确在面临严重民族危机时中国的知识分子、资产阶级为了挽救民族危亡所做的努力,从而增强学生的历史使命感和责任感。打破学生对一件事情的思维定式,让他们能对一件历史事件延伸出不同角度的思考,开阔学生视野,学会全方位多角度看待历史问题。

② 从故事主讲变为故事引导

在进行复习课之前,笔者会以主导者的身份开始讲述近代以来签订的一系列不平等条约,学生的学习积极性明显提高。而后,挑选适合的时机,比如说起甲午海战,出示"致远号"的相关图片,有学生脱口而出"邓世昌",就顺势让他讲述甲午海战的大致过程,结束后对其进行夸奖,以此调动班级的学习积极性。学生们逐渐从原来的被动听讲变为故事的主动叙述者。学生的故事叙述能力直线提升。学生们作为叙述者,会自己沉浸于特定的氛围之中,与国家的发展共情。

虽然笔者设想了多种构建历史教学情境与家国情怀相融合的方法。从个人的实际经验得出以文字和图片创设历史教学情境的方法最有效,也最能够达成培养家国情怀的最终目的。在这节课结束后,学生们的家国情怀确有提高。在经过了这40分钟借助图片和文字的历史情境创设后,学生们看着一份份不平等条约的签订,纵然他们已经不是第一次看到这些不平等条约,但还是忍不住批判清政府的腐败无能,面对西方列强的侵略,逐渐了解"落后就要挨打"真理的他们不禁连连哀叹。我们常说中国近代历史是一部耻辱的历史,也是一部悲壮的抗争史。学生们望着 PPT 上所出示的人物,或者是来自地主阶层的李鸿章,又或者是属于资产阶级的孙中山,会激动地拍手叫"洋务运动""辛亥革命"。历史书上对这些人物的记载笔墨算不上大篇幅,但在学生的眼中,他们曾是一个时代的"救世主",纵然失败,却也光荣。文字毋庸置疑最能理清逻辑思路,但是枯燥的学习氛围不利于学生的学习。历史教学情境的创设不仅适用于新课课程,同样适用于复习课堂。在笔者构思的历史教学情境创设中,想与家国情怀相互配合,目前可见图片的作用最为显著。家国情怀是人内心的一种情感,必须由学生自身主动去进行知识的构建。对学生进行家国情怀的教育,不仅仅是单纯地对学生进行灌输,更重要的是要唤醒学生的主体意识,尊重学生的主体地位。教师不仅要关注教材内容,更需要结合当地学生生源情况,充分挖掘教材与实际之间的联系,在教学之前进行教学设计,既要完成"传道、授业、解惑"的基本要求,还要使学生有所感悟,受益终身。通过运用有趣味性、感染性、时效性的语言进行讲解,采取学生喜闻乐见的方法或活动等,让学生能够感同身受、乐于参与,达到教学目的。

(2) 研究展望

希望在不远的将来,历史课堂能够越来越有趣,凭借教师们的不懈研究扩充历史教学情境创设的手段与方法,创设历史教学情境可以逐渐摆脱对 PPT 的依赖,走向多元。历史课堂的创设也能不局限于学校的有限空间内。希望历史学科的存在让学生们能够在仰望星空的同时不忘脚踏实地,偶尔回头望望先辈们抗争与探索的背影,怀揣着家国情怀,让学生的思想奔向不受限的未来。

(沈家燕)

数字资源赋能初中道德与法治课堂——以《网上交友新时空》为例

随着数字资源赋能在我们学校越来越广泛的开展,如何将我们的课堂与这些数字化资源融合共生是我们目前应当重视的现实问题。作为落实立德树人根本任务的关键、不可替代课程的实施者,初中道德与法治教师承担着"引导学生扣好人生第一粒扣子"的时代使命。

疫情期间"停课不停学,停课不停教"的生活让很多教师对技术和课堂教学的关系经历了这样的认知:巧合—混合—融合。最初的线上教学,更多的是应对突如其来的疫情,是"赶鸭子上架"的无奈。这一阶段,教师教学选择的主动性不强,尤其是对于初中道德与法治课程,单向式的在线教学无法满足学生通过充分的交流表达、实践活动和合作分享来体验与建构。之后的返校复课阶段,线上的优质资源仍有许多,例如防疫的压力使优质空中课堂资源与线下互动混合成为课堂教学的最好方式,但是这时候的混合大多是形式大于内容。随着现代信息技术的快速迭代,优质数字教学资源不断融入教学,越来越多的教师深刻地意识到融合的重要性:资源内容、呈现形式、数字技术、教学手段唯有融为一体,才能真正促进学生的道德学习和思维成长。

首先,因为每个学生所擅长的领域和闪光点有所不同,面对学生的独特性和认知差异,教学中选取多类型的数字课程资源,根据不同学生对所选取的数字课程资源的态度给予个别指导和教育,因材施教,促进学生的全面发展。其次,在教学中使用与德智体美劳相关的图片、影视资料、微视频、微课、电子资源等数字课程资源,有助于在潜移默化中增强学生对德智体美劳全面发展的认同。最后,数字课程资源在初中道德与法治教学中的应用有助于整合多方面的内容,促进学生的全面发展。初中道德与法治涉及生活、社会发展、传统文化、心理健康教育等方面的内容,利用视频、动画等数字化资源,有助于条理清晰地整合多方面的内容,扩大教育内容,综合多方面的知识以促进学生的全面发展。

以初中道德与法治六年级第三单元《走近老师》这一课为例。我们授课时可以将其变为数字化课堂,首先以微视频导入,以趣激学,引出新知;而后,利用智能白板创建教学情境,整合空中课堂、思政云课堂等教学资源,对于基础知识点充分利用抢答功能,对于探究环节充分利用小组讨论功能,对于课后反馈充分运用云端传屏和希沃易课堂来做好教学评价,线上与线下相得益彰。教学过程如下。

<table>
<tr><td colspan="4" align="center">教　学　过　程</td></tr>
<tr><td>教学
环节</td><td align="center">教师活动</td><td align="center">学生活动</td><td align="center">设计意图</td></tr>
<tr>
<td>一、
导入
新课</td>
<td>微信使用情况了解。</td>
<td>思考回答。</td>
<td>从学生熟悉又关心的话题入手，调动学生的学习兴趣。</td>
</tr>
<tr>
<td>二、
新课
讲授</td>
<td>活动一：网上交友小调查
1. 填写问卷：《中学生网上交往调查问卷》。
2. 提出问题：分享你的网上交友经历，这给你带来怎样的感受？</td>
<td>1. 通过平板设备填写问卷；
2. 后台即时生成调查报告；
3. 交流自己亲身经历的网上交友经历。</td>
<td>通过即时生成的问卷数据让学生直观地了解自身的网上交友现状。</td>
</tr>
<tr>
<td></td>
<td>活动二：网上交友小剧场
1. 观看视频：《网络时代的友情——这么近，这么远》。
2. 提出问题：网络交往让我们的关系更近了还是更远了？"近"表现在哪里？为什么让我们"近"了？"远"表现在哪里？为什么让我们"远"了？
3. 出示三位网友的网络形象，请同学们猜猜网友的真实身份。
4. 教师小结：网上交友超越了时空限制，开辟了人际交往的新通道；同时也具有虚拟性，引发新的问题。</td>
<td>1. 观看视频；
2. 小组讨论。

1. 猜测三位网友的真实身份；
2. 通过揭晓盲盒思考身份反差的原因。</td>
<td>引领学生全面、客观、一分为二地分析问题的能力。通过"近"与"远"的表现，总结网上交友的特点，辩证地看待网上交友的影响。

本环节与问卷环节相呼应，基于学生的真实困惑，补充阐释网络让人们关系变远的表现和原因。</td>
</tr>
<tr>
<td></td>
<td>活动三：集思广益聚智慧
1. 请同学们设计一个"网上交友攻略"。
2. 教师小结：针对网上交往对我们的影响，我们要学会理性辨别，慎重选择，有一定的自我保护意识。</td>
<td>1. 设计攻略；
2. 每小组选派代表依次上台宣读；
3. 张贴在班级公约展板上。</td>
<td>引导学生发挥主观能动性，培养合作精神，针对网上交友的影响，提高慎重交友的意识。</td>
</tr>
<tr>
<td></td>
<td>活动四：透过现象看本质
1. 观看视频：《抗疫医生隔玻璃见面》；
2. 提出问题：为什么明明可以用微信视频，夫妻两人还要隔着玻璃见面呢？
3. 教师小结：我们要学会在现实中与同伴交往，增加真实而贴近的感受，为友谊奠定可靠的基础。</td>
<td>1. 观看视频；
2. 思考回答。</td>
<td>观看视频引发进一步的思考，继续提出思辨性的问题帮助学生加深认识。</td>
</tr>
<tr>
<td></td>
<td>活动五：我的网络我做主
填写问卷：《中学生网上交往调查问卷》。</td>
<td>1. 填写问卷；
2. 计算分值，根据评分量表划定自己的网上交友等级。</td>
<td>增强课堂效果的实效性。</td>
</tr>
</table>

教学环节	教师活动	学生活动	设计意图
小结	课堂总结,展示板书。		
作业布置	贴近生活,抬头见喜:劝说父母放下手机,在现实生活中和朋友交往。		

　　通过一系列的活动,我们让学生通过网络交往传递信息、发送符号,但是一个小小的表情符号并不能够完整地表达出我们所有的情绪,指引学生知道在现实中才能完整地传达内心的情感与关爱。同时让他们知道,我们不能只停留在虚拟世界里,我们还要贴近现实,在现实生活中表达我们的真心和诚意。最后,无论是在网上还是在现实中交友,无论运用什么工具或平台,我们要知道幸福感来自交友朋友的质量和深度,我们要交挚友,并且用心地呵护我们的友谊。现在的中学生是数字原住民,一出生就受到网络的影响,他们的思维方式、表达方式、人际沟通方式等与父辈存在很大的差异。他们易于接受现代信息技术,对网络比较依赖,比起文字,他们更喜欢动画、视频、音频等可视化的表达方式,乐于使用网络表情,互联网改变了他们的生活方式。与此同时,信息时代也改变了中学生的学习方式,他们利用网络方便快捷地获取所需要的学习资料。通过多种渠道习得知识,利用视频、动画、音频等数字资源就能学会书本中晦涩难懂的知识,课后练习题也可以通过"游戏闯关"的方式完成,学习变得更有趣。数字课程资源具有可视化的特点,符合学生的兴趣特点,能抓得住学生的眼球。此外,有助于引导学生认识网络的双面性,学会理性参与网络生活。目前,我国倡导大中小学思政课一体化,思政云课堂中关于爱国爱党、传统文化等方面的部分数字课程资源也为初中道德与法治课程提供了资源借鉴。在初中道德与法治教学中恰当地利用数字课程资源有助于学生提升数字获取、数字辨析、数字伦理、数字交流、数字安全、数字规范能力,从而提高自身的数字素养。

　　因此,在初中道德与法治教学中采用图片、视频、音频等数字课程资源符合学生的认知特点和兴趣爱好,多样性的呈现形式有助于学生理解教学内容。利用数字课程资源营造生活化的情境,在教学中增强学生的情感体验,有助于学生学会正确利用网络、提高数字素养,将所学知识应用于实际生活中,也能拉近教师与学生的心理距离。

(李丹妮)

虚实结合，搭建"时空隧道"——一种使用交互白板呈现社会生活史图片史料的技巧

1. 案例背景

由于历史学科研究的是过去的人和事，在时间和空间上天然地远离当前的时代，对于处在主要依靠感性理解的心理发展阶段的初中生来说，在线性历史学习时缺少经验和情感上的共鸣，只留下时间、地点、人物、事件等枯燥的文字记录，因此学生认为历史课堂往往是比较沉闷的。哪怕在课堂的导入上教师费尽心力，设计或有趣或新颖的环节去吸引学生的注意力，但因为课堂时间的限制，常常在导入后又重新陷入时间、地点、人物等干瘪的讲述方式中去，忽略了学生的课堂体验感。在互动环节的设计上，又往往因为学生参与课堂导致的不可控性，多是进行内容的提问或者小组讨论，缺少趣味性和驱动力，导致课堂气氛比较沉闷，那么如何才能改善这一情况，活跃课堂气氛呢？

在此前的教学当中，我常常借鉴的是"讲故事"的方法。以"我给大家讲一个故事"为开头，总会吸引到大家的注意力。这种吸引力往往是因为具有曲折的情节、立体的人物形象等因素给听众带来了情感上的波动。借鉴讲故事的方式讲述历史增加趣味性是历史课堂运用最广泛的调动氛围的方式。然而，在社会生活史的课堂上，这种方法却显得有些"捉襟见肘"。英国社会史学家拉斐尔·塞缪尔认为，"社会史的活力在于它关心的是真实的生活，而不是抽象的概念，着眼于普通老百姓而不是社会名流，侧重于日常事务，而不是耸人听闻的大事件"，因此社会生活史是以"鸟瞰"的视角观察和感受人类社会的整体变化，有千千万万的故事可以讲，但又无法一一用故事讲。毕竟，历史教学不同于讲历史故事。在历史课堂上讲历史故事，一方面要警惕丢掉历史的严谨性和求真性，另一方面也囿于时间的限制无法充分展开。

初中生的感性认知方式决定了他们情绪的易波动性，除了历史故事，如果能与学生过往的某种经验认识产生认知共鸣，则能够充分调动学生参与课堂的热情。另一方面，处于青少年阶段的初中生已经能够进行创造性的抽象思维，有较强的自我意识，他们排斥师长的"命令"式教学，希望能够自主实践。在过往的探索中，我们常常将视频、图片作为新形式的材料引入课堂中，音像画面具有细节化、流动性的特点，能引起学生注意力，但是对于视频和图片的内容选择有较高的要求，如果这些材料内容过于传统或者死板，对已经"摸清楚套路"的学生来说不能够达到充分地吸引注意力的效果，如

果呈现的方式过于直接又会导致学生反而将这段时间作为放空、走神、放松的机会，也不能起到预想的作用。在《义务教育历史课程标准（2022年版）》中，对学生学会在具体的时空条件下考察历史提出了具体的要求。让学生能够跨越时空的阻碍、活跃课堂气氛成为我想要尝试解决的关键性问题。同时，2022年版新课标中对历史学科教学方法也提出了许多建议，其中"运用现代信息技术，拓宽有关历史的信息源、扩展历史视野"的提示让我联想到了学校新配备的智能设备。以智能设备作为展示图片史料的媒介是否可以有所突破呢？

借用文学的概念，在呈现图片史料时注意材料内容的立体性和呈现方式的多样化，采用"虚实结合"的手法。"虚景"是教师通过语言、动作等对课堂情景进行搭建，引发学生的思考；"实景"是教师所使用的各种借助3D、AI等形式呈现的史料。两者"虚实结合"，通过智能设备的"图片/视频史料实时加工展示"方式，搭起了时空的桥梁，拉近过去与现在的距离。

2. 案例设计展示

在"宋元时期的都市和文化"的教学设计中，我用《清明上河图》这一图片史料来说明宋元时期的重要都城汴京的繁华都市生活。在对相关资料进行收集时，我发现由于《清明上河图》对于当时宋元社会风俗研究的重要价值，一些技术人员通过现代技术还原了彩色，制作了动态的清明上河图，对图中的数百个人物规划了行动路径，甚至呈现了白天和黑夜的变化。这种形象生动的呈现形式打破了以往静态图片史料呈现形式，使史料的内容更丰富。

（展示《清明上河图》画卷）

教师：我们可以从一幅作品感受到宋朝经济的繁荣——这幅作品就是《清明上河图》。有没有同学知道《清明上河图》描绘了什么内容？

学生：北宋宋徽宗时期都城汴京清明时节的风貌。

教师：没错。画中描绘了500多个形形色色、各行各业的人物。如今我们通过技术手段还原了3D动态的清明上河图。今天，我们一行三十多人就要进入到这幅流动的画卷中，寻找你最想要从事的职业。请同学们认真观看，并告诉我你最想扮演其中哪个角色。

（播放3D动态视频，利用白板的放大功能，在隐藏关键信息的地方放大画面并截图）

教师：请同学们结合你看到的画面，回答汴京给你的印象如何。

学生：非常繁华（来来往往的行人、鳞次栉比的店铺、繁忙的码头和河道、无论是白天还是晚上行人如织、来自西域地区的商队）。

教师：你最想从事画中描绘的哪一项职业？

学生：开酒铺、卖杂货、耕田、西域人……

教师：如果做买卖，同学们首选在画中的哪个位置？（将截图的关键信息放大）

学生：市中心。

教师：没错。我们来仔细看一看。整幅图的中心就是我们刚刚视频中看到的桥的位置，叫作虹桥。我们可以看到桥上包括桥下除了行人，还有很多什么？

学生：摊位，小商铺。

教师：这让我们想起了什么？

学生：夜市、地摊。

教师：今年最潮最流行的致富经——地摊经济原来在宋代也同样存在。繁荣的商业确实是宋朝致富的秘密之一。大家去逛过百盛那边的夜市吧？曾经地摊经济被认为城市脏乱差的表现，现在随着我们对地摊进行进一步规范，地摊夜市已经成为一道靓丽的城市风景线。宋朝时候因为商业繁荣，大家纷纷设置茶棚小摊点，造成了道路拥挤，"甲第星罗，比屋鳞次，坊无广巷，市不通骑"。因此汴京的城管也不得不对这些摊贩进行管理。

（再次放大"虹桥"的截图）

教师：同学们有没有发现桥的两头竖着四根杆子。请同学们猜猜四根杆子的用途。

学生：电线杆、挂灯笼、摆地摊的界限……

教师：没错。这四根杆子实际上就是为了规范地摊的经营范围，在桥上经营的摊贩摆摊不能超过这四条线的连线之外。

上面的教学设计对白板的运用简单，但是效果惊人。在授课过程中，学生的热情空前高涨，连平时对历史丝毫不感兴趣的学生都参与了课堂讨论。这让我认识到，平时展示的图片资料中包含的信息是什么，往往只有教师自说自话，对于学生而言，由于传统投影的局限，在图片展示的过程中不能随时随地地放大，截图、放大两个动作不能连贯地展现，图片的内容到底如何，往往是教师在自说自话。如果要提取关键信息，则需要教师提前进行线性的设定，而电子白板的使用实现了PPT的实时修改，根据学生的观察结果，实时提取关键信息，让每一个学生都能"清楚"地看到、"方便"地提取，让图片史料真正还原历史场景,带领学生穿越时空,与历史人物和事件对话。教师借助电子白板将真实存在的图片史料进行展示、提取、加工即为"实",但整个气氛的形成显然不仅仅是由于技术革新带来的单独效果,还有教师语言的引导。观察图片前先关注图片标题等大致信息,锁定"繁华的都市生活"主题。接着让学生带着问题观察图片,寻找自己最想从事的古代职业。通过任务驱动,帮助他们更集中地投入到细节的观察中,并根据学生发现的信息,及时配合对图片史料进行加工,和学生一起对画面进行分析,共同完善形成完整的历史信息解读。为了帮助学生对繁荣的都市生活产生更深刻的理解,笔者进一步抓住《清明上河图》的核心画面,带领学生继续深入分析,带学生了解宋代的"地摊经济",但并不直接告诉学生虹桥上立杆子的秘密,而是通过学生身边熟悉的夜市,结合宋朝当时的文献资料,让学生通过"猜一猜"的方式进行探索。学生根据教师暗示成功得出了答案,对将文献和实物史料相结合来验证历史问题的"二重证据法"进行了自主实践,同时很自然地就可以认识到宋朝经济尤其是商业的繁荣、城市发展的成熟以及市民文化的通俗化、大众化。此为教师语言创设情境之"虚"。

3. 案例反思

"智慧化"的学习场景以及智慧教室的建设代表着未来的发展方向。"智慧"的设备在挑战着教师的智慧,因此,智慧化的过程依然需要教师的参与。而"智慧"的"进化"有时候不需要硬件设施的全方位智慧化,反而可能就是一个个小技巧叠加、积累所实现的大跨越,是一种思维的"智慧进化"。通过笔者的实践和反思,在历史教学中引发学生参与兴趣的常用方法可以运用到不同类别的历史当中去。模仿讲故事的方式需要谨慎使用,以免对学生产生误导。毕竟历史是一门严谨而又严肃的学科,历史本身就要站在客观的角度讲述,不应该刻意引导学生形成某种固定的历史认识。因此,这种方法仅适用于部分政治史、战争史的讲授。而本案例当中的实践,结合学生过往的某种经验,通过情景的创设、与现实的连接,使用恰当的类比拉近学生与遥远的历史时空之间的距离。这种方法正适合文化史、社会史的教学。单纯的语言描述是苍白的,对学生的想象能力和感知能力有较高要求,需要"将普通民众的人生态度和价值观,将民众的日常生活与国家联系起来"①,因此需要情境的创设。沉浸式的情境感受往往来自丰富的细节,而智能白板等新工具带给课堂的变化就是为教师的语言插上了腾飞的翅膀,让沉浸式的情境体验得以实现。学生可以借助直观的图片或者视频史料

---

① 明海英.拓展社会生活史研究空间[N].中国社会科学报,2020-07-20(001).

进行细致的挖掘和思考,相比于"故事讲述法",选取一手的图片和视频史料大大减少了教师讲述的主观性,而智能白板等工具的编辑性让图片或者视频史料的展示灵活机动起来,让学生成为课堂的主角,带来强烈的参与感,进而活跃课堂气氛。

社会生活史着重调查与实践的研究方法。我们看到在部编版教材中的活动课通常都是社会实践类型,比如"中国传统节日的起源""生活环境的巨大变化"。在上海乡土历史教材中的问题设置也大多是互动实践型。最新的《义务教育历史课程标准(2022 年版)》专门列出了"跨学科主题学习活动""强化实践性要求"。因此,讲好社会生活史,让学生学会运用历史的方法分析问题,让历史与实际生活相联系是历史核心素养培养当中的重要一环。在本例当中,通过借助交互白板对视频、图片等史料进行实时的加工和动态化细节展示,加深学生理解、吸引学生兴趣,是缩短历史时空距离感的捷径,也是故事讲授法、情景创设法的灵活调整,从而打造出了充满活力的历史课堂。

(杨舒)

第五节　数字化实验的智慧学习场景创设与运用——综理（理、化）学科中的展现

一、 数字化实验的智慧学习场景的思考与创设

────── 数字化实验的智慧学习场景创设——理化学科中的展现 ──────

1. 数字化实验的智慧学习场景创设的背景

信息技术的发展影响到各行各业，教育出于自身发展进步的需要，会很自然地拥抱信息技术。从带编程和绘图功能的图形计算器、接口设备、传感器被应用到自然科学的相关学科中，使中学物理、化学迈入了数字化时代。

所谓数字化实验，就是以传统的实物实验为基础，借助传感器来采集实验数据，并用计算机来处理数据的一种新型实验技术。传统的数字化实验主要由有线传感器、数据采集器、软件平台和相应的输出端所组成。数字化实验从最早的酸碱中和滴定到今天借助机器人无线操作实验，数字化实验在中国已经有 30 年的历史了。

在当代数字化教学转型的背景下，承载着数字化实验的物理化学课堂不仅局限于数据的采集和处理，很多是利用数字化的技术来丰富实验的教学，比如物理化学仿真实验、借助传感器的计算机自动采集和处理数据、多媒体的手段展现实验现象等。

与传统实验相比，数字化实验有许多突出的优点，比如操作简单，现象直观，数据准确，原理可视，实验结果具有数据化、动态化、图表化等特点，更加有利于教学重难点的突破。

（1）数字化实验是当下物理化学教学的主流模式之一

教育部 2021 年工作要点《教育信息化中长期发展规划（2021—20350）》和教育信息化"十四五"规划中都提到了教育信息化。2018 年教育部发布《教育信息化 2.0 行动计划》指出，"应用信息技术解决教学、学习、生活中问题的能力成为必备的基本

素质"，倡导"发挥技术优势、变革传统模式、推进新技术与教育教学的深度融合"。要实现初中物理化学课堂教学与信息技术的深度融合，需要借助于数字化技术这一有效途径。

《义务教育化学课程标准(2022年版)》明确提出，"地方、学校尽可能提供必要的信息化条件，充分鼓励教师应用信息技术提高教学质量和效率"，"有条件的学校可逐步建设数字化实验室"，建议开展"应用数字化实验等手段探究不同环境中的空气质量"等活动。

查阅知网的相关文献，以"数字化，手持技术，传感器"为关键词，从2009年开始，每年的发文量都超过了1000篇，并呈现逐年上升趋势，而若是增加"初中"这一关键词，则发文量明显变少，其中2020年仅60篇。由此可见，数字化实验的开发与应用已经是当下化学实验研究的趋势，而初中化学教学的研究还十分欠缺。因此，初中物理化学数字化实验的研究有待加强，需进一步开发。

（2）数字化实验，正体现当下时代教师和学生生活学习模式的改变

当下时代是信息的时代，是数字的时代。手机、平板电脑在生活中随处可见。教师和学生已经适应了用数字化信息来沟通和学习。在教学中，数字化实验也逐渐替代某些传统实验。相较于传统实验，数字化实验又增加了探究性、多样化、情景化的特点。上海初中化学教材中也增加了两个数字化实验，分别是"空气中氧气含量的测定"和"酸碱中和反应"，而2021年9月实施的上海高中化学教材必修一和必修二中也有三处数字化实验。可见，相较于传统实验，教师和学生对数字化实验反而更理解、适应得更快，数字化实验也与生活结合得更紧密。

（3）数字化实验是体现物理化学学科特点的必然要求

数字化技术是可以随时随地形象地呈现实验图像，可以为学生直观地反映两个或者更多个相关物理量之间的关系，有效促进证据推理的发展，对于学生的科学实验探究能力、核心素养发展有很好的促进作用。理化实验有很多抽象概念。如何针对初中生的认知特点，将这些知识具体化、直观化，使其符合学生的认知水平，将其转化为学生更容易接受的新知识，这需要使用到技术手段。

比如，在初中化学"饱和溶液和不饱和溶液"一课中，溶液中的溶质是肉眼不可见的，且教材内没有安排任何演示实验或者学生实验。饱和溶液的概念以及饱和溶液与不饱和溶液之间的相互转化，全凭学生的想象力和理解力，这会让不少同学陷入困惑。可以尝试利用传感器技术，测量饱和溶液的电导率，就可以直观地感受到"饱和溶液不

能再继续溶解该溶质"以及"饱和溶液与不饱和溶液"之间可以互相转化。数字化实验的优势在于,可以将没有现象的实验,通过数字化直观地呈现出来,并通过软件的帮助,形成曲线图,既可以增强学生对新授课概念的理解,也可以提升学生阅读图像的能力

（4）在教学中融入数字化实验,符合娄山中学师生的学习需求

娄山中学是长宁区一所体量较大的学校,班额多,班级人数多。在理化教学方面,传统教学面临一定的挑战。班级人数较多,导致在教学过程中教师要照顾到每个学生就比较困难,后排同学存在看不清实验的情况。

近几年,娄山中学积极探索数字化教学,在语数英等多门学科教学中都融入了数字化教学,学生对于信息化、数字化的课堂非常熟悉。在物理化学教学方面,教室里配备了智能设备、常态化录播系统、标准化实验室以及 pH 传感器、温度传感器、压强传感器等数字化实验设备,很好地满足了学生的学习需求,也为教师进一步探索数字化教学提供了良好的条件。

经过一段时间的探索与研究,我校有多名理化教师在数字化实验教学中有了突破性进展。2022 年 11 月,娄山中学物理组全体教师首次尝试利用数字化直播系统在全校开展户外物理实验课,穿越 400 年再现帕斯卡裂桶实验。本次活动也通过信息技术进行了网络直播。吴开成老师开设了市级公开课,用一氧化碳传感器来测定木炭还原氧化铜后的产物中是否含有一氧化碳,轻松解决了学生提出的"反应进程"的疑问。张玉珍老师用压强传感器分析拉瓦锡设计的"空气中氧气含量的测定"装置的利弊,引导学生通过压强的变化来对该装置提出建议和改进。

数字化实验已经融入了娄山中学理化教学的课堂,学生也习惯于从数字化的角度去思考变化的本质、反应的原理。这也是我校继续研究数字化实验的动力。

2. 数字化实验对智慧学习场景的研究意义

数字化实验正在融入理化教学中。随着人们生活方式的改变,数字化的生活方式正在被人们慢慢接受,比如"无感支付""人脸识别"等。那么,新课标下的理化教学更应该顺应潮流,与时俱进,将数字化、信息化的教学模式融入传统教学中,两相融合,取长补短。其中,相较于传统教学,数字化教学给学生带来了以下几种全新的体验。

（1）新视野

物理化学是以实验为基础的自然科学。学生们通过观察实验现象来了解物质之

间相互的反应,通过让学生体验科学研究的过程来培养学生实事求是的科学研究态度。然而,实验课中也存在"现象不明显""后排学生看不清""几个同学操作,更多的同学只是观众"等问题,学生无法直观理解"气压""密度"等抽象概念。这也是困扰许多教师的令人头痛的问题。利用数字化设备,比如智能白板与手持摄像机(可用手机代替)相结合,可以给学生提供一个全新的视角,让学生能更有参与感。

在探究氢氧化钠变质实验时,在传统教学中,教师展示一片已经变质的氢氧化钠固体,并根据师生讨论的方案来完成实验,探究它是否变质。由于固体体积偏小,又需放在表面皿中进行实验,前排学生都必须站立才能观察到现象,更别提后排学生了,妥妥的"打酱油"。往往一个实验做完了,后排学生还是一头雾水,有时连做的什么实验都没搞清楚。

将数字化融入实验教学,可以很好地解决这个问题。在学生讨论验证氢氧化钠是否变质的实验方案时,高岚老师首先借助智能白板的同屏功能,将手机拍摄到的实时画面同屏到教室的屏幕中,采用直播实验的方法,让后排学生对小小一片氢氧化钠固体的变化一目了然。经过学生们的讨论,初步得出了几种不同的方案。在分组实验结束后,高老师将拍摄的实验现象的片段同步到屏幕中,请小组同学介绍自己的方法,分享自己组的实验结论。学生可以根据自己的实验过程,向其他组的成员介绍自己的方法,在其他同学提出疑问时也可用手机等手持设备,对自己的结论进行讲解和批注,实时同步自己的结论,更新自己的理解。

吴开成老师针对九年级化学"活性炭吸附红墨水颜色实验"这一学生实验的实验现象等候时间长、吸附前后红墨水褪色色差不明显等问题作了改进:使用分光光度传感器采集不同吸附时间段的液体进行检测,通过传感器的读数大小区分肉眼难辨的颜色的深浅,使实验更加精准、结论更科学。

数字化实验仿佛给了学生另外一双眼睛,看清了实验现象,也能通过讨论和分析,实时更新自己的观点,完善自己对实验的理解。

(2)新情境

物理和化学学科是以实验为基础的学科,对于这两门充斥着大量光、电、热、沉淀、气泡等现象的实验学科,学生的兴趣是非常高涨的。但在学习了一段时间以后,当跨学科内容出现时,对学生的思维量有极高的要求,学生会产生一定的消极情绪。如何充分借助学科优势,借力打力,以物理化学的学科优势解决劣势,是理化教师创建高效课堂的关键。在诸多能提升学生课堂效率的措施中,情境教学是其中重要的一种。设置一个良好的情境,提出一个指向性明确的问题,能充分调动学生参与课堂活动的积极性,提升学生的思维活力。可见,尽管学生是课堂的主体,但是课堂的走向取决于教师的设计。其中,数字化实验就为学生创建了全新的情景,给予学生全新的体验感、参与感。

例如,九年级化学第一学期第二章"空气中氧气含量测定"一课中,由于空气是无色无味的,学生无法理解燃烧放热与瓶内气压的关系以及氧气的减少与瓶内气压的关系。传统实验能明显地观察到现象,但无法从微观的角度去解释气体分子的多少决定了气压的大小。张玉珍老师在上这一课时,将数字化实验与传统实验相结合,引入了压强传感器,虽不改变原有装置,但通过传感器,可以从电脑上实时读出实验过程中气压的变化情况。通过传感器将实验数据定量地、过程化地呈现出来。并且,张老师还设置了很多的探究性问题,如"气体的压强与什么物理量有关系?""为什么压强先变大再变小?""有哪些因素导致氧气的体积分数小于21%?"。通过一系列的问题链,以数字化实验为背景,引导学生不断思考,提升思维品质,激发学生的探究兴趣,形成高效的课堂。

在酸碱中和反应过程中,将 ph 传感器引入实验,学生可以通过实时观察 ph 值的变化来控制滴加酸的量,根据计算机的处理,用数据绘制成图像,更加一目了然。根据图像,老师们可以设置以下的问题链:向酸溶液中不断加水,pH 值会有怎样的变化?滴加酚酞试液,溶液的颜色有变化吗? 向酸溶液中不断加碱溶液,溶液 ph 传感器有变化吗?

数字化还给予初中物理化学课堂更多情境的选择。比如日常生活中养鱼用到的鱼浮灵,它的主要成分是过碳酸钠,借助氧气传感器来检验过碳酸钠反应的产物。可以设计如下问题:氧气浓度为多少时能使带火星的木条复燃? 氧气浓度为多少时铁丝能够燃烧? 由此得出氧气浓度对物质燃烧的影响。日常生活中还有很多类似的物质,比如茶垢清洁剂、富氧泡泡等。还有很多家中使用的传感器,也可以服务初三的物理化学课堂,比如红外温度计、湿度计等。

(3) 新理念

数字化实验不仅可以用于探究,还能使课堂多样化,学生之所以热爱物理化学,热爱物理化学实验,更多的是因为理化实验现象明显,能激发学生的兴趣,引导学生思考生活中的各种现象。对于现象不明显的实验,比如酸碱反应、物质的溶解和配制等,往往会削减学生的兴趣,学生也会误认为没有现象就是没有发生化学反应。比如,酸碱中和反应没有明显的现象,那么怎么证明反应已经发生了呢? 传统的课堂实验中,往往以教师的讲授为主,但是学生总是更相信自己的眼睛,没有现象的化学反应,为什么说它一定发生反应了呢?

数字化实验的课堂可以赋予宏观表征新的视角,让学生有全新的理念,比如引入ph传感器、红外热成像传感器、原子力微镜等。数字化实验还可以借助实验数据对应的图像,形成图像表征来弥补宏观表征的不足。

2022 年 12 月,化学组吴开成老师开设的市级公开课"碳同素异形体",借助数字基座低代码开发程序支持的互动课堂,从课前、课中和课后整体规划设计教学及作业,通过数字技术及时检验并反馈学生所学,增强教学针对性、课堂互动性、思维有效性,让课堂更具活力。

同时,数字化实验也可以用于作业的布置和反馈。在"双减"推进背景下,高质量作业研究应明确作业目标、丰富作业形式、融合教学环节、发挥技术优势,借助数字化转型,开发更多优秀案例,拓展教师的视野和能力,值得广大一线教师研究。

3. 数字化实验的智慧学习场景的实践与探索

(1) 研究教材,因"材"施教

理化组教室分别研究初中相关教材中适合进行数字化技术的教学实验分类教学研究。认真研究教材每一个实验,从"学科知识的科学性""仪器设备的问题性""实践研究的严谨性""创新实验的教学需求性"四个角度重新审视教材实验,并考虑能否借用数字化技术如数字基座低代码、智能白板、DIS 等技术进行改进、完善和创新。

初三化学教材上的两个数字化实验"空气中氧气体积分数的测定"和"酸碱中和反应"都属于探究与实践板块,我校教师选择在不改变原有实验的基础上,适当添加了传感器。如:空气中氧气体积分数是在橡胶塞中添加了压强传感器和温度传感器,酸碱反应是在烧杯中添加了 pH 传感器。通过传感器将实验数据定量地、过程化地呈现,并在两个实验前、实验中、实验后都可以设置很多探究性的问题,加深学生的认知和理解。

对于教材上没有用数字化实验的传统实验,理化组的教师也精挑细选,并不"唯数字化论"。对于可以进行改进的数字化实验,教师也充分考虑到了以下几个问题。

第一,不将数字化实验直接替换原实验。学生在没有对实验有初步认识的前提下,就直接学习数字化实验,既要观察宏观现象,又要观察实验数据图像,不利于学生理解和消化。

第二,不花大量的时间在如何改进原有实验的过程。教师在将传统实验改进成数字化实验的过程中,一定是经历了许多的困难,经过了很多思考,但有一部分是超越学生知识的背景的,同时也不是课程的主旨。一般情况下,尽量减少装置的改动,避免学生误会。

第三,充分利用数字化实验的成果——数图结合的曲线。重点介绍坐标轴、原点、终点的意义,让学生自主分析曲线变化的趋势和得出的结论,对于传统实验有进一步深入的理解。

因此,数字化实验是对传统实验的补充,教师需要先对原有实验充分讲解清晰后再结合情境或学生的形成性问题提出某些数据的要求时,适当引入数字化实验来解决问题;数字化实验是用来解决课堂问题,是用以提升学生思维品质的途径之一。

(2)丰富课堂,优化作业

组内教师积极进行课堂实践,从多个不同角度探索数字化技术辅助实验教学的可能性,多次利用数字化技术在校、区、市级平台进行课堂展示活动。

① 创新实验方案,突破教学难点

"测定空气中氧气含量实验"是九年级化学教材中成功率很低的一个难点实验,张玉珍老师在传统实验装置上使用压强传感器和温度传感器,并融合传屏技术,将肉眼不可见的气压变化与宏观实验现象一一对应,一目了然,突破思维屏障。

② 把教学延伸到课外,加强学生活动

2022年11月,娄山中学物理组全体教师首次尝试利用数字化直播系统,在全校开展户外物理实验课,穿越400年再现帕斯卡裂桶实验。本次活动也通过信息技术进行了网络直播。当水从五楼通过细水管流下,最终炸裂了用双层玻璃制作的玻璃箱时,全校的师生,乃至网络上的观众们都被震撼了。本次活动给了理化教师新的启发:某些物理化学实验效果震撼,让人印象深刻,但苦于教室里空间有限,无法完成。此时可以借助数字化实验模拟真实实验的效果,或者更改场地,更换更大的空间,来完成以前看似不可能完成的实验。

③ 发挥技术优势,探索高质量作业设计与实施

在"双减"推进背景下,高质量作业研究应明确作业目标、丰富作业形式、融合教学环节、发挥技术优势,借助数字化转型,开发更多优秀案例,拓展教师视野、能力,值得广大一线教师研究。2022年12月,化学组吴开成老师开设的市级公开课"碳同素异

形体",借助数字基座低代码开发程序支持的互动课堂,从课前、课中和课后整体规划设计教学及作业,通过数字技术及时检验并反馈学生所学,增强教学针对性、课堂互动性、思维有效性,让课堂更具活力。

（3）自制装备,开拓创新

基于教师在理学课堂中的教学实践,理化组的教师对于某些课堂实验的仪器、装置进行改进,有但不限于传感器,还有 NB 虚拟实验等自制装置、教具、应用软件,使数字化技术的使用更加便利、简单,技术功能得以充分发挥。例如:理化组针对智能白板投屏工具设计了不同颜色的实验背景板,针对教学实验中出现的各种颜色现象,可以切换不同背景板突出投屏效果。由于市面上的一些数字化传感器最初用于工业,直接在教学中应用往往不能很好地匹配传统实验器材,理化组结合传感器的原理和实验原理,自制了各类配套的实验仪器,如平底三口瓶、92 度试管、三口啤酒瓶等。化学组吴开成、张玉珍老师等积极参与市级数字化实验共享课程的开发,编写、录制了"测定空气中氧气含量""木炭还原氧化铜""木炭不完全燃烧""焰色反应"等数字化实验的教案和课程视频。

（高岚）

二、 数字化实验的智慧学习场景的实践与探索

初中物理数字化实验的智慧课堂应用初探

近些年信息化技术的飞速发展改变了人们的生活方式。在教育方面,我们的初中物理课堂教学中的传统教学方法已经无法吸引和满足学生的学习需要,于是越来越多的课堂引入了信息化技术,建立起符合新时代要求的智慧课堂,注重课堂上的师生互动,利用数字技术,改变学习方式。

1. 初中物理智慧课堂的内涵及意义

（1）智慧课堂的内涵及意义

智慧课堂就是将信息技术及其他技术合理地应用在课堂学习环境的营造中。智慧课堂是集所有教师智慧于一体,集优秀教学资源于一体,通过共享各种软硬件资源,提高教育教学质量的一种授课模式。它的意义:① 通过人机作用,智慧课堂能够有效地提高课堂效率,提高学生学习兴趣并节约时间,提高教学质量,让学生更加透彻地观

察物理问题的现象和本质。② 智慧课堂还能实现智能终端的移动化,能够使学生不受时间与空间的限制,实现碎片化学习。学生可以利用自己的空闲时间随时随地地学习,教师也能随时通过教师端了解学生对知识的掌握程度,实现动态学习数据的分析和研究,实现物理教学整体水平的提升。③ 强化学生思维逻辑,智慧课堂对初中物理问题的教学展示更有利于学生进行探究性的学习,可视化的物理现象是学生逻辑思维产生的基础与依据,学生的猜想与证明过程也是有据可依,这就夯实了逻辑思维的严密性,通过学习也可以增强学生对逻辑思维的信心与勇气,更加大胆地应用逻辑思维工具去解释物理知识。①

(2)初中物理智慧课堂的特点

通过分析发现,初中物理智慧课堂本身需要完全基于物理课堂的教学要求,通过以学生为中心学习环境的构建,确保充分使用信息化技术和设备,提升学生的学习能力,实现课堂结构的转变,确保学生参与到日常的教学中。在对学生学习数据进行收集和分析的时候,需要扩大数据收集覆盖面,确保实现学生学习情况的真实掌握,更好地提升教学设计水平。结合课前和课中的测验,实现对学生所学知识掌握情况的全面了解,对学生的学习情况进行全面的评估,做好学生的课后辅导,确保实现学生独立化学习,更好地提升教学的针对性。在利用智慧课堂进行教学的时候,可以通过数据的精准分析,实现物理网上微课所学知识的全面展示,及时了解学生的预习情况,结合学生对知识的知晓情况,进行后续教学计划的及时调整。通过开展教学评测,对学生所学知识进行全面测试,通过反馈,获得学生的知识进度,对课程教学情况进行全面的调节。在课前预习的过程中,还可以实现整体教学进展的把控,根据不同学生的学习进度,制定课后辅导计划,确保教师充分了解每个学生的学习情况。

2. 信息化背景下智慧课堂的构建

构建的过程中,教师团队可以课前制作微课,在上课前一天发给学生,让学生自己预习观看微课,对第二天要学的知识做到初步认知,在线预习。教师可以通过学生提出的问题,掌握学生的预习情况,从而可以在第二天的新课讲解中调整教学进度和内容。教师还可以对学生进行点评,在课堂上精准地针对每位同学不懂的地方点对点教学,作业布置方面也可以做到为不同学生设计不同作业,以保证学生对新知识的再次温习和掌握。

---

① 贾金榜.初中物理智慧化课堂教学模式探究[J].中小学教育,2020(01).

（1）把握整体性目标的课程设计

信息化背景下初中物理智慧课堂的构建首先是从课程设计开始的。信息化技术与设备对于教学课件的设计要求相对较高，所以要从实际出发，从整体规划，确保课堂上信息技术的应用合理充分，对教学有实质意义上的帮助。设计课程时，教师需要从学生的角度出发考虑，确保课程的设计目标与整体教材的要求有相应的契合度。必须要采用多样化的设计方式，对学生进行全面的引导。对于不同层次的课程设计，要从教学目标的明确入手，结合整体性教学目标的确定，逐步提升教学管理针对性，保障学生由浅入深地进行逐步的学习，更好地学习到更多的知识。最终构建一个体验感丰富、课程设计科学的智慧课堂。

（2）利用数字技术融合教学实验

数字技术的应用是一种提升学生对知识认知的重要方式。信息化的初中物理智慧课堂，主要是实现信息技术与物理实验教学的融合使用。以往的传统物理课堂教学当中，实验教学步骤或过于烦琐挤占课堂时间，或不具备物质条件，如今智能化的实验教学能够融合信息化设备和教学资源，学生自主学习、动手操作的基础条件都已具备，实现物理实验的展示和模拟，使用仿真动画等技术，提升了学生对知识的认同性。

例如，在初中物理电学的学习中，电流、电压和电阻这三大电学物理量都是比较抽象的难以理解的概念。在学习"欧姆定律"这一电学最重要的定律之一时，也是难以梳理清楚电流、电压、电阻之间的变量关系。而在智慧课堂上就可以结合现实中真实的实验器材和我们的仿真实验、DIS实验数据，高效地利用学生亲眼所见的现象和数据以及瞬间电脑数据拟合的函数图像，更加直观清晰地展现三者的关系，可以最有效地帮助学生理解难点。而且在课后，学生还可以利用手机或Ipad上的软件，打开仿真实验，继续回顾课上没有看清楚或没有理解的地方，完成知识巩固与积累，深化学生的综合素养，同时也让学生有了良好的学习动力来迎接明天的学习。

3. 初中物理智慧课堂教学模式的应用实践

（1）初中物理智慧课堂在实验探究课中的应用实践

对于初中物理新课程来说，几乎每节课都有实验。物理本身就是一门以实验为基础的学科。无论是教师的演示实验还是学生的探究实验，我们都在不断思考和实践构建智慧学堂的关键，把信息技术及先进工具融入课堂。

例如，在《热学》一章中的"物态变化"一课，笔者从水这种生活中最常见的物质入手，来给学生梳理各种生活中与水有关的物态变化。在引入环节，利用电子白板技术先插入一段数字故事，随着优美的钢琴声，让学生领略大自然的奇妙与美，认识各种自然界的霜、雪、雨、露、雾等美好现象，学生陶醉其中。课堂的重点是讲解汽化现象，以及汽化的两种方式——蒸发与沸腾。在讲解沸腾方式时，学生无法理解沸腾时继续加热吸热而温度却保持不变这一性质。在传统的现场动手实验中，笔者结合了 DIS 数字化实验工具，利用温度传感器，用电脑传输数据到表格上，学生就可以轻松地观察到水沸腾伴有的现象。将实时的温度及时传输进电脑，直观清晰地表达出了"沸腾时温度不变"这一特性，学生更加容易理解，且印象深刻。

（2）初中物理智慧课堂在习题课中的应用实践

在疫情期间，我们线上教学累积下来的经验没有被摒弃，理科教师们能够熟练运用智能白板助手和 ClassIn 等软件。

　　打开 ClassIn 的黑板功能界面,既可以直接在上面书写解题过程,也可以从空间里打开教师提前制作好的课件或者习题 pdf 文件,然后用任意颜色的笔标记、书写,呈现解题思路和过程,且页面可以滚动移动,数字的文字还可以保留在相应的位置。学生没有跟上的或者回家要复习整理的,都可以保存下照片,便于自己后续学习使用。

（3）初中物理智慧课堂在课后辅导中的应用

智能白板软件里有一个"知识胶囊"功能：教师如果有一些课上没来得及讲的题

目，或者学生有问题，可直接打开智能白板软件，点击"录制胶囊"，就可以录制视频，点击保存即可生成二维码或链接分享给学生；学生识别二维码，不仅可以查看视频，还可以对教师上课的课件进行翻页查看，"哪页不懂点哪页"，复习核对笔记。课后，教师登录自己的账号，可以统计看过回放的学生名单、播放的次数、学习的时长等信息，对于反复观看的学生，笔者会线上主动与其沟通，具体了解他的困惑点。

4. 利用智慧课堂编制作业题及测试题，加强反馈

物理课堂教学中教师最为关心的应该是学生对于知识的学习掌握情况。为此，在初中物理教学中要注重教学反馈这一环节。在传统教学模式中，教师往往是通过纸质测验题的方式，在课堂最后的环节发给学生，让学生进行作答，教师进行批改，下一节课再进行点评。这个周期对于学生来说相对较长，并不利于学生习得相对连贯的知识内容。最理想的方式是在课堂上及时对学生进行反馈。在智慧课堂教学模式下就能够做到这一点。例如，在学习欧姆定律这个初中物理教学的重难点时，在进行了一系列的教学活动，教师了解了学生的知识掌握情况之后，在上课之前编制电子测试题，上传到云平台，在课堂上让学生在平台上进行作答。学生将答案提交到教师端之后，教师就能够及时地进行批改，从而对学生所存在的错误进行指导点评，强化教学效果。智慧课堂中对测试题进行编制，可以及时对学习的知识内容进行反馈，教师也能够了解学生在学习中的薄弱环节，从而更加有针对性地进行知识点讲解，将课堂中存在的问题进行及时反馈，提高教师对课堂教学问题的认识，无疑能够极大地提升教学效率，为后续课程的开展打下坚实的基础。①

为了提升我国初中物理智慧课堂的广泛应用及教学效果，我们物理教师也要紧跟时代发展，不断地创新革新，充分发挥智慧课堂的优势来开展教育教学。通过智慧课堂的应用，能够将知识以更加形象生动的方式展示给学生，突破时空的限制，引导学生根据自己的需求进行知识的学习，从而极大地提高学习效率。另外还需要坚持以学生为课堂的主导，提升教学目标的制定水平，通过逐步融合数字技术来提升初中物理智慧课堂的综合构建水平，确保学生通过新型物理课堂教学的引导来实现自身物理学习兴趣的提升，更好地学习到更多的物理知识。通过智慧课堂云平台的方式，给学生发放教学资源，学生可以根据自己的需求选择、学习相关的教学资源，从而更好地提升学

---

① 刘琼，钱永平.信息化环境下初中物理智慧课堂教学模式探究[J].中国教师，2021(03).

习能力与自主能力。在初中物理教学中还要不断地探索智慧课堂的应用策略,以此更好地发挥智慧课堂教学作用,强化学生的物理素养。总之,在这条路上,我们永不会停下前进的脚步,继续探索,继续前进!

(蔡莉)

三、 数字化实验的智慧学习场景的应用与成效

基于"数字技术"赋能课堂教学的"碳同素异形体"教学案例

上海市教育委员会印发《上海市教育数字化转型实施方案(2021—2023)》(以下简称《方案》),将数字化转型作为推进教育现代化建设与高质量发展的重要引擎和关键特征①。上海作为数字化转型的样本城市,目标要形成高质量、可复制、可推广的教育数字化转型的经验案例及示范场景。目前,数字化转型往往是利用新的技术来赋能学习生态环境的构建,促进新的教育模式和学习范式的生成。在基础教育阶段,课堂可能是数字化转型的核心。为了突出化学教学的时代性,创造性地进行数字化赋能教学才能更好地适应教育教学的需要。

1. 对教学内容的思考和学情分析

《教育部2022年工作要点》明确提出要实施教育数字化战略行动,建设国家智慧教育公共服务平台②,教育数字化转型作为一种划时代的系统性教育创变过程,其核心要素是数据,转型过程中需充分发挥数据作为新型生产要素的作用,引领教育系统的改革与创新,实现技术优势与教育需求的共生发展,从而有效转变育人方式,以"减"谋"增",提质增效,培养"有理想、有本领、有担当"的时代新人。课堂是教育数字化转型的核心和主阵地,数据流转为课堂教学的结构性变革提供了新动能,成为落实课堂减负提质增效的必然选择,也是实现国家教育现代化和教育高质量发展的重要引擎。

---

① 中国发展网.上海市:推进教育数字化转型 建设全国教育数字化转型标杆城市[EB/OL].(2021 - 11 - 12)[2025 - 03 - 10].https://baijiahao.baidu.com/s?id=1716189203989503817&wfr=spider&for=pc.2021 - 11 - 12.
② 谢幼如,罗文婧."双减"背景下课堂教学数字化转型的理论探索与演进路径究[J].电化教育研究,2022,9(02):14 - 20.

如何在常规教学中将生成的数据赋能教学？聚焦新时代课堂价值观和课堂减负提质增效的本质意蕴，在明晰学科特色和校内数字基座资源建设的基础上，积极探索低代码平台程序的合理开发和使用，数字技术和课堂教学有效整合可以提高课堂效率，丰富学生的课堂体验，激发学生的学习兴趣，提高教学效果。让学生感受到科技的高速发展，体现化学课程的时代性，让学生能从更多方面去研究和探索，帮助其理解化学变化的实质和规律，提高其对数据处理和分析的能力。

"碳同素异形体"的教学内容是学生首次从单一的物质学习，过渡到以碳为核心的一类物质的学习。碳单质、碳化合物等内容的选取既是对前面几章学习的含碳物质的汇总，又为接下来用分类方法学习金属、酸、碱、盐铺垫。本节课基于上节课的作业数据入手，引入新课，学生聆听《秋浦歌·其十四》交流炉火、紫烟的来源，探讨木炭在其中的作用，接着借助数字化的手持技术观看木炭和氧化铜反应的实验，在观察实验的基础上，尝试书写木炭和氧化铜反应的化学方程式，通过平台实时上传作答结果，生生互评，激发思维碰撞。在学习活性炭与木炭吸附性对比中，通过特写直播学生操作并收集学生的实验结果，方便学生学习并与同伴进行比较，在实验的基础上得出科学的结论。学生通过观看家庭小实验的视频和小组交流实验报告来学习石墨的性质和用途，通过观看教师演示用金刚石划玻璃来了解金刚石的性质和用途，通过观看基于数字基座开发的程序来明晰金刚石和石墨的结构，体会结构决定性质、性质决定用途的思想，认识物质的多样性。学生还通过课堂答题金刚石和石墨的比较以及同素异形体的辨析，灵活运用知识，教师根据答题情况调整教学的进度。最后，教师和学生一起通过课堂活动"翻翻卡"，对本节课进行小结。整节课的设计关注数字化赋能教学，采用多种方法提高学生学习的有效性，提升学生化学学科核心素养。

2. 教学过程

（1）学习碳单质的化学性质

引入：上节课，我们学习了燃烧与灭火，这是昨天作业情况（见下图），大家答得非常好。作业中引用了李白的《秋浦歌》，请聆听朗诵，感受火热的劳动场景。

播放视频：《秋浦歌·其十四》

教师："炉火照天地，红星乱紫烟"描绘的是热闹的冶炼场景。大家说一说，木炭在这里起什么作用？

学生：木炭是可燃物，有可燃性。

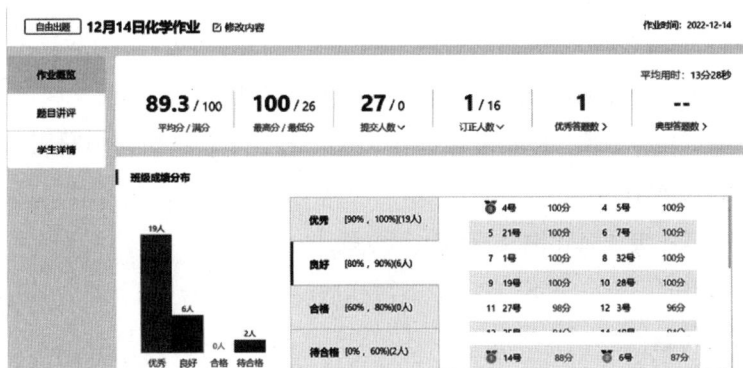

上节课作业数据

教师：紫烟是如何产生的？烟是固体还是气体？紫烟是木炭吗？这里发生了什么变化？

学生：炉内还发生了其他化学变化。

教师：同学们，让我们一起借助实验室的仪器还原当时炉内的变化。请大家阅读Ipad上的电子课本第111页中的实验介绍。我们一起来实验，试管中已装入充分混合的木炭和氧化铜粉末，老师用丁烷喷灯代替酒精喷灯高温加热，大家可以观察讲台上的实验或大屏幕或Ipad上的投屏（见下图）。

手持技术投屏木炭与氧化铜反应

演示实验：木炭和氧化铜高温反应。

学生观察实验现象。

教师：（实验结束，移除导管，熄灭丁烷喷灯。）观察到什么实验现象？大家说说看。

学生：黑色固体变成红色，澄清石灰水变浑浊。

教师：大家观察得很仔细。石灰水变浑浊的原因是什么？观察到的红色物质是什么？

学生：石灰水变浑浊，说明生成了二氧化碳，红色物质可能是铜。

教师：基于实验事实，木炭和氧化铜反应的化学方程式如何书写呢？请大家写写看。

学生：书写木炭和氧化铜反应的化学方程式。

讨论：小组同学交流一下，自己的书写和同学有区别吗（见下图）？错误的书写，哪些环节出了问题？

学生：缺少反应条件，没有配平，没有标注气体符号，生成物写错。

基座平台收集学生作答结果

小结：同学们总结得很棒。我们通过模拟古人的冶炼方法，得到了铜单质。炉火说明木炭有可燃性，紫烟是源自木炭与氧化铜反应，木炭使氧化铜恢复到原来的物质——铜，体现了木炭具有还原性。让我们再来看看这幅《秋浦歌》的作品，流传至今，纸张已经泛黄，字体仍然栩栩如生，说明碳在常温下，化学性质稳定。

过渡：通过刚才的学习，我们知道了碳的化学性质有：常温下稳定、可燃性和还原性。利用这些性质，我们用墨汁书写，或作燃料或冶炼金属。

（2）无定形碳，了解它们的用途

教师：除了木炭以外，生活中我们还接触过活性炭。木炭和活性炭用途一样吗？

教师：活性炭常用在家用净水器滤芯。相较于木炭，它的净化效果究竟有何神奇之处呢？让我们来做一组对比实验看看。为了清晰对比，在针筒中都加入棉花过滤，避免碎屑掉入试管中，并且设置了实验3作为对照实验。请大家先阅读实验步骤，然后完成实验，上传实验图片和现象。

学生动手实验。

教师手持设备投屏学生的实验操作（见下图）。

特写某组学生操作

教师：请大家交流一下红墨水通过木炭和活性炭后的颜色变化（见下图）。

小组上传的实验结果

学生：经过活性炭后变为无色，经过木炭后红色变浅。

教师：为什么木炭和活性炭对红墨水的吸附能力有显著差异？

教师：研究发现，在显微镜下，木炭和活性炭表面都具有疏松多孔的结构，表面积大，因而都有吸附性。但活性炭孔密集均匀，木炭孔大小不一，这种显微镜下的结构差异决定活性炭有更好的吸附性，可用于吸附气体或溶液中的色素，因此，生活中可用作净水器滤芯、防毒面具和冰箱除味剂。

过渡：活性炭的多场景应用，是因为它具有吸附性，而它的吸附性与它的结构息息相关。

总结：木炭和活性炭都是没有石字偏旁的炭，它们是不是碳？科学家研究证实，它们都是由碳单质和少量杂质组成，像这类物质还有焦炭和炭黑，它们统称为无定形碳。这些无定形碳物理性质有差异，因而用途各异。

（3）碳单质的物理性质和用途

教师：除了含碳单质的混合物，还有含碳单质的纯净物。石墨就是一种碳单质，在我国古代就发现并利用,无定形碳中的碳单质就是石墨晶体。金刚石也是一种碳单质。

教师:这两种物质是相同的物质吗?用途一样吗?《山海经》中这样描述石墨:"山石尽黑,可以书疏。"《抱朴子内篇》这样描述金刚石:"可以刻玉,虽铁锤击之,亦不能伤。"同学们,它们的用途一样吗?

教师:昨天实践作业用到的铅笔芯中含有石墨,请大家观看家庭小实验成果(见下图)。

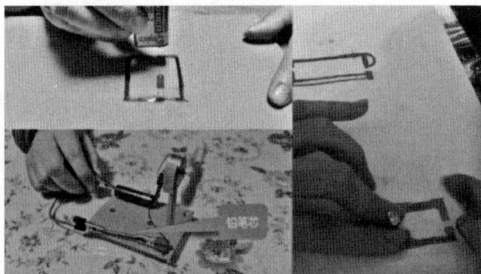

铅笔芯家庭小实验

播放视频:铅笔芯家庭小实验。

教师:说说石墨有哪些性质。

学生:石墨呈深灰色,质软,有良好的导电性。

教师:此外,石墨还有润滑性、导热性和高熔点。呈深灰色,质软可作铅笔芯;导电性良好可作电极。古人用金刚石来刻玉,当下我们可用它来切割玻璃。

演示实验:金刚石划玻璃(见下图)

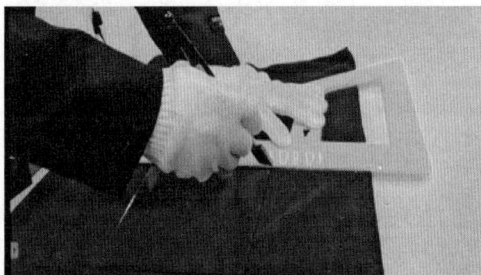

手持投屏金刚石划玻璃

教师:请大家观看实验:这是一块完好的玻璃,小刀在玻璃上划过,不留痕迹。这是一把镶嵌有金刚石的玻璃刀,在玻璃上划过,发出摩擦的响声,发现留下一条痕迹,轻轻一折,玻璃就断开了,说明金刚石的硬度怎么样?实际上,金刚石是天然物质中最硬的物质。利用硬度大的特点,可用作切割玻璃和钻探机的钻头。

教师:生活中,大家在哪里还见过纯净的金刚石?请看图片,戒指上的金刚石无色透明,有夺目的光泽,有很强的折光性。利用金刚石强折光性的性质,可用作装饰品。

教师:金刚石、石墨同为碳元素组成的单质,为什么物理性质有较大的差异?

学生观看 Ipad 上的结构模型(见下图)并思考原因。

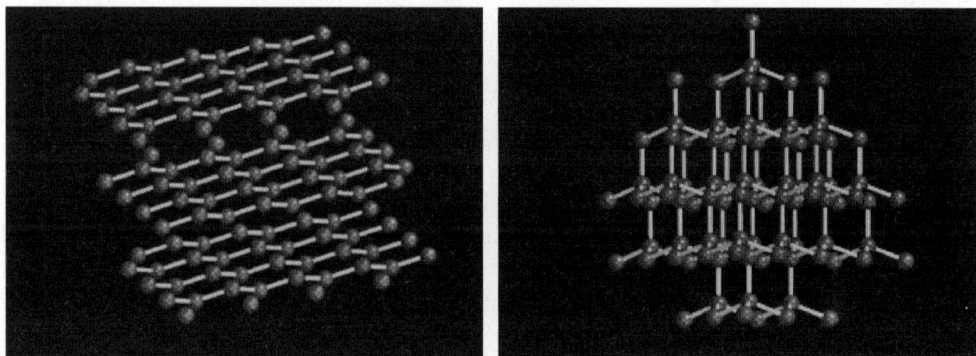

石墨、金刚石结构模型

教师:科学家通过研究两种物质的结构,找到了原因。这是两种物质的微观结构模型。模型中,每一个球表示一个碳原子。请大家转动屏幕上的模型,讨论一下有什么差异。哪个是金刚石的结构模型?哪一种模型更牢固?

学生:右边是金刚石模型,因为它的结构较为牢固,左边是石墨的结构。两种物质中碳原子的排列方式不同。

教师:同学们回答得对。左边是石墨结构模型,右边是金刚石结构模型。在石墨中,碳原子的排列呈现层状结构,层与层之间可以相对滑动,这种特殊的结构决定石墨质软,具有润滑性等性质。金刚石结构中,碳原子的排列呈现立体网状结构,这种稳定的结构决定了金刚石硬度大这一性质。由于石墨和金刚石中碳原子的排列方式不同,它们在物理性质上有较大差异。

教师:通过结构的认识,金刚石和石墨是相同的物质吗?

学生:不是。

教师:金刚石和石墨是由碳元素组成的结构不同的单质。请大家完成练习 3(见下图)。

【练习3】（不定项选择）对金刚石和石墨
 　　　　描述正确的是（　　　）

　　A． 碳元素都以游离态存在

　　B． 碳元素都以化合态存在

　　C． 物理性质不同是由于组成的元素不同

　　D． 物理性质不同是由于碳原子排列方式不同

金刚石与石墨辨析

教师：请大家来交流一下是怎么判断正误的。

学生：它们都是由碳元素组成的结构不同的单质，单质中的元素是游离态，因此 A 正确。结构不同，导致物理性质有较大差异，判断 D 正确。因此，本题答案是 A 和 D。

教师：金刚石和石墨是大自然馈赠给我们的礼物。像这样由同一种元素组成的结构不同的单质的现象称为同素异形现象。同时具备这三要素的物质才互称为同素异形体。

教师：金刚石和石墨为什么可以互称同素异形体？

学生：同种元素，单质，结构不同。

教师：通过对同素异形体的理解，请同学们作答练习 4（见下图）。

【练习4】（不定项选择）互为同素异形体
 　　　　的物质是（　　　）

　　A. 氧气和臭氧

　　B. 一氧化碳和二氧化碳

　　C. 氧气和液氧

　　D. 红磷和白磷

同素异形体概念辨析

学生作答。

教师：请小组交流选择的理由。

学生：氧气和臭氧是同种物质，一氧化碳和二氧化碳是化合物，氧气和臭氧是氧元素组成的结构不同的单质，红磷与白磷的颜色和着火点不同，燃烧的现象和生成物相同，所以是同种物质。

教师：我们可以借助着火点和颜色判断是同素异形体吗？同学们，判断还需要知道什么？

学生：原子排列结构。

教师：好的，我提供给大家。左边是白磷的结构，右边是红磷的结构，结构一样吗？那我们能判断属于同素异形体了吗？

学生：可以，白磷与红磷属于同素异形体。

投影：碳单质的发现历史①。

教师：在认识石墨和金刚石的基础上，"碳"索仍在进行。科学家深入研究碳单质的结构，陆续发现了 C_{60}、碳纳米管和石墨烯。C_{60} 结构模型中，60 个碳原子构成 1 个分子，形似足球，又名"足球烯"。回顾过去 30 年的诺贝尔奖颁发史，有 2 次就颁发给了碳单质的研究，以表彰其伟大发现。

教师：同学们，后面的三种物质是碳元素的同素异形体吗？理由是什么？

学生：是的。

教师：是的，这些都是碳元素组成的单质。结构不同，因而都是碳的同素异形体。这些材料的应用研究正在帮助我们"碳"索美好生活。

总结：本节课，我们借助查阅文献和实验验证，认识了含碳物质的用途与性质的关联；借助显微镜下的表面结构，比较了活性炭与木炭性质的差异；借助微观模型，理解了金刚石和石墨这两种碳单质物理性质不同的缘由。看来，通过结构的深入学习可以帮助我们更好地理解认识物质、用好物质，乃至发现新物质。

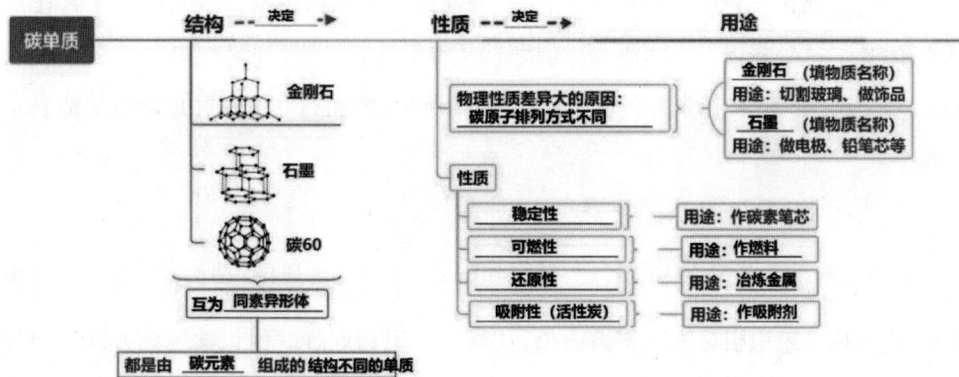

---

① 宋鹤丽：基于教材二次开发提升核心素养的教学设计——以"碳的单质"教学为例用[J].化学教与学,2019(12)：59-61.

3. 教学反思

（1）基于多种实证，推理分析

基于文献和实验验证，推理得到木炭还原氧化铜的产物，布置化学方程式书写，学习用化学方程式这一独特的化学语言进行交流和表达的能力；通过分组协作完成活性炭与木炭吸附能力对比的实验，及时反馈实验成果，记录实验现象，得出实验结论，并比较显微镜下的图像，学习科学探究的一般方法；通过金刚石与石墨不同结构的分析和判断，迁移到运用结构去认识物质的性质和同素异形体。充分落实证据推理与模型认知的核心素养，去解决新情境下的问题。

（2）充分运用数字技术，赋能课堂教学

运用数字教材，遮盖重要的内容，化成学生课堂练习的素材；运用手持技术投屏，解决了学生观察不清楚的问题，体现了数字化的优越性。

运用课堂互动答题，可以及时反馈学生的听课效果和完成度。答题情况可以及时上传、分享和批阅，生生点评，激发思维，教师总结归纳，锻炼了学生的学科思维和表达能力。

运用低代码基座制作了金刚石和石墨的 3D 模型，可以帮助学生更好地观察和理解二者结构的差异，比传统的实物模型更加直观和科学。课堂小总结用"翻翻卡"的形式，耳目一新，分阶段呈现，形成本节课的知识思维导图，帮助学生更好地梳理基础知识。

（3）注重引课，对接生产生活

情境题材即"教学事件的发生器——《秋浦歌》"的朗诵，营造氛围，回溯了古代炼铜术，体验了科学家用木炭还原氧化铜的科学探究历程；碳的稳定性对接了《秋浦歌》作品流传至今的原因；铅笔芯的家庭小实验和活性炭的用途介绍说明化学与生活息息相关。

（4）挖掘化学独特的学科素养

化学三重思维表现方式即宏观、微观和符号的建构；物质的"结构 $\underset{\text{体现}}{\overset{\text{决定}}{\longleftrightarrow}}$ 性质 $\underset{\text{体现}}{\overset{\text{决定}}{\longleftrightarrow}}$ 用途"的化学核心思想引导学生突破表象，从掌握知识到理解一种化学思维方式。同种元素形成的结构不同的多种同素异形体和一些元素具有同素异形现象，这体现了物质外在的多样性。

（吴开成）

DIS辅助教学,主观感受变成精准图像,让实验更有说服力!——基于《内能》的课例研究报告

1. 背景

作为在一线从教十余年的教师,以往自己上完一节课之后,只会去想着如何上好下一节课,从来不会回过头去回味、审视上过的课,更谈不上去研究了。而听课和评课也只是完成规定的听课任务,很少去认真审视课堂,尤其是没有对听课的课堂进行观察和研究,评课活动基本上是就课论课,缺乏深度的思考。在当代数字化教学转型的背景下,我才明白一线教师可以有研究,也必须进行研究,我们的重点就是课堂研究。数字化实验的物理课堂是利用数字化的技术来丰富实验的教学,比如物理化学仿真实验、借助传感器的计算机自动采集和处理数据、多媒体的手段展现实验现象等。

2. 选题

本次选择"DIS辅助教学,主观感受变成精准图像,让实验更有说服力!"作为主题,教学进度正好在《内能》这部分。内能是比较抽象的微观概念,学生难以理解。为了突出教学效果,本课采用了DIS数字图像采集系统的技术手段,改变了以往教学中凭学生主观感受和凭空想象的一种空洞说教,DIS的图像采集直观地显示在电脑屏幕上,实验的说服力大大增强。

3. 设计说明

本节课设计的基本思路是:以实例、实验为基础,运用多媒体手段,通过视频实例的引导,师生互动,引入分子动理论的概念。然后引导学生通过类比,建立内能的概念。再根据实验现象中分子热运动剧烈程度跟温度的关系的事实,得出物体的内能跟温度的(不可逆)关系。通过创设新的情境、提出新的问题,引导学生认识同一物体的内能会发生变化,继而转入探究如何改变物体的内能。

本设计要突出的重点之一是内能的概念。方法是类比物体具有动能、势能、机械能,得出物体内能的概念。

本设计要突出的另一个重点是改变内能的两种方式。方法是以实验为基础,通过讨论、归纳得出热传递和做功都能改变物体的内能的结论。

本设计要突破的难点是做功可以改变物体的内能。方法是通过DIS实验,揭示做功与改变物体温度之间的关系,经过分析推理得出做功可以改变物体内能的结论。

本设计通过对生活情景的质疑激发学生学习的兴趣,自发对生活实例进行思考,从而能进行自主的实验研究。通过引导学生对分子扩散现象的思考、讨论,引进热运动的概念;通过类比建立内能的概念及自主活动,讨论、归纳得出改变物体内能的两种方式,并引导学生思考两种方式在改变内能上的本质区别。最后要求学生运用改变内能的两种方式来解释生活中的一些热现象,感受生活与物理的密切联系。

4. 课堂实录(节选)与反思

(1) 教学片断(节选):改变物体内能的方式

一支粉笔具有多少重力势能? 一支粉笔从高空落下,多少重力势能能转化为动能? 关心的是能量改变了多少。蒸汽火车关心的是蒸汽推动活塞做功,多少能量能推动火车。所以关心的都是能量的改变。

提问:冬天手冷,怎么办?

回答:热水袋捂、搓手、呵气。

改变物体内能的方式:热传递、做功。

热传递改变物体内能举例。

活动Ⅱ演示实验1:压缩活塞,硝化棉燃烧。

实验结论:外界对气体做功,内能增加。

活动Ⅲ学生实验2:气球放气,感受贴在脸上的气球温度变化情况。

实验结论:气体对外做功,内能减少。

活动Ⅳ学生实验3:DIS实验,压缩针筒观察计算机上显示的温度变化。

讨论:热传递和做功都能改变物体的内能,两种方式有什么异同?

(提示:从效果上比较;从增加内能的来源上比较)

结论:热传递方式是内能转移,做功使能的形式发生转化,但两者都能改变物体的内能(等效)。

(2) 教学反思与评析

就本堂课而言,教师的教学设计通过对生活情景的质疑激发学生学习的兴趣,引发他们对生活实例的思考,进而尝试自主实验研究。通过引导学生对分子扩散现象的思考、讨论,引进热运动的概念;通过类比建立内能的概念及自主活动,讨论、归纳得出改变物体内能的两种方式,并引导学生思考两种方式在改变内能上的本质区别。本节课在三次试讲后都对教案设计进行了相应的修改,包括教学顺序的调整、巩固性习题的选择、情景呈现后的问题设计等。经过三次修改,最终的教学设计在课堂上得到较好落实。作为观课者,在参与本节课的设计思路讨论和教案修改,进而在最终的课堂呈现中感受到以下几个特点。

① 巧用实验做铺垫,架设宏观与微观的桥梁

本节课教学的内能是一个微观世界的抽象概念,学生对于微观世界的认识远不如宏观世界那么直接。如何让学生理解微观世界中较为抽象的物理概念,成为本节课首先需要突破的难点。在备课组老师们的建议下,大家讨论后认为需要利用实验作为铺垫,用实验来架设宏观世界与微观世界之间的桥梁。于是,演示实验、学生实验就成为教学中非常重要的一个环节。从某种意义上说,本节课的实验环节让课堂教学增色不少。

② 实验设计有梯度,突破现象与规律的鸿沟

本课在确立了实验作为架设宏观与微观的桥梁之后,如何设计实验就成为一个关键问题。每一个实验都有对应的教学功能,同一个实验在不同的环节出现也会产生不同的教育功能,起到不同的教学效果。本节课基于之前的研究结论,按照学生的认知特点,将实验分为演示实验(观察现象)和学生实验。

在学生实验中又分别设计出定性实验(感受现象)和定量实验(获取数据、图像),这样就形成了一个实验安排的教学梯度,让学生在三个实验的层层递进中突破物理现象与物理规律得出之间的鸿沟。此外,在每一个实验过程中的要求也有梯度,比如在实验1"硝化棉经过压缩点火"的演示实验中,要求学生观察思考,并用简单的语言描述实验现象;而在实验2"气球放气,感受温度变化情况"的实验中,则要求学生相互合作,用感官去感受实验现象,描述自己的感受,尝试分析其中的原因;在第三个实验中,因为采用了DIS数据采集系统,所以要求学生根据图像准确描述实验现象,归纳实验结论。三个实验对学生有不同的能力要求,也体现了实验设计的梯度,这对于突破学生认知中物理现象与物理规律之间的鸿沟具有现实的意义。

③ DIS运用有实效,获取感受与事实的佐证

本节课采用DIS数据采集系统,通过温度传感器将针筒内空气压缩过程中温度变化情况即时呈现在计算机的屏幕上。从观察硝化棉被压缩点燃到气球放气时轻微的凉爽的感觉,再到计算机屏幕上的温度曲线,DIS的图像数据精准地说明了内能的变化情况,这为后续的讨论内能的方法提供了科学的佐证。从这个角度来看,DIS图像采集系统的实验效果非常明显,它必将成为我们今后实验教学中重要的辅助手段。热

切地希望今后我们的物理实验不再"跟着感觉走",而是紧紧抓住"精准图像的手",让我们的物理实验更有说服力。

5. 研究结论

① DIS 数据采集系统在本节课的运用是恰当的,效果也是明显的。正所谓,"工欲善其事必先利其器"。

② 对学生实验的指导示范,其作用是不可忽视的,缺乏指导和示范,学生在操作中容易出现各种问题,实验现象难以呈现,不利于实验结论的归纳。从这次的课例研究的活动中,笔者认识到在物理实验中推广和运用 DIS 辅助教学,主观感受能变成精准图像,让物理实验更有说服力。与传统实验相比较,数字化实验有许多突出的优点,如操作简单、现象直观、数据准确、原理可视,实验结果具有数据化、动态化、图表化等特点,更加有利于教学重难点。

（陆伟）

第六节　代入融合式的智慧学习场景创设与运用——综艺（美、音）学科中的展现

一、代入融合式的智慧学习场景的思考与创设

—————— **代入融合式的智慧学习场景创设——美术学科中的展现** ——————

1. 代入融合式智慧化学习场景的背景

当今世界，科技进步日新月异，网络新媒体迅速普及，人们生活、学习、工作方式不断改变，儿童青少年成长环境深刻变化，人才培养面临新挑战。义务教育课程标准必须与时俱进，进行修订完善。《中国教育现代化2035》明确指出，要"利用现代技术加快推动人才培养模式改革"，大力发展智慧教育，推进教育数字化战略，促进教育高质量发展。党的十八大以来，我国教育事业取得了长足进展，教育质量不断提升，美术课程也取得了长足的发展。在新课标的大背景下，我们以培养初中阶段学生图像识读、美术表现、审美判断、创意实践和文化理解的艺术核心素养为出发点，进一步深化新课程改革，推进素质教育，提高教学效率，打造高质量的美术课堂，尝试运用代入融合式智慧学习场景创设营造新型美术课堂，培养学生的智慧化学习胜任力，形成正确的审美情趣和审美观念，推进美育育人方式的变革，彰显学生主体地位，迎合当下学生个性化、多样化的学习和社会发展需求，强调课程的适宜性。

2. 代入融合式的智慧场景教学特点

随着信息技术的发展，微课、教学软件、交互式电子白板、多媒体、微信等逐渐进入教学领域，通过多元信息化的组合运用，大大增强美术课堂的信息容量和技术含量，打破了教育信息化的单向传播方式，极大增强了学生的想象空间，增加学生的参与感与体验感，让课堂教学摆脱场景束缚，建立起新的教学体验方式。具体而言，代入融合式智慧场景教学主要有以下几点特性。

（1）趣味性——拆分教学难点

代入融合式教育为课堂教学注入了新的活力。以往的板书形式难以直观、形象地描述艺术教育知识；投影设备的应用虽然增强了视听效果，但设备老化和室内环境灯光会影响学生学习的兴趣。代入融合式模式下，让学生通过在线同步教学提高课堂参与感。

如在预备年级"观察与视点"单元教学中，运用代入融合式工具，以微课视频制作构图变化的方式，让学生欣赏夏加尔《我和我的村庄》，并进一步引导他们展开讨论，如："微视频中都画了什么内容？你感到这些内容和以往见到的作品有哪些不同？你的感受是怎样的？""在这幅作品中夏加儿的视点与我们以往的创作视点有何不同之处，你可以尝试新的魔术组合吗？"教师还可以借助微视频，向学生展示几种不同于课本的组合方法，如用废弃物组合新形象等，并引导学生在课后找东西试一试。由此，学生可以很好地了解怎样借助物像进行魔术组合，同时学会用各类图形完成一幅新颖而有趣的图画的组合，学会改变常规思维方式进行创作。

让微课讲解代替教师进行主讲，将教师讲课的时间转化为与学生想法交流的时间。但是，教师的作用并没有就此被替代，在视频播放完成之后，教师可针对学生的疑惑和问题进行相关的解答，帮助学生进一步学习。例如，在"我设计的服饰"这节课上，在视频讲解完成之后，教师就可以与学生进一步沟通交流，问问学生想要设计的服饰是什么款式、什么风格的。然后一步步引导学生，帮助他们进行创作。另外还可以与学生进行交流沟通，为他们提出一些建议，利于学生创作能力的提高。

（2）直观性——演绎教学情境

比起传统课堂，数字课堂有着更多的可能。以画作临摹为例，传统的课堂往往采用临的形式，因为技术的原因，无法做到临和摹的结合。而"临"和"摹"是两个不同且非常重要的学习方法。通过摹写，我们可以很直观清晰地感受到艺术家的用笔，所以画起来更加精准一些，这恰恰是初学者最需要掌握的。而新艺术教室的电子屏就能很好地提供摹的操作条件。技术的保障使课堂内容丰富多彩，让每位同学都能摹出好作品。如在七年级下册"故宫"教学中，教师可通过3D技术逼真地展示北京故宫博物院，使学生沉浸在虚拟的仿真情境中，将太和殿、中和殿、保和殿尽收眼底。这种演绎教学情境的体验方式极大地提升了学生的课堂教学实效。

（3）交互性——实现学生自主

在线交互是代入融合式教育的重要特征。在线性教育的模式下，知识的传递会随着时间的变化而降低效率。从马斯洛需求层次理论看，自我实现的需要是建立在个人努力基础之上的,激发个人的潜力,才能实现创造力和自觉性的提升。代入融合式课堂的交互性提高了学生的参与度,实现了视觉、听觉和触觉的三位一体互动,促进了学生学习主动性的提升。

充分利用各类教学软件,如 ClassIn 平台。借助平台实时互动功能,在"'走进文化的美术课程'之剪纸"和"艺术作品鉴赏"这类线上美术教学课堂中,设计各类生动有效的线上互动形式。如在学习唐代名画《捣练图》时,教师用游戏的形式,将长卷中的 12 个人物、3 组场面顺序打乱,请学生重新排版,以此来调动学生的积极性,增强学生对美术的理解能力。在教授"公益招贴画设计"一课时,在线学习存在的一大问题就是无法看到学生的学习情况,为了提升学生的参与度,教师利用白板技术,在教学中设计大量互动环节,通过选择题、问答题、聊天区讨论、摄像头沟通的形式来了解学生的学习情况,让线上教学的互动方式多样化。在"多变的色彩"一课教学中,教师可通过让学生自由拼接牛顿色环,比一比谁拼得又快又准确;还可以让学生自主配色,体验不同色彩对人的心理产生的不同影响。事实证明,交互性的代入融合式实践教学会给学生带来丰富的情感体验,具有良好的教学效果。

(4) 反馈性——增强教学效果

教学反馈是把握课堂教学进度、强化教学效果的重要环节。课堂美术练习的创作过程和成果是最重要的反馈,没有及时评价的反馈是没有灵魂的课堂。由于授课班级数量多,作业的保存、批改和反馈也曾是一个问题。借助 ClassIn 等平台,完美地解决了这个问题。教师在 ClassIn 发布作业后,学生可以及时上传作品照片。此外,学生利用 ClassIn 平台可以备注自己的创作心得,让教师能及时了解学生在创作中遇到的不同问题和奇妙的灵感,及时想办法为学生提供建议和解决方法。教师可以利用 ClassIn 平台的一对一在线点评功能,指出学生作品存在的问题,鼓励他们通过不断修改完善作品,从而获得信心和成就感。

3. 代入融合式资源建设策略

美术课程的代入融合式教学实施离不开大量的教学资源,建设教学资源应立足互联网传播媒介,注重形式多样化,为全面实施代入融合式教学奠定坚实的基础。

(1) 知识体系化,凸显特色

初中阶段的学生处于感知能力和形象思维能力发展的重要时期,培养其审美能力和创新能力是初中美术教育的重要目标。教师需要以美育、德育和智育为基础,在 DBAE(学科本位)理论支持下,以生为本,循序渐进地构建初中美术学科知识体系。

知识体系化是一项长期的过程,需要从一节课、一单元、一本书到一个学科慢慢积累。体系化的构建不仅需要立足教材,而且更需要关注地域文化,融入本土人文特色。如金山农民画是上海金山民间特有的传统艺术,教师在构建地方传统艺术体系时可引导学生熟悉家乡的风土人情,了解地方文化的独特风韵,在绘制农民画的实践活动中激发学生热爱家乡的情感。

（2）形式多样化,增强趣味性

图片、音频、视频、动画和文字是代入融合式资源建设必不可少的形式。丰富的教学资源结合交互性操作,增强了学习趣味性,使被动学习变为主动学习,从而在促进学生的学习参与率上升的基础上提高了教学质量。如,在"水墨丹青"单元教学中,教师在介绍山水画笔墨特色时配以图片、音频、视频、动画和文字等综合手段,给予学生多感官体验,这样既可营造古韵、典雅的欣赏氛围,又能促进学生对中国传统文化韵味的深刻理解。

（3）资源再编辑,提高可用性

代入融合式资源存储方便,可编辑性强,可随时根据教师的教学目标要求,通过软件进行二次、多次编辑,从而保证教学资源的与时俱进、不断创新,如不同视频的拼接、局部镜头裁剪、明度调整等。教师甚至可以在制作视听教学资源的过程中分段调整,对照学情调查,分别制作适合不同班级学情的教学资源,做到个性化辅助教学。

（4）技能再升级,适应时代性

教师作为教育教学的实施者,肩负着数字资源建设的重要任务。依托社会一线公司制作教学资源是当下较为普遍的做法,但这种方法存在制作周期长、脱离教学实际需求、应用推广和实际需求间差距较大等问题。数字资源制作的专业软件一般有Photoshop、Premiere等,这些软件功能强大,但学习难度也较大。此外,美图秀秀、快剪辑等软件的推出则降低了图片和视频编辑的难度,上手也较快。在后续教学中,提升图片和音、视频编辑能力,以适应新时代数字媒体的发展,是未来教师应该具备的素质。

4. 美术教学中的代入融合式应用方法

（1）微课

微课是近几年比较成熟的一类数字资源。微课以碎片化知识的讲授为目标,以智能终端设备为学习工具,对学习时间和空间的要求较低,学习的进度由学习者自由把握。微课既可用于课堂教学,也可用于课前自习、课后复习。微课制作简单,从教者只需经过短期培训,即可通过有摄像头的笔记本独立制作。特殊时期,线上授课具有局限性,这更需要教师精心设计课程,努力营造轻松愉快的氛围,引导学生共同探究学习。在课程中,教师插入自己在课前精心录制好的教学示范微课,使学生能非常清晰地观看学习,帮助学生解决技术难题,提高学习效率。

（2）自媒体

自媒体的诞生使人人皆可成为传播者,这对知识的传播起到了加速的作用。微博、公众号、贴吧、论坛等平台的成功运行为大量的知识传播者提供了平台。以教育为主的知识自媒体账号,抓住教育个性化发展的趋势,成为代入融合式网络教育的推动者。目前,开设自媒体账号的教师数量不在少数,其通过自媒体平台知识、课件、视频和图片等资料,为学生、家长和同行提供了不受条件限制的学台。

（3）App

教育类 App 有很多,符合教学需求的 App 却不多,而且开发定制 App 成本较高。因此,在欣赏课程中,教师需要充分筛选软件应用市场现有的 App,精挑细选出高质量的 App,为学生开阔艺术视野提供可能。如,"每日故宫"是故宫博物院推出的一款App,除每日甄选一款馆藏珍品进行介绍外,还以专题栏目的方式介绍各领域的珍贵文物及代表作品,并配以高清的文物细节图,方便学生欣赏文物,体会中国深厚的历史文化底蕴。"移动美术馆"这款 App 让世界艺术珍品脱离了地点的束缚和限制,最大化地满足了喜欢世界艺术的学生的需求,既可欣赏各类作品,又可根据相应的时间和国家以及作者,查找到想看的艺术作品,为学生提供了艺术文化交流传播的空间场所,发挥了导向作用,从而使学生开阔视野并受到美的熏陶。

（4）云资源

美术教育素材较多,高分辨率的图片、时长较长的视频等资料文件一般较大,分享这类资源最可靠的方法便是存储云空间。利用百度云、腾讯微云和新浪微盘等平台,教师通过资源分享,让学生离线下载后便于线下预习或复习。合理利用云平台分享代入融合式教学资源,对拓宽学生的知识面、提高学生的素质具有事半功倍的效果。

（5）新型教学平台

在线下课堂中,数字化工具为教育提供了更多的可能和便利。教师在教授"公益招贴画设计"一课时,在线学习存在的一大问题就是无法看到学生的学习情况,为了提升学生的参与度,教师利用白板技术,在教学中设计大量互动环节,通过选择题、问答题、聊天区讨论、摄像头沟通等形式来了解学生的学习情况,让线上教学的互动方式多样化。如,初中学生正处于美术发展阶段中的拟写实期,对自己的作品会产生批判意识,出现眼高手低的情形。因此,他们经常对自己的作品感到不满意,公开展示作业会感到有压力。为了解决线上课堂教学中无法对作品进行一对一交流的问题,教师通过在微信上建群,开设美术小教室,以 ClassIn 为作品平台,通过一对一指导等方式,创造更具个性的空间,让学生更精确地表达思想,展示自己创作的过程。在教师的个性化指导下,学生的作品质量有了明显的提升。课后,微信学习小组将搜集到的创作素材提交教师检查通过后,分享到班级群,发挥了美术特长生的积极引领作用,丰富了美术创作的资源。

5. 成效

智慧化的教学场景在美术课堂中的融入能够更多地考虑到学生的具体需求,支持学生的个性化发展,使学生在学习美术知识的过程中不断地体会到美术课堂所带来的变化,同时学习美术知识,掌握相关的能力,改善学生对于美术课堂的错误认知。智慧化的教学场景在美术课堂中的融入,可以极大地吸引学生的注意力,使学生的课堂时间得到更有效率的运用。实践表明,代入融合式的智慧化的教学场景切实提高了广大学生对于美术课堂学习的参与兴趣、自学能力和协同合作能力。实现对于学生美术学习的良性影响,使学生养成良好的学科学习习惯,对相应的美术知识进行更为系统的学习,充分发挥数字化信息技术对美术教学方式、学生学习成长方式的推动性,实现新课标背景下的美术高效课堂。

6. 结语

综上所述,代入融合式的智慧学习场景是一条基于信息化、数字化环境的生态化、体验式的教学链。从课前开发网络美术资源到美术创作方式的数字化,以及课后交流与拓展学习的延伸,培育了学生的数字化学习胜任力,形成了正确的审美情趣和审美观念,培养学生感受美、鉴赏美、创造美的能力,从而全面提升学生的美术素养。

(潘申申)

二、 代入融合式的智慧学习场景的实践与探索

代入融合式智慧学习场景赋能初中艺术教育

自党的十八大以来,发展数字经济就已上升为国家战略。十九届五中全会提出,发展数字经济,推进数字产业化和产业数字化。2022 年政府工作报告中明确了加强

"数字中国建设整体布局"的工作目标。而在这一宏伟目标下,教育作为全面建成社会主义现代化强国的基础性先导性工作,必须要正视改革发展需求,以科技创新倒逼教育体系改革、推动教育体系升级,建设以数字化为支撑的高质量教育体系,消除教育发展不均衡,实现教育现代化、教育信息化,从而完成从教育大国到教育强国的转变。2021年,教育部等六部门发布《关于推进教育新型基础设施建设构建高质量教育支撑体系的指导意见》,指出要以新发展理念为引领,以信息化为主导,面向教育高质量发展需要,聚焦信息网络、平台习题、数字资源、智慧校园、创新应用、可信安全等方面的新型基础设施建设;2022年,《教育部2022年工作要点》明确提出实施教育数字化战略行动。同年,教育部党组在《筑牢教育强国建设之基》一文中再次提出,坚定推进教育数字化战略行动。这些文献无不在给我们一个启示:必须正视和加快推进教育数字化。艺术教育作为学校教育重要的组成部分也应当与时俱进,为国家从教育大国发展成教育强国作贡献。

那么,初中艺术教育的现状又是怎样的呢?

第一,课程设置单一。目前,大多数初中的艺术课程设置相对单一,主要集中在美术和音乐方面。这导致学生缺乏接触其他艺术形式的机会,如舞蹈、戏剧、摄影等。

第二,教育资源不足。许多初中学校由于资金、师资等限制,难以提供充足的艺术教育资源,如场地局限、缺乏相关器材等,影响了艺术教育的正常开展。

第三,教育观念落后。部分学校和教师对艺术教育的认识不足,仍然坚持传统的应试教育观念,忽视了学生的艺术兴趣和天赋培养。

第四,评价体系不完善。传统的初中艺术教育评价体系相对单一,往往以学生的成绩作为唯一的评价标准。这种评价体系无法全面反映学生的艺术素养和潜力,也难以激励学生积极参与艺术活动。

第五,师资力量不足。由于艺术教师数量有限,许多学校无法配备足够的艺术教师,艺术课程的质量难以保证。同时,部分艺术教师的专业素养也需要进一步提高。

针对这样的现状,艺术教育如何更好地体现人文性,更好地融入生活呢?经过思考,我们发现需要一种新型的教学法去打破原有的限制与束缚。于是,代入融合式智慧学习场景建设便应运而生。

1. 代入融合式智慧学习场景的概念界定

代入融合式是一种教学方法,旨在通过引导学生进入一个特定的情境或角色,促进学生对学习内容的理解和体验。这种方法通常涉及将学生置于一个模拟的环境中，让他们扮演特定的角色或从特定的角度看待问题，从而更好地理解和掌握知识。

代入融合式智慧学习场景，简单来说，就是通过虚拟现实、增强现实等技术，将学习内容与实际场景相结合，让学生在沉浸式的学习环境中获得更深刻、更真实的学习体验。

2. 代入融合式智慧学习场景情境要求

为了更好地在艺术教育中融入代入融合式智慧学习场景教学法，我们还要弄清楚该学习法对实施情境有哪些要求。经过实践与思考，代入融合式智慧学习场景有以下情境要求。

（1）情境创设的真实性

为了使学生能够真正地代入角色，情境的创设必须具有真实感。这要求教师对艺术作品的背景、历史和文化有深入的了解，并能够根据学生的认知水平和生活经验进行情境的设计。

（2）情境与艺术内容的关联性

情境的创设必须与艺术教学内容紧密相关，能够帮助学生更好地理解和体验艺术作品。同时，情境的创设也需要考虑学生的兴趣和需求，能够吸引学生参与和关注。

（3）角色代入的适度性

在引导学生代入角色时，教师需要注意适度性。学生应该能够在角色代入的过程中获得真实的体验和感受，但也要避免过度沉浸于角色中，导致对艺术作品的整体理解和欣赏受到影响。

（4）教育目标的明确性

代入融合式艺术教育的目标应该明确，旨在提高学生的艺术素养和审美能力。因此，教师在创设情境和引导学生代入角色的过程中，要始终围绕教育目标展开，确保教学活动的有效性和针对性。

（5）技术手段的辅助性

为了更好地呈现艺术作品和情境，教师可以借助一定的技术手段，如多媒体、虚拟现实等。但需要注意的是，技术手段只是辅助工具，不能替代学生的实际体验和教师的指导。

3. 代入融合式智慧学习场景的实践运用

代入融合式智慧学习场景的实践运用需要根据学生的需求和艺术教育的内容进

行选择和应用。代入融合的方法能更好地激发学生的学习兴趣和参与度,提高学生的艺术素养和审美能力,使艺术教育更深入人心。具体有几种代入融合的方法。

(1)角色扮演

学生通过扮演艺术作品中的角色,亲身体验角色的情感和经历,从而更深入地理解艺术作品的主题和意义。这种方法在戏剧、舞蹈等表演艺术中尤为常见。

(2)艺术创作实践

学生通过亲身参与艺术创作,如绘画、雕塑、音乐等,将个人的情感和体验融入作品中,从而更深入地理解艺术的创作过程和表达方式。

(3)艺术史与文化背景的融入

在艺术教育中融入艺术史和文化背景的介绍,帮助学生了解艺术作品的历史和文化背景,引导学生从更广阔的角度理解艺术作品,增强学生的文化素养和艺术鉴赏能力。

(4)互动与讨论

通过组织学生之间的互动与讨论,鼓励学生表达对艺术作品的看法和感受,激发学生的创造力和想象力,培养学生的批判性思维和表达能力。

(5)利用技术手段增强体验

利用现代技术手段如虚拟现实、增强现实等,为学生提供沉浸式的艺术体验,帮助学生更直观地感受艺术的魅力,增强学生对艺术的兴趣和参与度。

4. 代入融合式智慧学习场景实践运用的效果

在我校京剧艺术教育中,我们探索和实践运用代入融合式智慧学习场景不仅提升了教学效能和质量,使学生获得了更好的艺术教育体验,还得到了社会各界的认可,可谓收效显著。在上海京剧院、小梅花基地的关怀下,我校在全市 60 多所京剧艺术传承学校中脱颖而出,被选为九所上海市小梅花基地孵化学校之一,也是长宁区唯一的一所上海市小梅花基地孵化学校,并在 2024 年 5 月份挂牌。"学习强国"、长宁融媒体以及市民与社会节目对我校进行了报道。个人根据京剧社团的教学实践撰写了论文《京剧活动中表象学习的原因、对策与研究》,并开展"'京韵京神'融入式教学的实践研究"的长宁区区级课题的研究。所撰写的京剧社团相关论文在教育部期刊、长宁教育以及公开发行书刊中发表刊登。培养的学生荣获上海市青少年戏曲演唱大赛京昆(个人)组一等奖;荣获上海市中华优秀文化传承暨"我是非遗传习人"金奖;荣获上海市民文化节长宁文化民星奖;荣获上海市学生艺术单项比赛一等奖等。

5. 小结

实践告诉我们，代入融合式智慧学习场景赋能艺术教育，能够让学生身临其境地感受知识的实际应用，更好地理解抽象的概念和理论；可以激发学生的学习兴趣和主动性，让他们更加积极地参与到学习中来；更能够培养学生的创新思维和实践能力，为未来的学习和工作打下坚实的基础。代入融合式智慧学习场景赋能艺术教育的能量是无穷尽的。

（王莉雯）

第七节　虚拟增强现实的智慧学习场景创设与运用——综合（生、地）学科中的展现

一、　虚拟增强现实的智慧学习场景的思考与创设

―――――　初中综合理科沉浸体验式学习场景的创设与运用　―――――

1. 研究初中综合理科沉浸体验式学习场景的意义

国家的"十四五"规划提出，深化教育改革，要把握知识更新和信息技术高速发展对教育深度变革带来的影响，构建智慧学习支持环境，实现教育信息化模式创新，推进信息技术和智能技术深度融入教育教学全过程，适应数字时代的人才培养和教育发展需求。

当前全球教育领域正在密切关注人工智能技术、大数据分析技术与虚拟现实技术对教育发展的作用及其在教育中的应用。"教育 4.0"时代正向我们快速走来。"教育 4.0"时代的本质特征是一个以学习者为中心的时代。基于虚拟现实多媒体技术的教育应用，可以让人们的学习从感官系统上改变对现有世界的空间认知感。《上海教育》的《地平线报告（基础教育版）》将虚拟现实描述为"通过电脑技术将虚拟的信息应用到真实的世界"，即通过基于多媒体计算机技术、传感技术、仿真技术的多种呈现方式，生成逼真的视觉、听觉、触觉一体化的特定效果，使师生与虚拟环境中的对象进行交互作用，进入沉浸式的交互学习场景，从而产生亲临真实环境的感受和体验。

在"教育 4.0"时代，师生面对的是未来的智慧课堂，课堂中学科逻辑可能不再是唯一主导的教学内容组织方式，教师也很难再作为唯一的教学内容的权威存在，学生的心智成长、知识体系的自我建构已由学习兴趣驱动，由运用知识和技能完成学习任务转向解决问题、应对挑战、发展能力这些最重要的核心素养。因此，给在未来课堂中的每一名学生提供良好的教育数字化转型的学习状态、发展状态、成长状态，改变目前的课堂形态和常态，为课堂学习的主体——学生的和谐、自由发展打造一个教与学的全

新环境,努力构建支持智慧学习的沉浸体验式虚拟现实学习场景,建设形成面向下一代网络的智能学习体系,推进信息技术和智能技术深度融入教育教学全过程十分重要,也是必需的。类脑科学的大量研究告诉我们,如果我们未来的学习让学生对学习内容的形式不感兴趣,那么再精心组织的课程学习,学习者的大脑也只会绕道而行。而体验式、在地化的新型的课堂形态学习让学生在现场充分运用多感官来感知接受信息,经历项目化、问题导向、深度学习的学习过程和实践有助于师生共同建构更坚实的知识体系,培育出创新和创造力。

面对日益信息化数字化的时代,我们的初中理科课堂(生命科学/地理)的教学也必需跟上时代的步伐,融入时代,革命性重塑,数字化全面赋能,努力创设基于指向未来课堂的智慧学习场景,借助数字化沉浸式体验,为每一名学生创设新的场景、媒介下的学习体验,以项目学习带给他们更多的学习乐趣,同时满足个性化的学习要求。在沉浸式的体验中增强理科的学习认知,达到学习的高峰体验感,实现自我成就感,逐步实现知识建构、素养形成、生命成长三者之间的共鸣。同时,教师也可以在不断探索和孕育新型的教与学模式和教学方法的过程中更好地丰富课堂的体验,落实"智慧课堂的改革"和"未来学校的发展"设想,塑造新的学习生态,实现区域教育未来课堂的"开放、智慧、互动、创生、体验和实践"的教学目标,破题解决目前青少年创新思维发展的培养瓶颈,也努力解决和回答"培养什么人、怎样培养人、为谁培养人"的问题。

2. 初中综合理科沉浸体验式学习场景的研究目标

第一,探索基于未来课堂的学习情境下,沉浸体验式学习场景创设应用于初中综合理科学科教学的价值内涵。

第二,研究基于信息技术支持下的沉浸体验式学习场景创设对未来课堂教学形态的转变,教师如何营造富有活力的课堂开展教学,并如何在教学中更好发展学生的创新潜质。

第三,通过现代信息技术和教育技术深度融合应用,研究针对初中的未来课堂学习中如何加强学生的学习体验和提升科学素养和关键能力,以及场景应用开发中的科学性、合理性、可操作性,并实施相应的教与学的评价。

3. 初中综合理科沉浸体验式学习场景的实践研究过程

以驾校培训新手司机为例,现在的学员学车也开始数字化了,只要戴上 VR 头盔,头盔里显示开启驾驶元宇宙,即可进行驾驶的教学体验。传统实车训练难以实现的常见事故、恶劣天气、复杂路况等,都可以通过模拟训练完成。通过智慧学车的"黑"科技——VR虚拟现实技术、AI人工智能技术,让学员在沉浸式环境中体验驾培和交通安全教育学习,不仅学习驾车技能的效率更高,而且学习驾驶的质量、学车体验与传统学车方式均不可同日而语,新手司机的安全驾驶能力还能得到更好的提升。

(1) 什么是沉浸式学习场景

① 基于虚拟环境的学习场景

上述的 VR 和我们如今耳熟能详的 AR 即是虚拟现实(Virtual Reality,缩写为VR)和增强现实(Augmented Reality,缩写为 AR)。

如果在一条轴线上呈现真实世界和虚拟世界,它们必然分布在轴线的两端,其间的位置属于混合现实。AR 在轴线上更偏向真实世界的一段(见下图),它以真实环境为基础和依托,将我们所需的信息和内容转化为计算机生成的数字化信息和图像,叠加合成显示在真实情境,通过虚实结合的方式和效果,加强用户对真实世界的感知和理解。

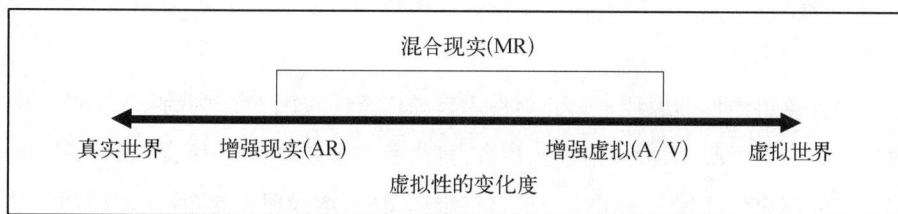

真实世界—虚拟现实连续体

增强虚拟现实技术基于计算机的显示与交互、先进网络的跟踪与定位等技术,将计算机形成的虚拟信息叠加到现实中的真实场景,以对现实世界进行补充,使我们在视觉、听觉、触觉等方面增强对现实世界的体验。通过让我们介于完全虚拟和完全真实之间,在我们的意识中形成实中有虚的效果,扩展认知世界的维度。这也是当前人机交互技术发展的一个重要的方向。

② 增强虚拟现实技术的特点

增强虚拟现实(AR)技术的最大特点是真实环境和虚拟环境相结合,它能使现实生活中的真实环境和计算机生成的数字图像信息共存,将虚拟物体拓展到真实环境中,并借助传感技术将虚拟数字信息准确"投放"到真实场景中,让虚拟数字信息与真实环境融为一体。此外,虚实融合不仅仅是单纯的图像叠加,还可以进行实时信息的交互,增强的信息不再是独立的部分存在,而是和用户的活动融为一体,真正实现真实世界与虚拟物体之间的结合。再者,AR 技术产生的增强信息是定位于三维环境的,它可以根据用户在三维空间中的运动,调整计算机产生的增强信息,随着设备的移动,画面可以相应地呈现变化,并精准"对准"以调节视野。

③ 增强虚拟现实技术的应用价值

目前,增强虚拟现实技术在商业的应用比较广泛,在教育领域的应用相对有限,但作为一项融合可视、互动的信息技术,增强虚拟现实技术有助于师生在教与学的过程中思维方式科学化,通过积极的动手操作和实践,更准确地把握自然现象和生命实质。增强现实技术可以为我们呈现全息图像、虚拟实验、虚拟环境等的应用,有助于师生在学习体验的过程中行为能力不断地增强,更好地适应由于 21 世纪互联网时代信息技术的发展对人类生产生活方式的重新定义。

(2)沉浸体验式学习场景的创设

① 增强虚拟现实技术的技术基础

增强虚拟现实技术同时包括真实世界和虚拟世界要素的环境,其出现与以下技术的进步密切相关。

一是计算机图形图像技术。此项技术目前广泛地应用于 AR 增强现实产品中,以可佩戴设备的谷歌眼镜、微软眼镜为代表,可为我们带来更具互动性的视觉 AR 体验。

二是空间定位技术。为了达到信息精准的目标,增强现实的图形图像需要定位给用户,借助三维环境注册系统的支持,一旦用户位置改变、视野发生变化,增强信息也同步更新变化。

三是 AI 人工智能技术。作为智能技术,其运作原理是基于用户数据进行计算和预测,从而将软硬件设备和人的能力更好地进行结合。

以上三方面的技术的不断创新发展可以为增强虚拟现实技术的发展提供有力的保障。其中的显示技术、跟踪和定位技术、界面和可视化技术以及标定技术是增强虚拟现实技术实现的关键技术。

② 现阶段课堂实践可采用增强虚拟现实技术的硬件技术设备及软件选型

除核心技术之外,增强虚拟现实技术的实现还需要一些硬件设备的支撑,硬件设备主要有以下类型(见下页图)。

一是交互智能教学大屏平板,接入互联网,下载应用软件,获取网络资源,实现输入输出设备、文件的中转。

二是移动端设备,如小型平板电脑或手机等,体积小巧,操作方便,便于通过无线

Wi‑Fi或4G/5G网络上网。

三是头戴专用眼镜,可让用户不需要其他移动设备即能看到计算机处理后的合成效果,有些眼镜还能通过投影在用户前方的真实世界投放虚拟影像。

四是摄像头和传感器。摄像头用于追踪和测绘现实,传感器主要有红外传感器、压力传感器、光电传感器等,用于实现互动的体验。

五是操控设备。有些沉浸体验学习场景结合摄像头、头盔或头戴眼镜追踪到数据,需要再发出一定的操控指令,这就还需配备数据手套,感知手部的位移变化,使系统得到相应的指令。

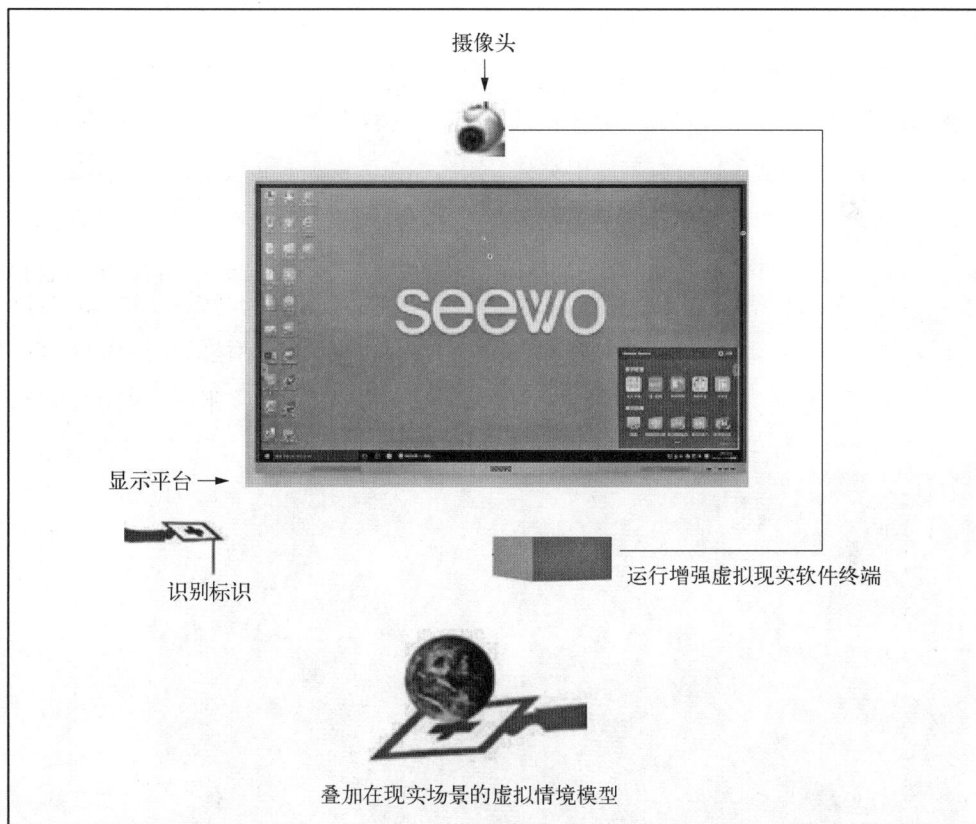

增强虚拟现实技术实现基本组成部件

增强虚拟现实系统定位过程涉及视域、对象、传感器等多方面,然后将定位数据投射到实景之中,并在电脑屏幕上呈现。目前,应用程序智能化设计,使一般的教育用户只需进行简单便捷的操作,即可生成图形图像,并通过网络信号传输匹配,就能开展教学实践尝试。

近几年来,我们持续关注上海教育博览会和上海教育装备展览会中的相关增强虚拟现实技术的项目。通过这两个优秀平台,我们看到了以"数字新时代 教育大未来"为主线展示的众多先进教育数字化信息技术的新成果,了解了新技术如何让教育更优质、更可及。经过比较研究,我们结合学校"龙头"研究课题——提升教学效能的"智慧学习场景"构建研究和教研组课题——指向未来课堂的初中综合理科智慧学习场景的创设与运用研究,选择了比较贴合组内学科(生命科学/地理)应用的需求,提供免费试用的"知识视界 3D 互动模型"进行了学科沉浸体验式学习场景教学创设和运用。

该互动模型属于 3D 仿真模型,以建构高品质的交互式 3D 仿真模型为主体,包含动物世界、植物王国、人体科学、地球百科等七个大类,内容丰富,配合触摸操控,数字模型可旋转、可缩放、可拆解,不使用头戴专用眼镜也能够展现传统平面软件无法展示的立体结构,让用户看见平常无法看见的世界,实现眼睛看、耳朵听、双手动、大脑思考的沉浸式"阅读",并结合趣味测试、互动游戏,形成可互动、产生"动静结合"的特色体验服务。

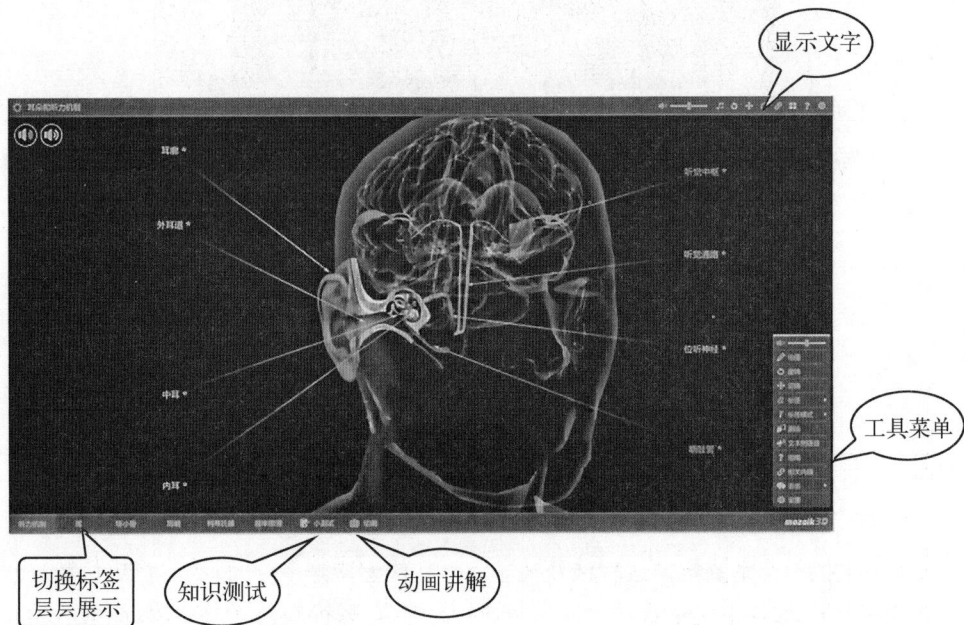

3D互动模型使用界面和相关功能示意图

③ 课堂的初步应用部分实例

a. 人体结构层次

人体的结构层次是学生学习生命科学认知人体构成中的一个难点,借助增强虚拟现实建立的学习场景,让学生可以任意操作,如旋转、分解、多角度分层观察人体的层次,在触控操作中更好地直观地关注人体的各个系统

触摸缩放

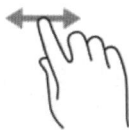
滑动旋转

3D互动模型的
操作示意图

和器官,对照自身个体,虚实结合,能极大地满足学生对人体构成的好奇心,更好地全身心投入生命科学学习。

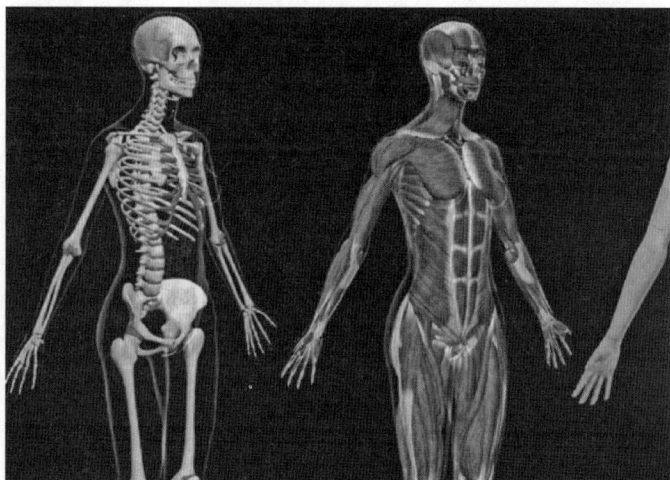

人体的构成

b. 植物的生长和光合作用

植物生长的过程是怎样的?生长期间植物各部分逐步发生了什么变化?营养如何吸收?最重要的光合作用是如何进行和完成的?光合作用有什么意义?利用3D知识模型建立的学习场景,学生通过深入式的观察和交互的操作,能够对植物的生长发育过程和光合作用的认知有了比传统教学方式更好的理解和把握。

c. 地球

地球是我们人类赖以生存的家园,它无私地为我们提供着生存的资源和条件。作为地球上的高等生命形式,我们要像善待自己一样去了解它、保护它。以往的教学中,教师和同学使用的是地球仪实物,携带和使用都不是很方便,图片和视频基本上是二维平面的,有的时候会限制学生的思维和想象力。现在提供地球的三维学习场景,可

植物生长与光合作用

转动、缩放、切换视角，学生可以从"上帝"视角能够获得更丰富和全面的地球信息，通过可视化、深度互动，构建对我们生存星球的全新的、科学的认知，而且不仅是现在的，还包括对地球过去的几十亿年的变化的认知。

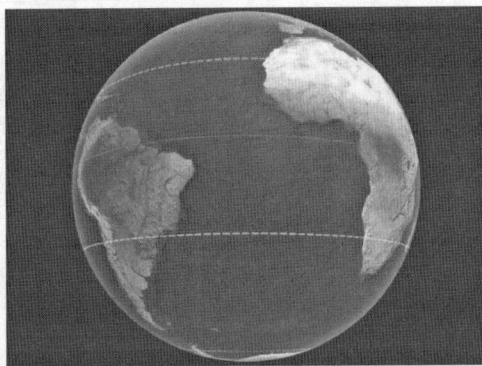

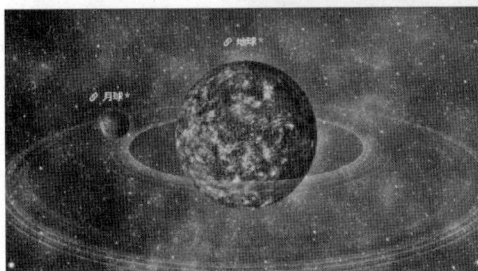

我们的地球

d. 地球的运动

地球的公转是初中地理教学的重点内容之一，涉及地球公转运动的方向、周期和特点，包括四季的形成和五带划分等。其中，四季形成和五带划分原因是教学中的难点,因为四季形成和五带划分与地轴倾斜和地球位置有关,本身就是很复杂的问题,也十分抽象。同时,六年级学生初学地理,综合分析问题的能力相对不足,大部分学生对此学习内容不能很快地理解。提供3D学习场景后,良好的动态演示效果和交互学习资源,有助于教师把握教学重点、突破难点,可促进学生主动建构知识体系,较快地掌握相关学习内容。

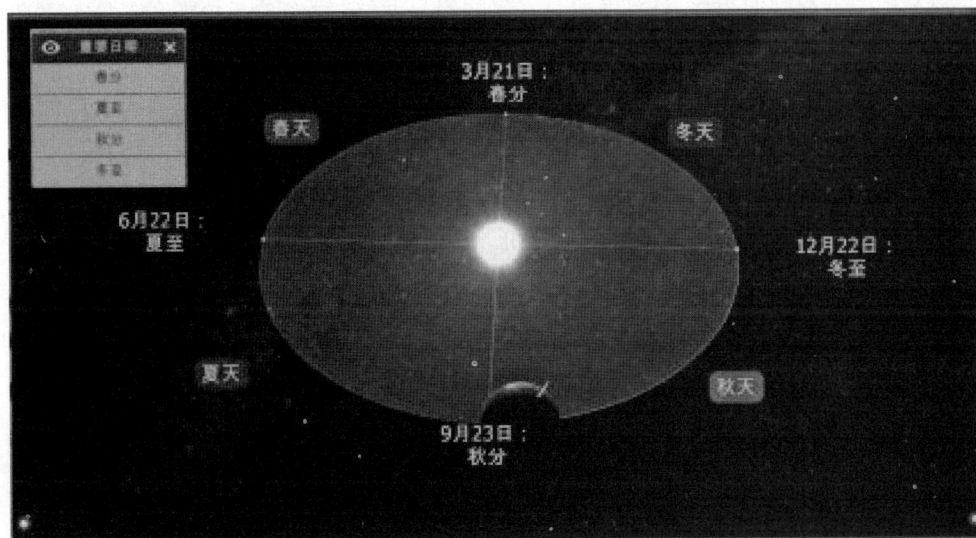

地球的四季形成

4. 沉浸体验式学科学习场景创设和运用的成效和思考

(1)学习场景虚实结合构筑新的学习生态

未来的教育是基于数据、信息的教育,数据驱动学校创新。未来的学校或课堂可能是虚拟学校/课堂与真实学校/课堂的融合,即是一种虚实结合的复合体。基于我们对未来学习的预测,未来的学习肯定不再会依靠传统教师。教师的工作将发生根本的转变,许多传道授业解惑的任务很可能会被未来的机器设备所取代。那么教师还能做些什么呢? 教师的作用将会是创设众多适合的智慧学习场景提供学生使用,学生则根据各自的需要在多样的空间、智慧学习场景中以多样的方式进行学习。

① 使用增强虚拟现实技术教师教学和学生学习后的反馈

从我校综合理科教研组生命科学和地理两个学科师生对于使用增强虚拟现实技术创设的一些学习场景的试点运用来看,6位学科教师一致认为增强虚拟现实技术达成了较为突出的教学效果。首先,信息量丰富,教师可以少讲甚至不讲,通过场景展示、指导学生屏读信息、环境沉浸体验即可完成绝大部分教学信息的传递,很大程度上改变了使用传统课件演示、实验示范、讲解知识点的教学模式。其次,教学中还可以及时通过练习、测试和小游戏反馈学生的学习程度。对于学生,我们在试点学科和试点年级每班随机抽取5名学生学习体验后进行问卷调查,学生100%反映喜欢这样使用虚拟现实的三维界面进行教学互动。教学中,大家可以自己上台动手操作,沉浸在学习环境中根据教师的指导,对自己想要学习的内容进行点击操作。比如对人体系统和内部结构以及地球的主题学习内容,可以自由地完成旋转缩放,从任意角度来进行观察、思考,近距离观察欣赏;可以对细节拆解深入学习了解,认真阅读显示的专业知识概念解说,各个层次具象化、形象化,高度逼真、互动性高、临场感强,学习内容科学严谨,趣味性也很不错。对于是否通过学习体验实现学习成效,学习场景中可以比较方便地找到练习、测试的部分,开展自我评价,通过情境学习,有助于激发学生自己学习地理和生命科学的学习动机,达到更好的学习成效。

②使用沉浸体验式学习场景对课堂实现翻转

增强虚拟现实技术给课堂学习带来的体验更生动、更具互动性,学习空间被打开,学习场景中可以集成更多的信息及时传递给学生。学生通过交互平板电脑和终端将实体(如生命体、地球等)与虚拟世界相结合,不仅能看到局部的、抽象的、深层的细节,而且能获得整体的、系统的、全面的感知,并能够选择隐藏部分图层,单独查看所需要重点学习部分的结构和功能原理,完全有别于现在一般课堂教学中广泛的、同质化的文字音频视频使用展示形式和效果。通过融入学习场景在情境中的学习体验,有助于增强学生对真实世界的理解和掌握。"所有真正的教育都来自体验(杜威)",体验式学习在未来课堂中是一种重要的学习方式,因为体验需要个体与所处环境之间的沟通和互动。

③沉浸体验式学习场景运用后教师在教学中身份角色的变化

由于创设了学习场景,并且场景的主要使用者和体验者是学生,教师在教学场景中的作用更多的是向学生简单介绍一下教学主题、学习情境的大致构架后,即可把学习的"中央舞台"让给学生。这里就存在一个教学流程再造的问题,因为教师的工作发生了根本转变,我们把"传道授业"的任务让渡给可以"不知疲倦耐烦、可连续重复工作"的电脑,但教师是创设、提供适合的学习场景学习资源的引领者、教学活动的组织者,教师仍是学生的"灵魂工程师",是他们学习的陪伴者、动力的激发者、情感的呵护者。整个学习过程的创生、主导离不开教师,只不过在具体的学习活动中,我们暂时后退一步而已。除此之外,组织好学生有序参与增强虚拟现实的体验,发现学生学习的难点和瓶颈,点拨学习方法,及时指导学生调整学习策略,更好地取得学习效果,对他们的学习进行评价,这也是未来教育的学习中教师的重要职责。

当然,随着未来教育的进一步发展,大数据快速处理、人工智能参与学习,学生数据的及时感知、获取和智慧评价可能也会进一步自动化,取代教师对学习过程的跟踪记录,卓越教师的创造性教学实践肯定也会不断增能提级。

(2)沉浸体验的学习场景对学习进程的革命性重塑与数字赋能

未来学生认知学习的界面将会发生革命性变化和重塑,他们身处智慧学习场景,进行以屏读为主要方式的学习,信息以图像、声音、视频、虚拟现实等多媒体形式呈现,学生对生命科学和地理学习主题和内容的建构将可能更多地从感官而不是解读文本结构开始的,对事物的认知可能是在沉浸式环境中多感官的参与,混合现实会让学习和认知效率极大地提升。不断优化的智慧学习环境和学习场景使学生可以进行自适应的学习,并将对他们的创造性和问题解决能力赋能。

① 增强虚拟现实技术的应用中改变数据的处理方式

增强虚拟现实技术可应用在可视化和深度互动的学习形式中,能够将数据信息实时、敏捷地叠加到现实环境中,使数据的呈现立体化和可视化,并能够进行人机互动。

② 增强虚拟现实技术应用中改变对事物的认知建构

增强虚拟现实技术的对学习者输入信息的有效响应,让场景学习的应用对于我们的学习和评价更有意义,学习者可以在现实世界生活经验的基础上,更好地与虚拟物体或对象通过互动形成认知和建构。

③ 增强虚拟现实技术应用中改变对学习材料的理解

增强虚拟现实技术应用中学生对接触到的学习材料会更具有感性认识,如对地球深处的变化、人体内部系统器官生理活动的变化过程,以往都是很难很好去理解的,是学习中的重点和难点,借助技术支持下的沉浸式体验学习场景,便产生了突破。

④ 增强虚拟现实技术的应用改变教学情境的创设手段

未来课堂中的学科逻辑使教师一般很难再作为唯一的教学内容的权威存在,学生更多会由学习兴趣驱动、灵活运用信息技术来完成学习任务,实现心智成长、知识体系自我建构。教师重在进行教学设计,引导学生进行深度学习。作为学习设计要素的教学法实践、学习伙伴关系、教学工具和学习环境四个方面,创设三维的、沉浸式、基于增强虚拟现实技术的数字化学习环境或教学情境,较之传统意义上的情境创设,可以帮

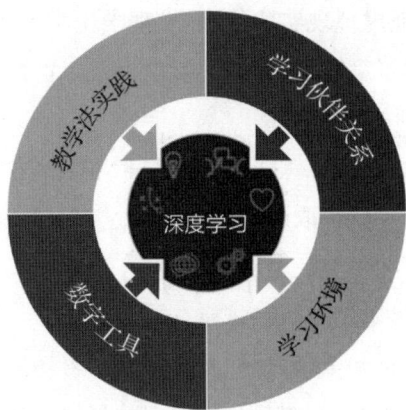

深度学习的四个要素

助教师更好地将学生的学习和生活的联系衔接得更为自然、紧密,让学生能全神贯注地保持在学习区学习的状态,有助于学生学习迁移能力的培养。在我们的实践过程中,有时候一节课不知不觉结束了,学生们惊呼学习时间已经过去了,这样的学习让学生在学习中体验愉快,也体现了课堂活力。

⑤ 增强虚拟现实技术应用涉及无边界学习

增强虚拟现实技术与移动设备的结合,越来越普及成为一种学习工具和学习方式,将使正式学习和非正式学习的界限越来越模糊,促进了学习生态的进化,学习者可在虚拟现实的学习场景中实现无边界学习。所谓无边界学习,即突破固有的边框束缚,建立适应未来教育的新边界,创建"人人皆学,时时能学,处处可学"的学习环境,引导学生完整成长。那么,我们在利用增强虚拟现实技术创设指向未来课堂的学习场景时,应更重视学科之间、学校和社会及生活的融合,借助教育数字化转型契机,打破学科的固有界限,通过课程资源的多元化组织,突破既有的知识中心定式,通过教学组织方式的调整,突破既有的课堂中心定式,使知识和课堂由分科、封闭、单一的状态走向整合、开放、多元,以学习者的经验为基础、以真实问题为核心,重点进行以 STEAM 形式的、多学科整合的项目化学习,使学习成为一种关乎知识世界、生活世界和个体经验世界的整体性学习。解决问题、应对挑战、达成学习目标、发展能力对教育教学创新实践,既是机遇,也是挑战,促使学校教师以此更好地培养学生、服务社会。

类脑科学的大量研究告诉我们,如果我们未来的学习让学习者对学习内容的形式不感兴趣,那么再精心组织的课程学习,学习者的大脑也只会绕道而行。而体验式、在地化的学习,让学生在现场可以充分运用多感官来接受和感知,经历项目化、问题导向、深度学习的学习过程和活动实践,以此建立的新型课堂形态,实现未来课堂的"开放、智慧、互动、创生、体验和实践"的学习模式,有助于学习者为今后建构坚实的知识体系,培育创新精神和创造力,达成核心素养的培养目标。

(3) 新的学习场景运用对未来课堂构建的价值和内涵

① 促进教学模式发生变化

在"智慧"的学习场景中通过学习目标和任务的设定,增强虚拟现实技术的支撑,使我们的学习空间支持开放式的教与学方式,符合学习认知规律,激发学生主动探索,有利增强学习效果,非封闭的、开放式的问题有利于交流、协作,生成生生互动、师生互动、线上线下互动的创意学习空间。互动不仅仅局限于师生之间、生生之间,还包括人与技术、技术与设备、人与学习资源等方面之间的互动,给课堂教学的模式带来了活力和全新的革命,有助于学习场景中习得的知识和技能迁移到真实世界,有利于培育出更多的创新型人才。从我们目前所做的一些教学研究尝试来看,重构了如下的几种教学模式。一是自主学习课堂模式:前置学习—小组交流—小组汇报—拓展延伸。二是先体验后学习模式:先学(3—5分钟),调动学生学习的积极性;略讲(5分钟左右),根据内容简要介绍内容;小组探究(10—15分钟),组织学生开展实践活动;质疑讨论/小结。三是问题探究课堂模式:根据场景设计问题,抛给学生;体验学习,体验中进行思考;交流讨论,解决问题和存在的疑惑;总结归纳,厘清思路。未来的课堂学习模式中,创生、互动应成为课堂的核心,学生通过互动从学习环境中得到学习,同时通过反思自己得到的学习体验,促进学习能力的增长。

② 有助于学科知识图谱构建

尽管增强虚拟现实构建了学习场景,让学习者通过自身的自适应学习系统就可以更好地开展学习,但我们构建和提供的学习场景学习内容应该是结构化的。在学习场景的设计方面,应包含详细的学习内容和知识点结构图,即知识图谱或一定知识领域的内容模型,才能有效将多元化的知识数据整合复用,更好地满足个性化应用需要。同时,课程资源组织需要分析面对学生的能力水平,学习平台应根据每个使用场景学习的学生的能力水平,智能化地提供相应的反馈评价,以匹配对应的学习内容。

③ 带动项目化学习的开展

基于沉浸体验式学习场景的学习,我们认为以项目化学习的形式开展较为适宜。项目化学习的本身即是以丰富的情境创设便于激发学习者围绕项目提出问题,完成项目任务的过程就是学习者感悟学科知识、概念、原理的过程,从而自主运用学科知识、概念、原理,掌握一定的科学技能,发展形成自己的高级思维能力。在信息网络支持下的数字化学习中,学生往往很快在学习过程中形成"小组学习共同体",发挥各自的优势,互帮互助,可以更好地促进学习理解,最终更好地展示学习成果。项目式学习也有利于促进学习评估,教师可在课堂中腾出时间加强观察记录,更好地对每个小组中的学生进行学习状态的评估。因此,基于信息技术支持数字化转型的学习场景运用对未来课堂教学形态的转变,打造活力课堂开展教学,促进创新潜质的发展,意义重大。基于沉浸体验式的项目化学习也是未来课堂的常态化"生态"。

还是以学习开车为例。华东师范大学课程与教学研究所所长崔允漷教授在《试论核心素养的课程意义》的报告中曾针对核心素养做了一个形象的比喻,以说明未来课堂中知识、技能、能力、素养的关系:只了解关于汽车的常识,进行交规的考试,这是"知识";之后会倒车、移库等,这是"技能";怎么能够到"能力"? 一定要给驾车学员提供情境,所以有小路考、大路考、夜考,学员的知识技能才能表现为"能力"。能力怎么变成"素养"? 还需要学员反思,直到学会驾车并能把车开好,这才有"素养"。而诸多素养中的安全驾驶、礼貌行车、尊重生命分别是"关键能力""必备品格""价值观念"。如果只教很多的交通规则,学员能考证但不会上路开车又有什么用? 反过来说,如果司机技术好、能力强,没有"素养"也很危险。这个例子很能帮助我们理解未来的教育要关注什么、教师到底要为未来培养什么样的人。说到底,培养学生的核心素养其实就是培养关键能力、必备品格、价值观念。而学生要在课堂上获得关键能力、必备品格、价值观念,就需要有教师经过精心设计、精心指导的可进行深度学习和自适应学习的课堂空间学习场景。

近年来,"深度学习"已经成为当前教育中的热词,深度学习即是发展核心素养的学习。前面已提到深度学习的学习设计要素中学习环境/情境创设是必不可少的。对教师来说,目前就是要不断研究指向未来课堂的学习,更好地创设和运用"智慧"学习场景,以解决目前课堂学习普遍存在的学习停留在知识的表层,只专注于知识的获取,促进学生在课堂进行深度学习目标的达成,对学习内容深度理解、达成高阶思维、学会解决问题。

自适应学习指的是随着信息化大数据人工智能时代的到来,并行计算、大数据分析和深度的学习算法技术的融合和深化,学习将有利于呈现个性化、主体化、创意化、创新性、自反馈、开放性和共享性等自适应多样形态。因此,学习应该是基于信息生态的系统学习、基于问题解决的探究学习、基于潜能发展的兴趣学习、基于数据挖掘的反馈学习、基于知识转换的创新学习。

基于此,"智慧"学习场景的创设就需要结合建构主义学习理论、混合学习理论、现代教学理论,以学习者的学习为中心,由数字化技术、匹配的设备、工具、教师、学生等构成智能型、集成化、开放式的增强虚拟现实学习空间。

在指向未来综合理科课堂学习模式探索和沉浸体验式学习场景的构建摸索过程中,我们抓住了"一个核心"(以学生发展为根本)、"两个方面"(学生和教师)、"三个环节"(突出课堂教学目标、课堂组织形态、课堂教学评价环节),积极借鉴布鲁姆认知目标分类理论、皮亚杰的发生认识论,努力使我们的生命科学/地理学科课程的课堂越来越具备未来课堂、未来教育的形态特征。

布鲁姆认知目标分类理论主要基于建构主义的理论和有意义学习的理论,充分体现了对学生主动知识建构这一认知目标的重视,奠定了深度学习策略的理论基础。美国教育学家特内又基于布鲁姆六个认知层级,按照学生思维类型和水平的不同,将教学提问分成由低到高的六个水平,评估教师课堂提问的深度。学习场景的创设与运用中应充分考虑学生的深度学习层级和教师对学生学习效果的评估,进行教与学的反馈。

皮亚杰认为,只有在学习者仔细思考时才会导致有意义的学习,决定学习的因素,是个体与环境的交互作用。智慧学习场景提供的沉浸式学习、自适应学习有助于更好地实现学习者的学习效能,最终达成未来课堂每一堂课都"学中有乐、乐中求学、学有所成"的课程目标。

自适应学习和深度学习并不能自然发生,它们都需要触发的条件,除了教师的精心备课、基于学生经验的教学过程设计、上课引导和结构化的教学材料之外,精心创设的智慧学习场景和融入情境的学习对未来课堂的建设也至关重要,增强虚拟现实技术打造的新型学习空间环境,可以充分发挥课堂组成各要素(人、技术、资源、环境和方法等)的作用,塑造新的学习生态,实现未来课堂的"开放、智慧、互动、创生、体验和实践"的学习模式。学习者中心代替教师中心,以互动为核心,增强学习体验,以让学生通过自主学习和团队互助,互帮互学,促进学生尤其是初中学段年龄特征的学生主动交流建立学习共同体,使学生更好地实现知识的建构、素养的形成、生命的成长。

在解决了学生自主学习探究的行为后,教师则可以在课堂中将更多的精力放在对学生的学习观察上,通过提出批判性问题以及进行师生间的深度对话,努力提升课堂师生对话的认知层级,构建高认知课堂,更有效地引导学生进行深度学习。一般在低认知课堂中,教师提问行为转换主要集中在记忆层和理解层;高认知课堂中,教师根据学生的学习反应和表现,提问行为转换会集中在理解、运用、分析和评价四个层级中。这样,高认知课堂的学习中学生在理解层的区分、分析层的组织、评价层的核查和评判以及创造层的生成五个方面,会显著高于低认知课堂,呈现更多批判性思维核心的评判行为。理解层是不同认知层级转换的关键层级,正如布鲁纳指出的,任何课程的主题都应该由发展学生的基本理解能力而确定,课堂应呈现出"为理解而教"(Teaching for Understanding)的鲜明特征。

蔡元培先生当年即说过,"预知明日之社会,须看今日之学校"。信息科技的进步发展和数字化转型使教育信息化的步子越来越快。因此,学校课堂的教学环境、课堂模式必须有相应的变化、变革,才能让今日的学生具有"4C"能力(即批判性思维能力、创新能力、沟通能力、团队合作能力),以更好地应对明日的、未来的挑战。我们在实践研究中将不断地进行深入的思考。

(4) 关于评价的实施

目前,由于新冠疫情的反复,对我们增强虚拟现实技术构建沉浸体验式学习场景的进一步研究工作产生了一些影响和干扰,相关的评价研究一时还不能很快同步跟上,我们初步做了如下的一些思考。

① 要开展场景应用的科学性、可行性等评价

通过现代信息技术和教育技术结合的深度融合应用,我们考虑要针对初中的未来课堂学习,研究如何更好地加强学生的沉浸体验式学习体验,并从中更好地培养和提升初中学生的科学素养和关键能力,在学习场景应用的进一步开发中充分加强对场景开发的科学性、合理性、适龄性、可操作性评价,形成相应的评价量表和指标。

② 要开展场景应用的课堂学习成效评价

结合 STEM 理念,不断研究具有符合校本特点的课堂学习成效评价。本课题组前几年经过学校创新实验室的课程建设研究,已在学校创新实验室空间设计、实验室课程资源、创新实验室学生多元评价等方面有了一定的经验,今后将对增强虚拟现实的学习场景达成的课堂学习实效进行不断的摸索研究、深入交流探讨,结合生物和地理学科新课标的落实,从实证和可操作性层面上取得一定的经验,形成相应的评价量表和指标,为学生项目化学习、深度学习、创新能力的培养等方面提供支持,为未来学习者的个性化学习、自适应学习提供理论支持。同时,研究过程也将进一步促进学校教师基于新课标的课程开发意识。

③ 努力开展数字化智能评价

未来在人工智能的加持下,如果能够进一步在相关科创企业的支持下开发数字化智能平台,及时检测教学过程中的学生学习情况,把学习状况的大数据信息收集反馈到教师手中,让教师能够迅速并更好地进行教学诊断、智慧评价,以数字化教学使用数据来驱动教学,智慧学习场景提升学习品质,高质量达成教育目标,那么,开放的教学、

个性化的教学、适合人人的教育才能算是真正达成了，也就是革命性重塑教育、教育数字赋能的目的达到了。

（5）展望

人工智能（AI）、大数据分析（LDA）与虚拟教育（VE）被称为影响未来的三大科技创新方向。未来的虚拟现实和增强现实技术将可能更加结合人工智能、云计算、物联网、大数据和移动技术，随着高科技元素和技术的发展，其在教育领域的发展前景也将会越来越广阔。未来，理想的智慧学习场景可能是一种能感知学习情境、识别学习者特征、提供合适的学习资源和便利的互动工具，能自动记录学习过程，对学习成果进行评测，以促进学习者有效学习的学习场所或活动空间。技术会充分整合于我们的教室以及师生的教学活动中，保障我们在未来的课堂中教与学的顺利开展，为教师提供专业化的教学支持，为学生提供良好的个性化学习支持，形成更注重学习者创新能力和创新精神培养的智慧学习空间。

譬如，Meta 公司发明的 Space Glasses 智能眼镜就是为增强虚拟现实技术体验设计的，半透明反射的镜片让用户佩戴后同时看到现实景象与虚拟图像，显示的影像面积足够大，眼镜中集成的相机功能可以实现无表观特征小目标的跟踪，也无须二维码的特定标记即可对现实物体进行识别和追踪，使用户可以有更好的增强虚拟现实体验。又如，谷歌公司提出的谷歌教室和谷歌学习管理系统及其软件现在已经实现了大量丰富全面的教育综合应用，包括一些虚拟现实三维应用，使基于数字化学习的课堂教学更加个性化，以适应每个学生的需求，并且学习平台的学习可以无处不在，给学生更多的学习时间。再如，有的学习平台设计了一些游戏化的学习场景，让学习者穿上可穿戴数字设备，通过电脑的定位系统在游戏环境中移动，利用增强现实软件结合电子地图寻找虚拟人物，在持续不断地触发虚拟人物过程中完成和更新任务，在小组分享信息、通力合作的基础上完成终极任务，达成学习目标。

习近平同志早就提出，"全面贯彻新发展理念，以信息化培育新动能，用新动能推动新发展，以新发展创造新辉煌"。因此，我们要珍惜时代赋予我们的机遇，抓住契机做好数字化教育教学转型建设工作。虚拟现实和增强现实技术与教育的结合，无疑会颠覆传统的教育方法和教学形式，会明显提高未来课堂的教学效率。随着虚拟现实和增强现实软硬件设备的性能提升和价格降低以及应用的广泛，一定会有更多的教育投资企业包括国内科创企业开发出更丰富多彩、更精良的教学资源、场景应用，对未来课堂智慧学习的数字化转型支持更加有力，让虚拟现实和增强现实融合技术快速走进未来的学校课堂。它们带给我们的不仅仅是一个技术平台或工具,而是使未来课堂的学习模式真正落地,在教学中普及,促使学生在愉悦、活力的状态下进行自主学习、自适应学习、项目学习、移动学习和"深度"学习。虚拟现实与教育的完美结合,数字赋能将为我们共赢未来。

(童煜)

二、 虚拟增强现实的智慧学习场景的实践与探索

—— **虚拟增强现实在科学课堂中创设场景的应用——以"水的净化"教学为例** ——

1. 问题的提出

通过智慧学习场景建设和应用,引领教学变革和创新,让数字化转型赋能教学真实发生在课堂里是我校近年来的重要探索。

经过反复斟酌梳理后,笔者决定上一节实验课即六年级科学课"水的净化"。本节课在以往的教学中即按部就班在实验室进行实验,学生代入感较差,笔者尝试将创设智慧学习场景应用在该课中,期望能提高学生学习兴趣及科学思维能力。

2. 教材及学情分析

(1) 教材分析

本节课是牛津上海版科学六年级下册第 6 章《水与人类》的第二节《水的净化》的第二课时内容。通过第一课时的学习,学生已观察了池塘水中的杂质,知道天然水中的杂质种类,为学习第二课时的水的净化方法做了铺垫。

(2) 学情分析

水是人们非常熟悉的物质。六年级学生在日常生活中对水有一定了解,他们知道自来水需要经过自来水厂进行净化,但不清楚经过哪些净化处理,也不知道具体的净水原理。通过前面的学习,学生具备一定的科学探究能力、抽象思维能力和实验操作能力,能通过观察、分析实验获取新知识,但科学探究能力还较弱。

(3) 教学目标及教学重难点

① 教学目标:认识水的净化方法:沉淀、过滤、加氯;初步学会过滤的实验技能;认识自来水生产的主要过程;通过基本的科学探究活动,模拟体验水的净化历程;在实验中培养学生的合作能力;关注水质污染。

② 重点：学会沉淀法和过滤法的实验技能。

③ 难点：学会过滤法的实验技能。

3. 智慧学习场景在课程中的应用

(1) 智慧学习场景的创设

按照书上的内容以及以往的上课经验，这一节课仅需要完成沉淀和过滤这两个实验操作及观看加氯消毒视频即可，再结合智能白板及智能授课助手的辅助，应该可以比较顺利地完成本节课的教学了。但是，当笔者打开智能白板制作课件时，被软件中五颜六色的背景图案和各种新功能吸引住了。笔者觉得，课程内容要有所创新才更加符合六年级的学生学习。

天然水到底是怎样变成自来水的？这才是学生最想知道的问题，书上并没有详细的介绍，仅靠实验室的操作内容，并不能让学生对天然水如何变成自来水有较为全面的认知。

笔者想到了将这节课上成一个游戏大闯关的形式，因为天然水到生活饮用水的标准要过五关斩六将。通过查阅资料，笔者编了一个游戏大闯关，一共五关，每一关可以是图片让学生讨论，也可以是课堂实验模拟体验，还可以是视频播放，多种形式相互结合。

可不可以将天然水拟人化，聆听水的声音，跟随一滴水来过五关斩六将？笔者找了六年级的学生录制了音频内容，并将音频上传至智能课件上。每一关，点开课件上的音频，优美的声音迅速将学生带入闯关内容。

笔者还设置了一个闯关监督员的内容，每一关卡由闯关监督员补充相关内容。

(2) 与智能软件相结合

平时使用最多的就是用智能白板当作 PPT 播放设备，视野清晰，方便圈画。还有什么功能可以使用在这节课中呢？打开智能白板这个软件，里面有很多游戏的小功能，看了一遍，都不太适合这节实验课，但是笔者发现智能授课助手的功能还是可以利用在课程上的。利用手机将学生在水的净化过程中的操作过程及时拍照抓取，然后利用智能授课助手将此照片实时传至电脑，并通过投影呈现出来，一方面可以指出操作中的问题并进行纠正，另一方面可以展示做得较好的学生，对学生的反馈给予及时评价，达成了生生评价和师生评价。

在实际试上过程中，笔者又发现"上海水源地的图片"一下展出，效果并不好，于是找到智能白板里的蒙层功能，将图片蒙层，讲解的过程中一边讲一边擦除一部分，就更加清晰明了。后来,笔者又将蒙层功能用在了课堂总结环节。

4. 课后反思

(1) 智能授课助手软件的照片传输功能运用

通过智能授课助手软件,基于智能白板自带热点功能,实现手机终端与电脑之间互联互动。本节课利用手机将学生在水的净化过程中的操作过程及时拍照抓取,后利用智能授课助手实时将此照片传至电脑,并通过投影呈现出来,一方面可以指出操作中的问题并进行纠正,另一方面可以展示做得较好的学生,对学生的反馈给予及时评价,达成了生生评价和师生评价。

(2) 学生参与的方式多样,焕发活力

整个课堂的设计中,学生通过课前的自制过滤柱,并拍摄过滤的微视频,课上的沉淀和过滤的实验操作,观看加氯消毒的视频等,每个学生都有不同程度的收获,增强了学生的积极体验,体验到学习和成功的愉悦,活力得到了焕发。

(3) 培养学生的科学思维

通过课堂提问,发现学生的概括、分析、推理、质疑等科学思维能力显著提高。

(4) 获得积极的情感体验

通过本节课内容的学习,学生通过大闯关的形式了解到自来水厂生产水的流程,体验了水的净化过程,让学生有节约用水的意识。

(宋叶舒)

增强现实技术在生命科学实验教学中的探索与实践
——以"模拟伤口处理和包扎"一课为例

1. 问题的提出

《教育信息化十年发展规划(2011—2020 年)》指出:"教育信息化的发展要以教育理念创新为先导,以优质教育资源和信息化学习环境建设为基础,以学习方式和教育模式创新为核心。"上海市二期课改的生命科学课程标准指出:"21 世纪的生命科学是一门面向信息社会的课程,必须重视生命科学课程与现代信息技术的整合。"

生命科学是以实验为基础的学科,现代生命科学的发展尤其依赖科学实验。加强生命科学实验教学与信息技术的整合,使学生手、脑、眼、耳并用,能充分地唤起学生课堂学习的兴趣,从而达到优化课堂结构,提高教学效率,将知识从静态转化为动态、从抽象转化为直观,改进传统实验教学中的弊病的目的。

上海教育出版社初中生命科学教材实验部分中的"模拟伤口处理和包扎"一节,教材内容可塑性强,为教师和学生创造了一定的发挥空间。本节内容在以往的课程中以播放视频为主,或者教师做简单演示,学生并不能真切体验到,课堂互动性较差。笔者根据学生现有的认知水平,结合现代信息技术,在伤口模拟、较深伤口的包扎这两个难点上寻求实验教学与现代信息技术的结合点,以期提高实验教学的质量和效率。

2. 探索与实践

(1) 教材分析

"模拟伤口处理和包扎"是上海教育出版社初中生命科学教材中第三章《健康与疾病》第三节《医药常识与医疗技术》中第二部分"意外伤害与急救"的实验内容部分,学习水平要求为 A 级。实验旨在通过模拟伤口处理和包扎的实践活动,让学生初步学会一些急救措施和方法,以增强对学生的生命教育。

本节课的知识内容属于应掌握的基本急救知识与技能,涉及的伤口包括 3 种切割伤、3 种刺伤,各有各的伤口处理与包扎要求。因此,在教学设计时需要让学生明确各种方法,必须选用合适的教学手段及教学用具。

(2) 教学目标

① 知识与技能

初步学会分辨判断几种伤口类型;初步学会几种伤口的处理和包扎方法。

② 过程与方法

关注 AR(增强现实)技术,分辨判断伤口类型;通过交互式学习和经历模拟伤口处理包扎操作,掌握伤口处理的基本技能。

③ 情感态度与价值观

体验救护场景,懂得关爱自己和他人;关爱自己和他人,感悟生命价值。

(3) 实验过程

① 创设情境,导入新课

在本课的一开始,笔者播放了自拍的微视频情景剧展示本校学生平时容易发生的在校意外受伤的场景。师生交流:在日常生活中,常易受到各种锐器损伤,形成开放性伤口。

具体在课堂教学学习实践中,为了让学生有更好的身临其境感,笔者尝试运用了AR(增强现实)技术以给学生进行实景呈现。学生用笔者预先装在平板电脑里的 AR软件扫描预先贴在手上的二维码贴纸,观察"伤口",引出本节课课题:模拟伤口处理和包扎。

② 结合现代信息技术高效互动模拟伤口处理和包扎

结合白求恩故事,引导学生思考交流为什么要对伤口进行处理:减少细菌感染、保护伤口、压迫止血、减轻疼痛。

教材上涉及的伤口包括 3 种切割伤、3 种刺伤,各有各的伤口处理与包扎要求,因此,为了让学生明确各种方法,必须选用合适的教学手段及教具。讲解这节课的重点和难点,针对不同的伤口有不同的处理方法,则采用先学后教、直观演示、师生互动、生生互动等不同的教学手段,让学生初步学会分辨及处理不同伤口的方法,然后开展实践体验活动。

切割伤:割破的伤口不大,出血不多。若伤口较干净,则用碘伏消毒伤口及其周围皮肤,待干后,再用消毒纱布或"创可贴"覆盖包扎伤口。引导学生用平板电脑上的二维码扫码 App 扫描二维码,边观看视频边组内合作演练正确的消毒方式。请每组派学生到讲台上的实物投影仪下进行模拟操作,师生评议纠正。归纳总结消毒要点。

若切割伤的伤口大而深,先要做什么? 学生交流:止血、包扎。教师演示,组织学生跟做"伤口处理":以手掌内伤口大而深为例的指压止血法,学生同步操作常见的两种指压止血法(直接压迫止血法、间接压迫止血法)。指导学生课外关注活动单"课外拓展"部分:基于兴趣,扫描相关二维码学习更多的指压止血法。包扎示范:包扎时救护人员面向伤员,取适宜的位置,先在创面上覆盖消毒纱布。然后使用绷带,左手拿绷带头,右手拿绷带卷,用绷带的外面贴近创伤处。包扎时第一圈要拿出一角,反折回来压在第二圈下面。最后一圈的尾部用胶布固定,或将尾部剪成两条打结。板书强调要点:封闭要严密、松紧要适宜、固定要牢靠;快而轻、部位准;两个不能:不能用手和脏物触碰伤口、不能用水冲洗伤口。最后,指导学生用平板电脑上的二维码扫码软件扫描二维码,边观看视频边组内合作演练模拟伤口大而深的切割伤的处理,师生评议纠正。

若手指切断,引导学生阅读归纳、交流:伤指上举;干净纱布按压伤口包扎;无菌敷料或干净手帕包好断指;立即送医。

刺伤:若刺伤较小而浅。组织交流:刺伤较小较浅怎么办? 要借助什么工具吗? 对工具有什么要求? 处理方法:拔除;用镊子;用明火灼烧自然冷却,用沸水烫,用酒精棉消毒。

若刺伤较深。示图、交流:刺伤较深怎么办? 为什么? 看图交流:不可以直接拔除,会使出血更多。板书补充要点:第三个不能:不能轻易取出伤口内异物。指导学生扫描活动单上的二维码学习包扎方法。学生自主扫描活动单二维码观看视频学习，合作实践，组织生生演示、师生评议纠正。

刺伤刺入物沾杂质时则需去医院打针预防破伤风。

③ 归纳总结

根据伤口类型、伤口处理、伤口包扎的不同完成活动单总结表格。

④ 课后拓展

在活动单的最后附上了身体不同处出血的指压止血法以及毛巾包扎、三角巾包扎和骨折包扎的视频二维码链接，供学生课后扫描观看学习。

3. 分析与思考

(1) 利用自拍微视频引入，激发学生兴趣

现代信息技术的发展让多媒体教学更加便利，用自己的手机拍摄视频再用手机上的软件进行剪辑编辑，就呈现出了一个效果还不错的微视频。在本课的一开始，笔者播放了自拍的微视频小品展示本校学生平时容易发生的在校意外受伤的场景，由于都是本校同学担任小演员，又抓取的是真实发生在校园生活中的场景，拍摄场景也选择在了学校的拓展课教室，熟悉的面孔、熟悉的环境一下子就激发起了学生的兴趣，课上学生反应很强烈和激动。

(2) 先进的增强现实技术让学生身临其境

增强现实技术(Augmented Reality，简称 AR)，是一种实时地计算摄影机影像的位置及角度并加上相应图像、视频等，在屏幕上把虚拟世界套在现实世界并进行互动。模拟伤口处理和包扎这节课中，由于伤口种类多样，现实操作模拟起来有难度，所以笔者想到将其与 AR 技术相结合。笔者选取了一些伤口的图片，通过相关技术人员将其合成 AR 动态效果，并转化为 AR 二维码，打印在彩色磨砂的不干胶贴纸上，并在课前2分钟预备铃时间给学生贴在手上。课上让学生用事先装在平板电脑里的 AR 软件扫描预先贴在他们手上的二维码贴纸，观察"伤口"。此部分设计结合在学生看完自拍校园微视频后，起到了很好的实景呈现作用，学生觉得非常新鲜新奇，也为后面的学习包扎做好铺垫。

(3) 充分利用实物投影仪、平板电脑、手机等不同多媒体，体现以学生为本

实物投影仪可以将实物教具放大，让学生看清实物细节。本节课中，学习伤口消毒的方法时，考虑到由于场地限制，后排的学生可能会观看不清，所以创造性地让学生在实物投影仪的展台上模拟伤口消毒。笔者课前调整好光线，并反复测试好最佳角

度,课上发现效果良好。平板电脑小巧方便,便于学生的自我学习以及分组学习。而课前的微视频以及课内的教学操作视频,就是笔者用手机拍摄视频再用手机上的软件进行剪辑编辑,就呈现出了一个个效果还不错的微视频。

(4)利用平板电脑观看操作视频满足不同层次学生,体现差异教学

本节课的知识内容属于应掌握的基本急救知识与技能,涉及的伤口包括3种切割伤、3种刺伤,各有各的伤口处理与包扎要求,因此,在教学时必须选用合适的教学手段及教学具。由于班级中存在不同认知水平的学生,对于一些教师示范的操作步骤的记忆存在困难,而且较深伤口的处理和包扎的操作方法较为复杂为本课难点,所以笔者在课前利用家长资源请专门的医生对不同伤口的处理和包扎进行了操作拍摄,存为视频后转化成二维码链接打印在活动单上。这样,在教师讲解后,学生可以随时利用平板电脑调取,反复细致观看急救包扎的操作视频,满足不同层次有学习差异的学生的学习需求,学习到正确、专业的包扎手法。教师在学生活动时则充分进行巡视和指导,及时纠正问题。

(5)利用二维码技术辅助教学高效便捷,将学习从课内延伸到课外

二维码(2-dimensional bar code)是用某种特定的几何图形按一定规律在平面(二维方向上)分布的黑白相间的图形记录数据符号信息。二维码编码范围广:该条码可以把图片、声音、文字等可以数字化的信息进行编码,用条码表示出来。在本节课中多处运用到了二维码技术。课的一开始的将伤口利用 AR 效果转化为二维码打印成贴纸贴预贴在学生手上,提高了学生的学习兴趣,简单方便。模拟伤口的处理和包扎中,将相关操作视频转化为二维码打印在活动单上,学生轻松扫描观看。最后,教师将一些拓展部分视频内容转化为二维码打印在活动单上,学生带回家后可用任何扫码软件扫码观看,比优盘、公共邮箱、网盘方便多了。

(6)提高学生解决实际问题的能力

通过对比接受增强虚拟现实教学和传统教学的学生发现,前者在课堂评价和课后评价中的表现更优异,更善于解决实际问题。

(宋叶舒)

第八节 数字智能化的智慧学习场景创设与运用——体育学科中的展现

一、数字智能化的智慧学习场景的思考与创设

—————— **数字智能化的智慧学习场景创设——体育学科中的展现** ——————

智慧体育在实现体育与科技融合发展、推进体育强国建设、促进体育产业高质量发展以及满足人民美好体育生活需求等方面发挥着举足轻重的作用。智慧体育作为智慧社会的重要组成部分,是体育信息化背景下体育理论研究与实践探索的新命题,已经成为体育学科研究热点之一。

我校随着"双减"政策落地,学生在校期间的活动状况备受关注,多种新型的运动模式开启,科技赋能拉开了新型教学模式的序幕。AI 入驻,打开了智慧体育的新通道。数字化智能技术在教育领域中发挥着越来越重要的作用,尤其是在体育学科中的应用更是日益普及,数字化智能技术的运用可以大大提高学生的学习效率和体验,促进学生体育知识和技能的快速掌握和提升。但我校的智慧体育也只是处于起步阶段,所关联的也仅仅是围绕着体育课程的发展。本文主要阐述了智慧体育在体育课程中的运用。

1. 智慧体育的内涵

智慧体育的概念源自 2008 年 IBM 公司提出的"智慧地球"理念,旨在将先进科技融入各行各业,实现更透彻地感应世界、促进世界更全面地互联互通,以及所有事物、流程、运作方式能更加智能化。智慧体育是"智慧地球"在体育领域的具体形态,其本质是体育借助科技的力量实现自身的优化升级,是通过解构、融合、重塑形成有别于传统体育的新发展模式。依照先进科技对体育的影响可分为信息体育、数字体育、智能体育、智慧体育等四个阶段。信息体育阶段是指依托信息技术对体育信息资源进行开发、整合和利用,实现有效的管理和监控;数字体育阶段是以数据为核心,通过对数据进行采集,将体育信息做量化、建模解算、模拟仿真等处理,实现信息的增值;智能体育阶段是以

应用为核心,通过将智能技术融入体育产品、器械设备和工作系统,提高体育产业效率;智慧体育阶段是在体育信息化、数字化、智能化的基础上突出强调以人为本的核心理念,将先进科技融入体育产品研发、生产、运输的各环节,使体育的管理、服务等各阶段充满"智慧",在体现人文关怀、提高效率的同时,实现体育产业经济效益最大化,推动体育可持续发展。

2. 智慧体育的特征

随着信息产业的快速发展,以物联网、大数据、云计算等为核心的新一代信息技术为智慧体育的建设提供了强大的基础支撑。物联网的出现为智慧体育的实施提供了新一代信息基础设施,即通过红外感应器、激光扫描器等信息传感设备,将体育产品与互联网相连接,进行信息交换与通信,以实现对体育产品的识别、定位、跟踪、监控和管理。大数据对智慧体育的发展具有创新资源配置结构、提高智慧体育动态管理的精准服务与供给效率等积极作用。云计算通过流程再造和模式创新提升顾客满意度,有效实现体育部门对体育各行业的监督。现阶段物联网已形成信息识别、获取、分析、应用等完整的智能体系,智慧体育应充分发挥物联网的整合功效,有效对数据进行分析,打破传统体育局限,让信息服务于体育,让数据作为导向,构建万物相通的智慧体育体系。

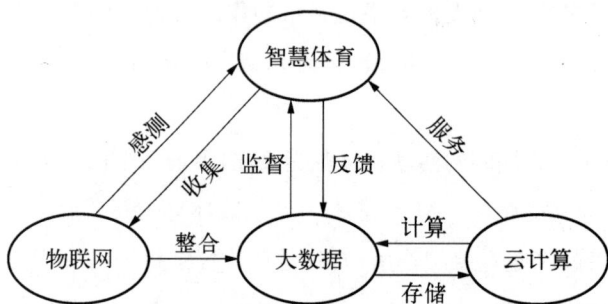

物联网、大数据、云计算助推智慧体育体系

传统体育课有如下痛点。

第一,教师难以及时掌握学生运动负荷,存在运动损伤安全隐患。运动伤害一直是体育教师最头疼的问题,即使万千小心也防不胜防。前不久,南昌某大学的学生李某某在体育课上跑步猝死。近年来,类似的例子举不胜举,让人痛心又惋惜。

第二,运动监测方式单一,采集学生运动数据占用教师太多精力。体育课上教师要进行测试或者计数,但教师只有一个,出于公平的原则,教师必须亲力亲为,往往一堂课只能测试一个项目,耗费时间太多。拿现在最流行的中考项目4分钟短绳举例,教师安排5人一组,班级40名学生,需要8组,加上间隔消耗的时间,全班完成预计需要35分钟,再加上准备操等内容,这堂课基本已经结束了。

第三,教师无法准确了解班内每个学生,难以为学生提供专业指导。这也是体育教师的核心困难。教师示范结束后,学生统一练习,教师很难照顾到每个学生或者凭借着眼睛去发现每一个学生的问题。而我们大部分教师的做法在指导了个别学生后，靠着自身经验去与学生解释或者纠错。

3. 智慧体育课的要素

我个人认为智慧体育课的形成必须要满足三点，即简单化、数据化、智慧化。

简单化是基础。我们常说懒惰是科技进步的原罪，任何一项新技术的产生都是为了更便捷的生活方式。同理，传统体育课升级为智慧体育课，那么让课变得更简单，让教师传授、学生掌握变得更简单就是基础了。

数据化是条件。通过人脸识别、可穿戴设备、动作捕捉、硬件外设等，任何事物都可以被感知并以数据的方式被度量计算，从而将传统的物理世界数据化。

智慧化是核心。随着网络通信的进步，一切都可以通过网络连接到一起，从而实现物理世界、虚拟世界与人类社会的全面互联，系统和人、物都可以产生交互。有了可度量的数据以及全面互联的网络，借助系统的计算、加工、挖掘，将数据转化为洞察和预测，从而让这个获取信息以及决策的过程变得更"智慧"。

4. 智慧体育如何满足痛点

针对学生课堂即时心率变化，我们可以利用心率腕表课堂套装，一旦课堂中学生心率发生不良变化，教师可第一时间知晓，同时学生也可通过电子大屏幕看到自身运动心率变化，来了解此刻自身的运动情况，教师也可通过整体同学的心率变化来更合理地安排整堂课的节奏。心率腕表通过蓝牙传输技术，实现了数据采集、存储、分析、评价、反馈等闭环过程，该系统具有实时监控、风险预警等功能。

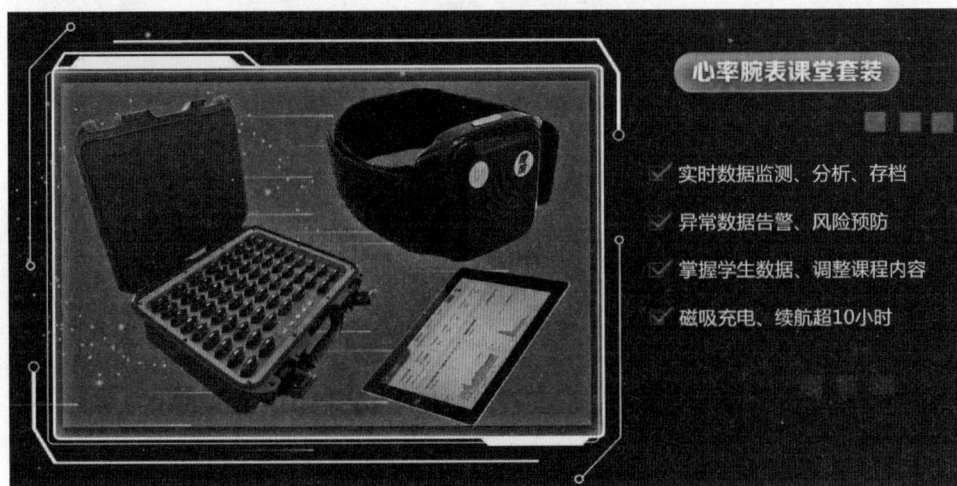

心率腕表课堂套装

- ✓ 实时数据监测、分析、存档
- ✓ 异常数据告警、风险预防
- ✓ 掌握学生数据、调整课程内容
- ✓ 磁吸充电、续航超10小时

针对运动监测方式单一，采集学生运动数据占用教师太多精力，我们可以利用蓝牙跳绳课堂套装、智慧操场等。蓝牙跳绳拥有可视化信息监控系统，满足 60 人同时跳绳，一键输出结果，全面数据分析，高效指导。

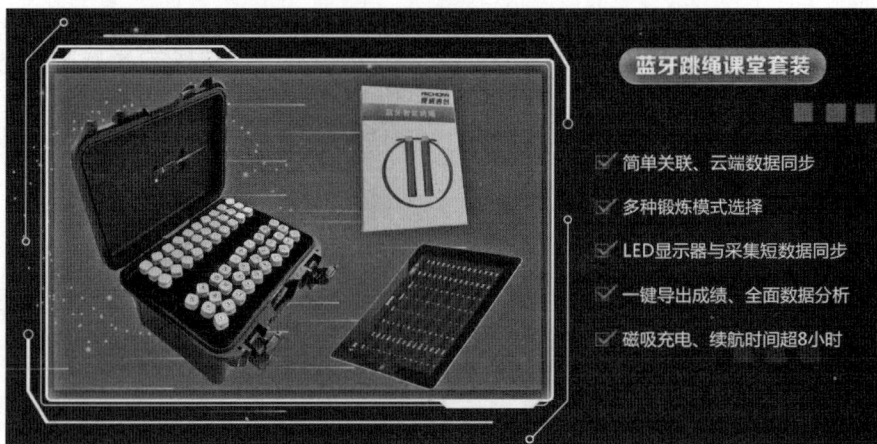

智慧操场设计主要是依托学校现有的操场场地，结合 AI 智能硬件，实现学生到操场进行相关锻炼的一个实时监测，更有效地利用学生课堂课后碎片时间进行练习及数据采集，教师也可通过后台直接调取学生个人测试数据，解决课堂上时间不够的难点。

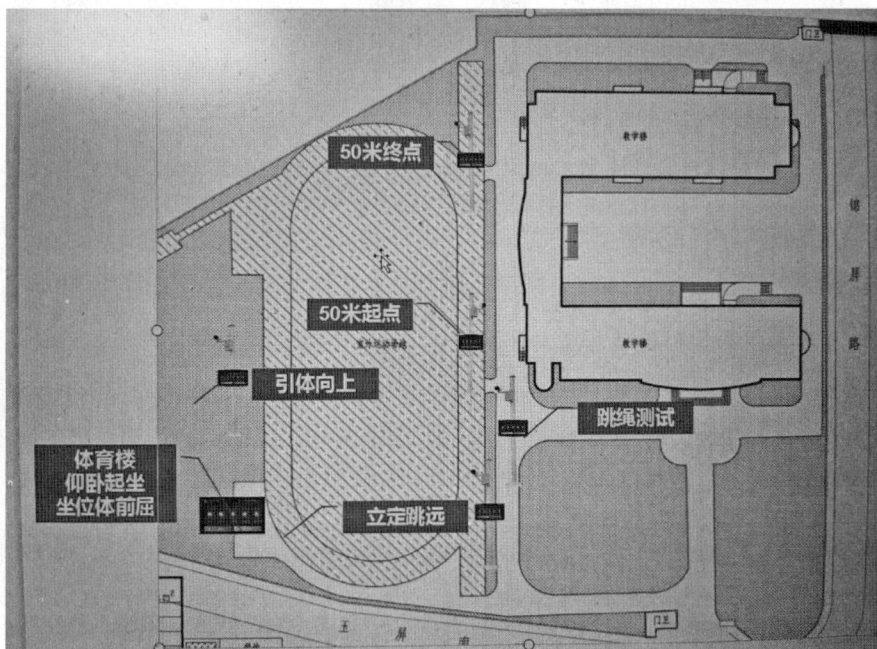

针对教师难以了解所有同学动作掌握情况、纠错进度，我们可以依托大数据、云技术建立整个学校的智慧体育课程系统的数据中心。教师在课堂上可通过数据采集、视频调取等途径即时了解每一个学生的动作掌握情况。

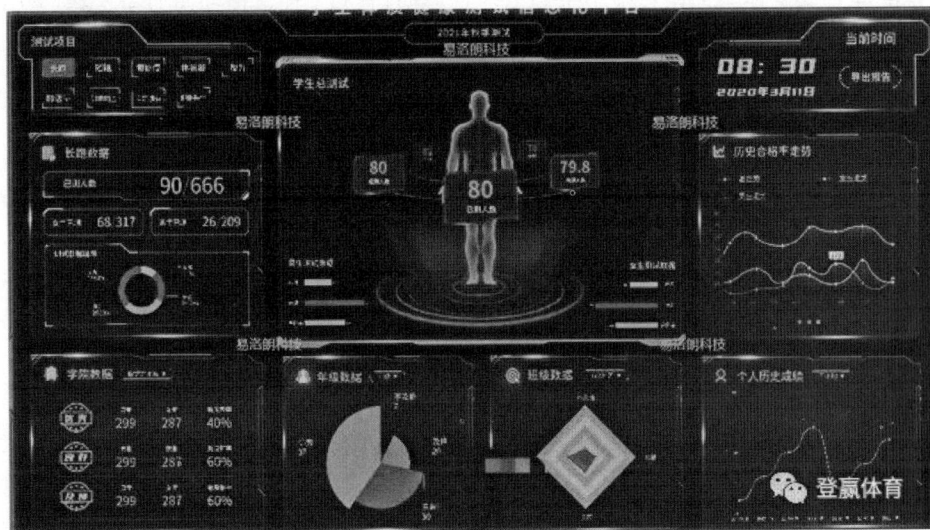

5. 智慧体育课堂的展望

体育技术动作教学体系得到优化。体育技术动作教学由于学科的特殊性具有着严谨、单一、固定的属性。虽然教学方法多样，但大部分教师在陈旧的教育理念制约下是缺乏想象力以及创造力的。比如，现今的篮球上篮规则较之前已经有了很大改变，而这一部分内容学生很感兴趣，非篮球专业教师却不一定知晓。而当我们有了更先进的智慧体育课堂时，我们完全可以使原本单一的课本架构重新得到优化，实时调取一段流行的 NBA 上篮实战视频，通过电子大屏幕供学生观看，既达到了课堂的目的，又极大地激发了学生学习热情，从而提高整堂课的效率。又或者我们可以通过一段体育道德故事、优秀体育人短视频介绍等来丰富整堂课价值导向，使学生在实践中更进一步增强社会责任感使命感，在不知不觉中引导其刻苦学习、报效国家，最终实现自我品德的升华。

通过学校建立的体育课堂数据中心，基于架构，在联网的状态下，教师可以通过个人账号浏览访问，也可以将数据导入、查看、管理。家长通过移动 APP 实时了解学生体质健康数据。

体育教学中，我们不仅要注重学生技术技能的掌握，更重要的是关注学生体质健康。通过固定周期，数据中心能够定时向家长发送一份学生健康数据报告。通过接收,家长可及时对孩子进行一定的干预。

科技对我国体育的发展具有极大的推动作用,新时代更加需要融入智慧科技来促进我国体育事业的发展。智慧体育课堂的出现转变了人们对传统体育课堂的认知,智能化的体育课堂体验促使更多学生参与体育运动,有利于体育活动高质量发展。但同时,我校的智慧体育仍处于起步阶段,存在不少现实问题。鉴于此,智慧体育课堂发展应以满足学生对体育运动的切身需求为出发点、以实现学生养成良好运动习惯为落脚点,多管齐下,共同推进智慧体育课堂的健康、平稳、科学发展。

(郭林华)

二、 数字智能化智慧学习场景的实践与探索

—————— 智慧体育走进课堂 ——————

1. 实施背景

2022 版义务教育阶段课程方案和课程标准规定,2022 年 9 月 1 日开始,体育与健康课程占总课时的 10％—11％,超过外语课时占比。各省相继颁布关于加强和改进学校体育工作的相关政策,要求逐步完善"健康知识＋基本运动技能＋专项运动技能"的学校体育教学模式。科大讯飞以助力学校体育育人水平提升为核心目标,运用人工智能核心技术,将 AI 应用于日常教学、体育比赛、课后训练、国家体测、体育考试、健康大数据等六大应用场景,以"教会、勤练、常赛"为抓手,为广大中小学提供"智慧体育"整体解决方案,助力打造"学、练、赛"一体的校园体育新常态。

体育课程作为体教融合行动的重要环节之一,推动物联网、大数据、人工智能等新一代信息技术在体育课堂的应用,有助于将体育行为物理空间与数字空间结合,解决传统体育教学"难量化、难记录、难监督、难分析"的问题。我校引入科大讯飞智慧操场系统,结合中小学智慧教育平台及其他体育设备,开始逐步探索新型智慧体育教学模式。智慧体育在学校的开展,除了智能硬件的配备,更离不开大数据平台的支撑。传统体育教学存在"难量化、难记录、难监督、难分析"的问题,家长对于学生的体质情况普遍不甚了解。科大讯飞智慧体育基于学生体育课堂数据、体测数据,包括个人平均心率、运动强度、运动密度、测试成绩等情况,生成学生体质档案,记录学生个性化体质健康视图,多维度综合素质评价,并向学生及家长推送个性化的运动处方。

智慧体育对运动数据及时准确的采集,为家长了解孩子在校的体育与健康课程情况提供了技术支撑,学生的体质健康报告、运动数据等实时共享,为体育健康方面的家校共育搭建了有效沟通渠道,助力形成家校共育,培养学生良好运动习惯。

2. 创新成果

(1) 形成"学、练、测、评"教学模式

经过实践探索,我们打破了传统的体育课程教学模式,最终形成学、练、测、评全流程智慧体育教学模式。

在体育课程中,教师通过智慧教学平台,实时共享竞技体育、群众体育等资讯,将体育知识及技能融合到日常体育教学中,并通过心率带实时监控学生心率,优化教学策略,确保学生在安全的环境中进行体育运动和练习;基于智能体育评测与教学系统,教师对学生体育运动成绩、状态、体能等运动指标实时采集、分析、评测与指导,最终实现体育教学场景、考试场景的无感化、智能化,降低体育教学负荷。

(2) 丰富的体育教学方式

体育课的课堂效果与学生对课程的兴趣高低有关。普遍来说,学生兴趣越高的课堂,呈现的效果越好。因此,要完成一节高质量的体育课,就要让学生保持较强的学习兴趣,这是体育教学过程中必然要关注的问题,也是提高体育教学质量的关键。

智慧环境下的体育教学组织形式多样,教学内容丰富,有助于保持甚至提升学生对体育运动的兴趣,从而增强体育课程效果。

3. 案例创新点及具体内容

(1) 体育教学

① 多元化多媒体应用,激发学生运动兴趣

根据教学需要,教师可利用智慧教学平台搜集并展示各类竞技体育或群众体育的知识、技能、战术及资讯,实现师生在体育信息方面"无延迟"获取。在一些无法进行慢动作演示的运动项目中,教师可利用多媒体应用进行完整和分解动作演示,通过重放、慢动作、放大、定格等手段,从多方位及各个角度表现动作,将各项技术动作的细节、要素、动作重点和难点清晰、直观、形象地展现给学生,以便学生更快、更全面地掌握动作方法。另外也可以利用多媒体将抽象的知识用图片、视频、动画等方式立体地展现出来,从而使得课堂教学变得更加有趣。

② 运动心率监测,安全提升学生运动效果

教师使用心率带分别在课前进行静息心率采集,课中进行实时运动心率采集,以便于科学分析、衡量课堂运动负荷,安全提升运动效果。

静息心率是学生安静状态下的心率,可反映学生个体差异。课前,教师通过测量学生个人静息心率,可以计算每个学生的靶心率(有效而安全的运动心率),有针对性地分析每堂课每个学生的运动在靶心率范围内的时长,以此优化课程内容达到合理的运动负荷和运动密度。

在上课期间,体育教师可以通过学生佩戴心率带采集学生实时心率、最高心率等运动数据,并通过便携式移动心率监测系统实时了解班级整体、学生个人的课堂运动情况,调整课堂教学内容。当监测到心率不在正常范围时,系统会实时声音与颜色预警,体育教师可快速调整课堂运动负荷、运动强度,预防运动损伤,降低教学安全风险。教师也可通过实时心率监测识别学生个体差异,进行分层教学,挖掘学生运动潜力,培养体育后备人才,在安全的体育课堂环境中提升运动效果。

③ 个人成绩报告生成,指导精准教学

体育练习过程中,使用智慧操场系统,智能采集学生的运动信息,并自动分析生成个人成绩报告,指导教师针对学生薄弱点进行精准教学。

以智慧操场系统记录学生运动全过程为例,通过操场上架设的 AI 摄像头将学生的运动过程完整捕捉,通过测试系统算法生成个人成绩报告。首先系统可以精准快速地计算学生的成绩;同时,系统也会识别学生在运动中的动作和姿态,对整个运动中的关键动作进行打分并给出指导建议。个人成绩报告辅助教师利用科学客观的数据帮助学生突破薄弱点,从而让学生形成运动规范并提高体育运动成绩。

(2)自主练习

借助智慧操场系统及智慧教学平台,学生可以突破时间限制,实现课后自主开展体育运动练习。

学生以往的体育练习都需要教师进行指导和监管,课后运动自主开展较为复杂。借助智慧教学平台,学生可以实现无时间限制的体育知识技能学习;通过智慧操场系统,学生可以随时进行体育锻炼,并通过系统智能采集数据、分析和建议进行自我调整和突破,得到科学的练习指导。教师可以通过智能化设备的数据留存,实时掌握学生的学习和训练效果,作为体育课堂教学指导的学情依据。

(3)智能测评

传统体育测评实践过程中,教师要借助秒表、人工画线、纸笔记录等人工测量的方式,测量的精准度及效率都稍低,且无法进行测量后的提升分析及指导。

教师使用现代化智能操场系统,借助视频感知技术和人工智能视觉算法,不仅可以实现体育测评的高效与便捷,也解决了传统基于红外、压力等传感器技术体测产品对学生运动时形成的干扰、无法识别违规动作等问题,提升了测试的标准性和公平性。

以 50 米为例。通过在起点和终点部署 AI 摄像头,自动监测成绩和违规动作;摄像头采集学生运动过程数据,准确率达 98%,测距类项目误差±1 厘米,测速类项目误差±0.2 秒。并根据 50 米的项目特点,截取关键画面智能分析运动过程,例如在起跑摆臂、平均速度等维度给出运动提升建议。在准确测量的同时,弥补了传统测量指导效率低的短板。实践过程中,智能体测较传统体测的效率提升 70%。

4. 注意事项

体育是教育的一部分,体育课堂是学生强身健体的一个平台,也是教育改革的一部分。智慧体育课堂是一种"互联网 +教育"的新型教育模式,智慧体育课堂不仅将传统体育课堂和互联网学习联系在一起,利用其交互性促使学生学习内容丰富,范围变广,时间灵活,而且在课堂中监测设备的使用也使学生的锻炼变得可测量、可分析,教师教学更加科学。在实践过程中也有一些注意事项需要补充:速度类测试中,智慧操场的系统成绩普遍比手记时要误差 0.2 秒左右,学生成绩普遍比实际成绩要差一些,教师可根据实际使用情况进行误差管理;在跳跃类项目测试时,由于摄像头位置固定,学生起跳点由于经常性训练造成磨损较大,为此起跳时摩擦不够,学生发不上力,影响学生正常发挥水平,可采取必要措施减小误差;体质健康管理类,因我校使用的信息化产品来源较多样且相对简易,暂没有进行信息互通,目前针对学生的体育运动仅限个人单项进行分析处理,给出具体的指导性方案。体质健康管理方面需要教师自行汇总整理数据,完成学生体质健康档案管理。

（戴莉琴）

三、 数字智能化的智慧学习场景的应用与成效

创设体育智慧学习场景,促进乒乓个性化学习——以娄山中学乒乓球队为例

1. 案例介绍

（1）案例背景

在学校智慧学习场景构建的基础下,娄山中学作为乒乓特色初中,将人工智能与

乒乓教学融为一体,以反映学生个性差异、促进学生个性发展为目标,创设教、学、测、评智能化乒乓课程,辅助体育教师进行乒乓球教学。

(2)学情分析

本案例中的乒乓球队学生年龄涉及初中学段四个年级,均为上海市体育局注册运动员,具有良好的乒乓球运动技能基础,具备参与市级青少年业余比赛的能力。每位学生的打法特点不同,并且处于不同的水平层次。初中阶段的学生在判断力、理解力等方面仍处在发展阶段,针对每位队员,需要制定个性化的学习策略、学习方法和呈现更直观的评价方式,以达到最大效率的练习效果。

(3)存在问题

① 无法实现个性化学习

在原有的乒乓球教学中学生众多师资不足,特别在多球训练时需要教师对学生进行逐一喂球,出现教师工作量大且教学效率不高的问题,传统的教学方式也无法针对每位学生特点制定个性化的教学内容,更无法实现较大规模的个性化学习的落实,从而对学生乒乓球技术水平的提高、练习密度都有不同程度的影响。

② 评价方式单一

传统的教学评价方式比较单一,通过教师的观察分析后单从语言上给予学生评价。因给出的评价不够具体,不能让学生直观地意识到存在的问题。如何用数据说话呈现直观量化具体的过程性终结性评价、帮助教师准确把握学情制定教学内容、帮助学生理解是乒乓球教学中的难点。

(4)场地设备

娄山中学乒乓球馆共22张球台,三层专设乒乓智慧学习区域。本案例中的人工智能设备是采用人工智能视觉识别分析技术实现乒乓球系统练习与智能测评反馈相结合的乒乓球练习机器人。通过对出球速度、间隔、旋转、落点组合配置编程发球。利用人工智能算法可实现运动姿态判定、击球命中率、超高速飞行轨迹、击球落点及成绩综合计算的练习数据实时反馈。具有人脸识别自动登录、追踪练习情况、制定个性化练习计划等功能。

2.案例过程

(1)设计思路

通过与人工智能企业合作开发的智慧乒乓教学系统,创设适用于提高学生个性化练习水平的乒乓智慧学习场景,结合日常教学内容,为涵盖四个年级处于不同乒乓球技能水平阶段的学生制定以提高命中率、出球速度、落点精准度等技能目标的个性化练习计划。

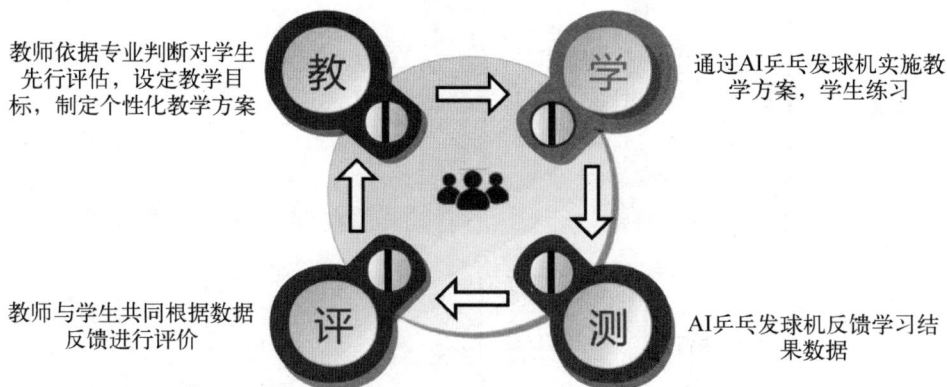

设计思路图

教师结合学生特点,依据自身专业判断对学生的技能情况进行全面分析,根据教学目标制定针对每名学生的个性化智能教学方案。

教师通过人工智能发球机 Ipad 控制终端预设个性化练习计划,选取指定的练习套路和练习次数,学生进行练习。

学生完成设定的练习频次后,教师与学生共同查看乒乓智能发球机反馈的练习结果与过程性成长数据。教师与学生共同对数据进行学习分析评价。

教师结合自身专业对学生进行个别化辅导,学生再次进行练习。

教师通过多次练习后生成的大量行为数据反馈对教学目标及教学内容进行调整,对命中率、落点、速度等提出新的练习要求及生成新的乒乓智能教学方案。通过教、学、测、评的循环达到提高学生技能水平、优化教学方案、提升教学效率的目的。

(2)教学流程(见下页图)

(3)以提高击球落点的准确性为目标的教学设计为例

本案例选取教学中具有代表性的个案——初一年级女生 Z。这名学生在击球时已经能达到一定的命中率,在此基础上对落点的准确性提出要求进行提高。练习内容为"全台两点拉球-下旋"(正手)。

练习目标:发球总数 50 个球,命中率 80%;60% 的击球落入正、反手位底线划定落点区域内。本次练习须击中 40 个球,击中落点区域 30 球为达到目标。

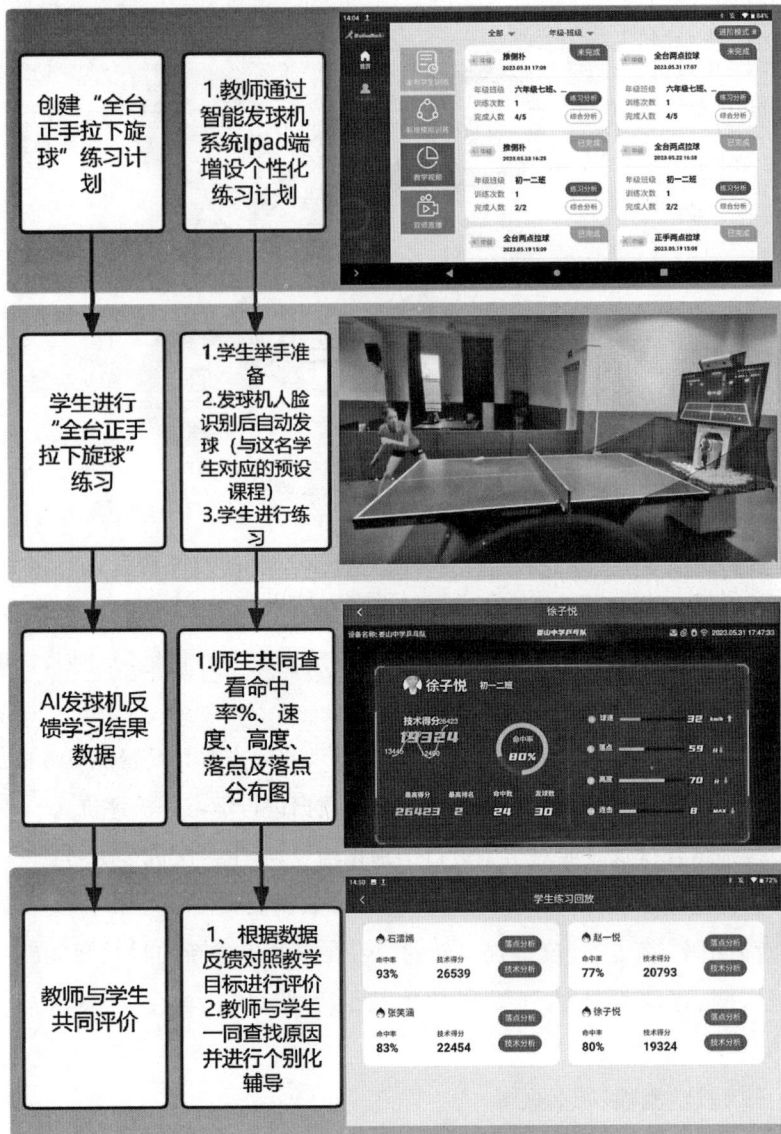

| 教学内容 | 活动实施 | 图示 |

教	创建"全台正手拉下旋球"练习计划	1.教师通过智能发球机系统Ipad端增设个性化练习计划
学	学生进行"全台正手拉下旋球"练习	1.学生举手准备 2.发球机人脸识别后自动发球(与这名学生对应的预设课程) 3.学生进行练习
测	AI发球机反馈学习结果数据	1.师生共同查看命中率%、速度、高度、落点及落点分布图
评	教师与学生共同评价	1、根据数据反馈对照教学目标进行评价 2.教师与学生一同查找原因并进行个别化辅导

教学流程图

步骤：教师划定落点区域—Ipad端发布学生练习—选择课程：全台两点拉球-下旋—发球总数：50—选择学生：Z—学生扫脸准备—发球机发球学生练习。

通过本次练习，发球机反馈命中率为 68％，50 个球击中 34 个球，失误 16 个球。落点分布图显示击中的 34 个球中 16 个球落在目标区域，18 个球落在其他区域。

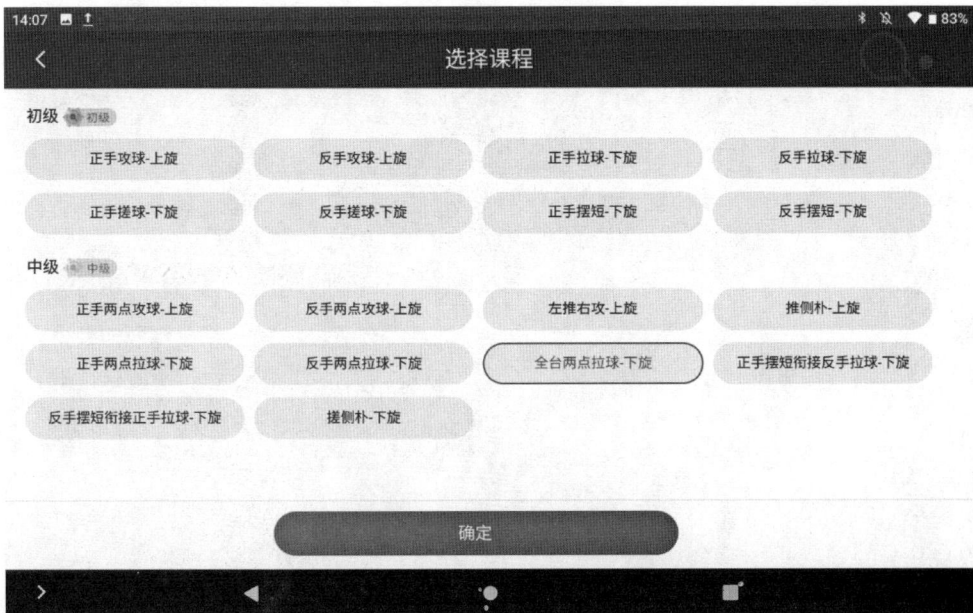

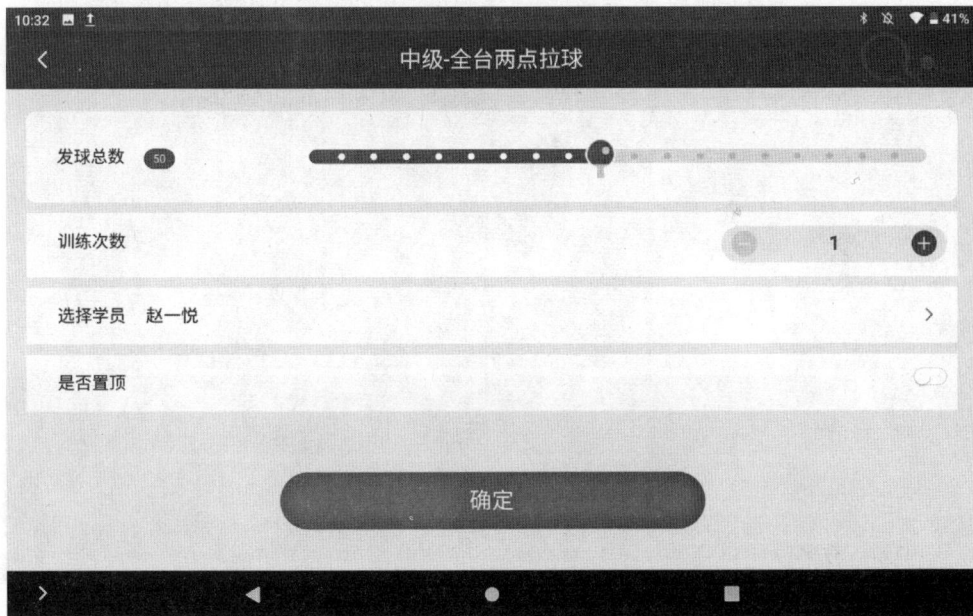

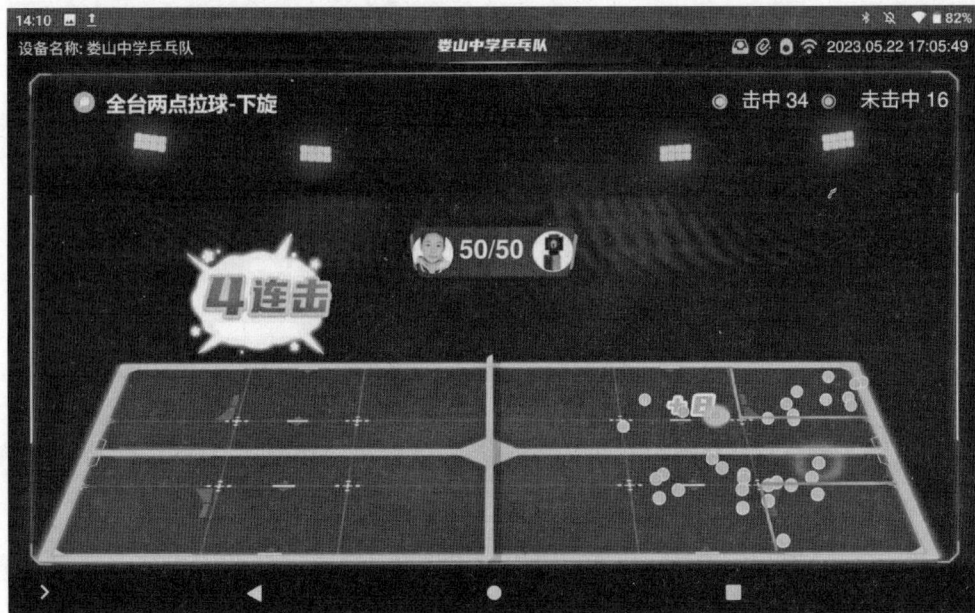

该女生为第一次进行智能发球机辅助练习,发球机评价反馈显示命中率、落点准确率均未达到目标,教师需与学生共同分析原因调整练习方法。

原因:教师通过落点分布图显示分析,大部分击球落点未达底线区域,说明学生发力不足。经学生反馈,发球机出球速度较快导致步伐未及时移动到位是没有达到练习目标的主观原因。

对策:教师对学生进行个性化辅导,指导学生调整拉球姿势,降低重心,加大手臂下摆幅度,击球瞬间增加摩擦。并在下一次练习时降低难度,将发球机发球速度从每分钟 40 球更改为每分钟 30 球。

赵一悦		落点分析
命中率 **50%**	技术得分 **10727**	技术分析

赵一悦		落点分析
命中率 **60%**	技术得分 **19146**	技术分析

赵一悦		落点分析
命中率 **68%**	技术得分 **23217**	技术分析

赵一悦		落点分析
命中率 **72%**	技术得分 **27193**	技术分析

赵一悦		落点分析
命中率 **74%**	技术得分 **28664**	技术分析

赵一悦		落点分析
命中率 **82%**	技术得分 **37523**	技术分析

通过教、学、测、评不断循环的学习过程,学生在教师指导及练习后,通过发球机智能评价反馈可见,命中率、落点、球速都得到了提高,达到教学目标。

3. 效果与反思

本案例通过人工智能乒乓训练机器人在教学实践中的应用,在提高课堂教学效率、提高学生乒乓球技术水平、增加学生练习密度等方面都得到了提升,实现了较大规模的个性化学习的落实。

人工智能技术反馈的直观数据能有效帮助教师准确把握学生对乒乓球技能的掌握程度,不仅适应新时代体育课堂建立多元化评价体系的需求,还能促进教学效率和教学质量的提高。

教师与智能领域企业合力为人工智能辅助日常乒乓教学提出问题、需求、解决方案，及为优化产品使用体验提供宝贵建议等工作，可推动智能技术在体育基础教育中的发展。

（王大琴）

第九节　作业拓展性的智慧学习场景创设与运用——信息技术学科中的展现

一、作业拓展性的智慧学习场景的思考与创设

作业的改革：低代码平台赋能智慧学习场景的创设与反思

在教育信息化的背景下，如何通过技术手段有效提升学生的自主学习能力和实践能力，成为当代教育改革的重要议题。传统的作业设计往往侧重于知识点的重复巩固，缺乏与实际问题和跨学科应用的关联，难以充分调动学生的学习兴趣和创新能力。随着低代码技术的兴起，教育工作者逐渐意识到低代码平台能够为课堂作业提供更加灵活、富有创造力的拓展路径。

低代码平台是一种简化软件开发过程的工具，允许学生通过图形化界面和简单编程，实现应用开发与设计。其低门槛的特点使学生能够在不具备复杂编程技能的前提下，将课堂知识应用于实际项目中，从而促进作业的延展性。通过低代码平台，教师可以设计出多层次的任务链条，帮助学生从简单的作业任务逐步过渡到复杂的实践项目，并为学生创设基于真实情境的智慧学习场景。

在具体实践中，娄山"生境花园"项目是一项结合信息科技与生态保护的跨学科项目，学生通过低代码平台设计植物识别、数据监测和环境保护应用。通过该项目，学生不仅学习了信息技术的应用，还掌握了生态保护相关的知识，提升了跨学科应用能力和实践操作技能。项目通过真实情境中的任务设计，帮助学生将课堂所学知识应用于现实问题的解决，进一步拓展了作业的深度和广度。

本文以"生境花园"项目为例，探讨了低代码平台如何赋能初中信息科技课程的作业拓展性，通过项目化学习和跨学科融合，构建智慧学习场景。学生通过该项目提升了创新思维、数据分析能力和实践操作能力。本文同时分析了在实际教学中遇到的技术适应问题和差异化学习需求，并提出了进一步优化智慧学习场景设计的建议，以期

为未来的教学实践提供参考。

1. 作业拓展性的智慧学习场景设计

（1）作业拓展性的理论基础

作业拓展性的设计基于多种现代学习理论。建构主义学习理论（Constructivist Learning Theory）强调学习是学生通过与环境互动主动建构知识的过程，作业拓展通过引导学生解决实际问题，帮助他们在已有知识框架上构建新的理解。维果茨基的"最近发展区"理论（Zone of Proximal Development，ZPD）则指出，适当设计超越学生现有能力范围的作业，并给予支架支持，能有效推动学生的认知发展。此外，项目式学习（Project-Based Learning，PBL）作为作业拓展的具体实现方式，结合真实问题情境，帮助学生在实践中综合运用知识，培养其批判性思维和创造力。

通过作业拓展，学生在完成基础任务的同时，能够结合课堂所学知识与实际问题进行自主探索。这一过程符合建构主义与项目式学习的核心理念，能够有效促进学生从被动学习者转变为主动知识建构者，培养他们的创新思维和实践能力。

（2）低代码平台在作业拓展中的应用

低代码平台为作业拓展性提供了强有力的技术支持。其简化编程的特点降低了技术门槛，使学生能够更加轻松地设计和开发与课堂内容相关的应用程序或项目。这种平台不仅使学生能够自主完成作业，还提供了更多的扩展可能性，使作业不仅局限于书面练习，而是延展为具有实践意义的项目。

在具体实践中，低代码平台帮助学生将课堂学习转化为实际的项目开发。例如，在"生境花园"项目中，学生通过低代码平台设计了植物识别系统和数据分析应用，从而不仅完成了基本的课堂作业，还进一步拓展了作业的应用范围，解决了校园中的实际问题。这一过程不仅增强了学生的学习主动性，还让他们体验到了知识的实践应用价值。

（3）作业拓展性的智慧学习场景设计要点

① 任务分层设计

根据学生的学习能力和兴趣，设计出多层次的任务链条，确保每个学生都能够在完成基础作业的同时，根据自己的理解和能力水平进一步拓展任务。在"生境花园"项目中，初级任务可以是学习简单的植物识别技术，进阶任务则是设计复杂的植物健康监测系统。这种分层设计确保了学生在完成基础作业的同时，能够有机会进行更深入的学习和探索。

② 跨学科整合

智慧学习场景的设计不应局限于单一学科，而应充分整合跨学科内容，使学生能够在不同学科的交叉领域中探索和学习。"生境花园"项目结合了信息科技与生态学知识,学生不仅学习了信息技术,还通过项目了解了植物生长规律、环境监测等相关知识。这种跨学科的整合能够增强学生的综合素养,拓宽其学习视野。

③ 实时反馈与自我评估机制

利用低代码平台的技术支持,教师能够实时跟踪学生的学习进度,并为学生提供个性化的反馈。学生也可以通过平台的自我评估机制,了解自己的学习状态,并及时调整学习策略。这一机制能够帮助学生在作业拓展过程中不断反思和改进自己的学习方式,确保作业的质量和深度。

2. 智慧学习场景的创设

智慧学习场景的构建旨在通过低代码平台为学生提供一个丰富、灵活、互动性强的学习环境,让他们在课堂作业的基础上延伸出更加自主、实践性强的学习路径。具体以"生境花园"项目为例,探讨智慧学习场景的实践路径和优化方向。

(1)"生境花园"项目的教学案例

"生境花园"项目通过低代码平台整合信息科技课程与生态保护实践,设计了跨学科的单元教学。学生通过低代码工具搭建人工智能模型,观察植物生长,运用机器学习技术对植物的生长情况进行预测。整个项目强调动手操作,学生需要根据实时数据进行分析和调整,培养了他们的问题解决能力和计算思维。

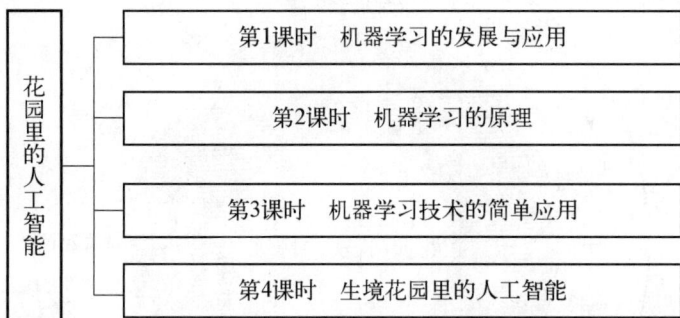

单元教学设计

① 基础任务设计:植物识别

在项目初期,学生首先学习使用低代码平台开发简单的植物识别应用。通过获取植物的叶片特征,学生使用视觉识别技术对植物种类进行分类,并将结果上传到平台数据库。这一基础任务帮助学生掌握基本的编程和数据处理技能。

② 进阶任务设计：数据分析与监测系统

完成基础任务后，学生进一步扩展任务内容，开发出自动数据采集和监测系统。该系统能够对花园中的植物健康状况进行实时监测，并通过低代码平台自动生成数据分析报告。这一进阶任务培养了学生的系统设计思维和数据分析能力。

③ 跨学科应用：生态保护与智能化管理

"生境花园"项目不仅涉及信息技术的应用，还将生态保护知识融入学习任务中。学生通过监测植物生长情况，设计出自动化浇灌系统，以优化资源管理。项目中的跨学科设计使学生能够将信息科技应用于生态环境的实际问题，提升其综合素养。

（2）"花园科技学习中心"学习场景的搭建

为解决传统教学中缺乏个性化调整的问题，我们特别搭建了"花园科技学习中心"低代码教学平台，提供了一个互动式的学习空间。学生可以在真实的生态花园环境中，通过信息技术和人工智能应用，深入学习和实践生态保护和数据分析。平台的课程管理模块允许教师创建和管理课程，学生则可以加入并参与其中，教师能够根据学生的实际情况灵活调整教学内容，实现个性化教学。项目化学习模块，如生态花园项目，提供了详细的项目说明和作业提交功能，增强了学习活动的针对性和实用性。（见下图）

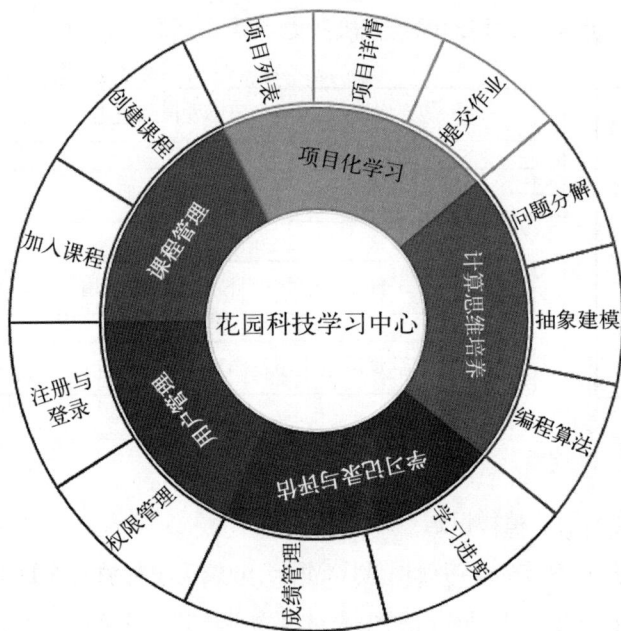

"花园科技学习中心"教学平台架构

学习记录与评估模块为教师和学生提供了一个跟踪和评估学习进度的有效工具。教师可以在平台上记录和评定学生的成绩和反馈,而学生则可以实时查看自己的学习成绩和进度,从而更好地掌握学习状态。

花园科技学习中心教学平台通过这些综合功能,不仅增强了教学的互动性和实践性,还促进了学生对科技与生态环境之间联系的深入理解,为学生提供了一个既富有教育意义又紧贴生活实践的学习平台。

（3）智慧学习场景的优化与持续发展

① 动态调整与任务优化

在项目实施过程中,教师可以根据学生的反馈,灵活调整"生境花园"项目的任务难度与内容。例如,如果部分学生对基础任务掌握较快,教师可以为他们设计更具挑战性的任务,确保每个学生都能在适应的节奏中获得提升。

② 基于数据的反馈与优化

低代码平台收集的学生学习数据为教师提供了有价值的反馈,帮助其优化场景设计。例如,通过分析学生在不同任务中的表现,教师可以发现哪些学习环节存在困难,进而调整教学设计,提升学生的学习体验。

3. 从作业到实践的教学反思

低代码平台赋能的作业拓展性和智慧学习场景的教学成效显著,但也遇到了一些挑战。通过"生境花园"项目的实践,我们发现,低代码平台极大地激发了学生的自主学习兴趣,学生不仅能够完成基础任务,还能够主动探究更复杂的实践项目。项目中的跨学科融合、任务分层设计使学生在掌握信息科技知识的同时,也学会了在实际情境中应用这些知识,进一步提升了其创新思维和问题解决能力。此外,教师通过平台能够实时跟踪学生的学习进度,并提供个性化的反馈,确保每位学生都能得到针对性的指导和帮助。

然而,在推广这一模式时,技术适应性和学生能力差异仍然是两个需要关注的问题。一些技术基础较弱的学生在初期适应低代码平台时面临一定困难,尽管平台简化了开发流程,但对这些学生来说,完成拓展性任务仍需较多的技术指导和练习。为此,教师在设计作业时需要提供足够的技术支撑,并分层设置任务,以满足不同学习水平的学生需求。此外,教师的角色也从传统的知识传授者转变为学习引导者和协作伙伴,如何在引导学生自主学习的同时给予适当支持,是需要进一步探讨和优化的教学环节。

总的来说,低代码平台赋能下的智慧学习场景通过作业拓展有效促进了学生从理论到实践的过渡。尽管在实施过程中面临技术和差异化教学的挑战,但通过合理的任务设计和持续的反馈机制,这种教学模式为学生自主学习与实践能力的培养提供了有力支持。未来,随着教师和学生对平台的进一步熟悉,智慧学习场景的应用将能够更加广泛且深入,推动教育创新与个性化学习的全面发展。

(徐斌)

二、 作业拓展性的智慧学习场景的实践与探索

依托数字基座的初中信息学科数字作业的实践与研究

随着计算机技术的发展和应用,信息技术逐渐渗透到我们生活的方方面面。作为学校的一门重要学科,信息技术已经成为了中小学教育的必修课程之一。而随着数字化时代的到来,数字作业这一概念也随之出现并得到越来越广泛的应用,为教育教学带来了全新的革命。如何以作业为撬动点来促进学习方式的转变,来提升学生的学习效率和效果也是我们一直在探索的课题。于是,学校依托长宁教育数字基座,着眼于探索数字作业在初中信息技术教学中的应用以及所带来的益处。

1. 数字作业应用在信息技术学科教学上的优势

首先,数字作业是随着现代信息技术的发展而诞生的,它可以帮助学生更好地掌握知识,提高学习效率。这一点在信息技术教学中尤为重要,因为信息技术涉及许多实践性的操作,例如计算机编程、网络设计、硬件组装等。实践操作对于学生来说往往比理论学习更难,需要更多的实践机会。而数字作业正好弥补了这一点,可以让学生在不受时间、地点限制的情况下多次实践,丰富实践经验,提升实际操作水平。

其次,数字作业可以增强学生的学习兴趣和积极性。传统的作业方式往往过于枯燥,针对性不够强,许多学生往往感到枯燥无味。而数字作业的多样化、个性化、互动性和趣味性等特点则能够激发学生的学习热情。比如,数字作业可以利用图片、视频等多媒体形式,让学习更加生动有趣;可以利用网络平台进行答疑互动,增强师生互动性;还可以设置游戏化任务,提高学习趣味性。

最后,数字作业还可以帮助教师更好地把握学生学习状况并进行精准的教学辅导。长宁教育数字基座作为一种数字化教育管理工具,可以实时监控学生学习进度并

反馈给教师,让教师及时发现学生的学习困难,有针对性地进行辅导。这种教学手段不仅提高了教学质量,也为学生学习打下了更加扎实的基础,为他们日后的学习道路打下了坚实的基础。

2. 依托长宁教育数字基座搭建信息学科数字作业

综合而言,数字作业已经渐渐成了信息技术教学不可或缺的一环,具有丰富的教学应用价值。在这种趋势下,中小学教育也在不断加强对数字作业的重视。长宁教育数字基座作为数字作业的一种优秀实现方式,为信息技术教学带来了更加广阔的应用前景,期待它在未来的教育中能够发挥更加广泛的作用,更好地满足学生的学习需求。

基于数字作业的这些益处,我校不仅在长宁数字基座 App 端的线上作业发布系统里进行拓展性作业的实践研究,同时还开发了基于项目过程性评价的拓展性作业展示平台。信息技术教学的优势在于能够让学生利用计算机软件和硬件,结合实际问题进行实践操作,提高学生的学习效率和学习兴趣。在线的数字作业则进一步丰富了教学手段。基于数字基座的数字作业可以根据学生的学习水平和掌握情况,提供不同的任务和教学内容,设置打卡任务、自由出题、题库作业等形式,可以自由上传图片、文档、视频、音频等作业,更好地满足学生的个性化需求。此外,数字作业还可以提供实时反馈与评论,让学生能够及时了解自身的学习情况,以及自身的学习表现,进而及时调整自己的学习策略。

长宁教育数字基座为信息科技学科数字作业提供的平台和管理系统,不仅让学生受益,同时教师也可以通过数字基座自主生成数字作业,对学生的学习情况进行管理,提高教学效率。数字基座还提供了多样化的图表和分析工具,为教师提供了更好的数据参考,帮助教师精准分析每个学生的学习情况,掌握学生的学习习惯和学习方法,进而优化课程设置与教学方案,真正做到因材施教。

3. 信息科技数字作业的应用和实践

基于信息技术过程性评价的拓展性作业展示平台也在数字基座平台上逐步完善并投入使用,在上海一周空气质量指数、上海二日游等实践探究项目中,教师首先在平台上发布任务引导单,学生分组把采集到的数据和资料保存在平台的小组档案袋里,同时把小组的研究报告展示在平台上和其他小组进行交流。整个评价分为自评、互评和师评,评价的过程公开透明,不仅让学生能够体验团队合作学习的效率,同时还能让学生更加直观地审视自己小组的实践探究水平,通过评价数据的反馈促进学生更有效地改进自己的学习方式和小组研究的模式,做到合理分工、科学规划、精准分析。同时展示的作品在首页置顶,不仅提高了学生参与团队拓展性作业的热情,还让大家能够互相借鉴、取长补短。

然而,在信息科技数字作业的应用和实践过程中,也存在一些问题和挑战。首先,信息科技数字作业的生成和管理需要一定的技术储备和管理经验,教师需要花费一定的时间和精力才能够应对。其次,数字作业虽然可以提供实时反馈与纠正,但是对于不同的学生而言掌握难度还有不同,需要根据实际情况进行调整。最后,数字作业将学生限制在了电子设备中进行学习,容易造成学生学习过度依赖电子设备的问题。因此,信息技术数字作业的实际应用需要进一步完善和改进。

综上所述,在当前信息化的背景下,信息科技教学与数字作业已经成为了一种越来越重要的教学手段。而长宁教育数字基座的应用和推广,为数字教育的发展提供了更好的平台和条件。同时,学校教育教学数字化转型的应用和发展也需要我们共同努力和继续探索。

(谢立华)

第四章

智慧学习场景赋能发展的多维成效

第一节　学校发展成效

一、学习空间赋能，建设校本化课程

近三年来，我校在区教育局的直接关心和大力支持下，在教育数字化转型方面取得了不少的成绩。尤其在硬件配置、环境搭建等方面走在前列，初步形成了泛在学习空间，让有形有限的物理空间拓展为无形无限的数字空间，为学生的自主学习提供更多的可能。2024学年，我们在原有数字学习空间的基础上，着重在课程建设上花力气、下功夫，通过学习空间校本课程的建设，为打造学校智慧活力育人场提供课程保障。

（一）利用现有空间，打造新闻演播课程

2023年，我们建设了一个数字化报告厅，既可以进行实景讲座，也可以录制有虚拟背景的视频。我们利用这个空间，发挥信息教师视频制作能力和团队教师采访播报的能力，共同打造了新闻演播课程。学生自编、自导、自演、自播了娄山校园新闻新栏目《娄山 news》，在课程中学习创意策划、采编、拍摄、剪辑、宣传等。成型的作品每周一期在校园电视台中播放，极大地提高了学生们的学习热情。

（二）结合课后服务，开设五大空间课程

几年来，我校在教学楼各楼层共享区域建设了五个较大的开放式数字学习空间，分别是学史空间、AI 体育与健康融合创新空间、创新空间、艺术空间和科技空间，为学生课间、课后自主活动提供条件。我们进一步增加学习空间的学习内容，和课后服务相结合，开设了五大空间微课程，每个空间设计 1—2 课时的展示型课程，在课后服务时段为学生提供学习指导。每位学生都会在每个空间里学习相应的课程，这样的微课程既提高了学习空间的使用效率，又满足了学生课后服务课程多元化学习的需求，提升了育人实效。

（三）引入社会资源，完善生境花园课程

我校打造了由智能化阳光房、植物自然研究实验室和屋顶花园生态农场三部分组成的自然和环境智能学习研究中心。通过实时信息采集技术，使三个空间互联互通，为各类课程建设打下了基础。2024 年开学后，我校和上海自然博物馆合作，深度了解昆虫标本；联系东华大学，获得明星教授指导；依托区生境网络，得到社会更多支持。有了社会资源的支撑，以项目化学习为形式的生境花园课程，已经成为了学校的网红课程，不仅得到学生们的喜爱，也受到了社会各界的关注。

数字学习空间关键在于使用，怎样更好地利用数字学习空间，还需要有更多校本化的课程。我们还在进行跨学科学习中心建设，推进项目化学习，建设一批数字赋能的娄山校本课程，实现课程育人目标。

二、各个学科赋能，形成教学模式

从学科角度看，智慧学习的场景构建下，将智慧学习场景运用到学科的教学中，进行学科赋能，每个学科都找到了智慧学习场景教学创新的新样态。

（一）形成"沉浸＋体验"的教学模式

学习场景的营造是利用具体的情境和话题，以及各种形式的互动与体验，让学生在学习中沉浸感受、互动交流、自主探究和协作合作。数字赋能教学，利用多媒体显示、虚拟现实技术等手段，让教学环境更情境化、沉浸式。比如我校语文学科聚焦"沉浸式学习"这个关键词，进行了"沉浸式学习的智慧学习场景创设"研究与实践。将语文学习过程放到了相应的古今中外各类文学作品的语言意境之中，增强学生的学习体验和记忆效果。

再如，人体的结构层次是学生学习生命科学认知人体构成中的一个难点，借助增强虚拟现实建立的学习场景，让学生可以任意操作，如旋转、分解、多角度分层观察人体的层次，在触控操作中更好地直观地关注人体的各个系统和器官，对照自身个体，虚实结合，能极大地满足学生对人体构成的好奇心，更好地全身心投入生命科学学习。

（二）形成"数据＋精准"的教学模式

教育数字化转型给了课堂教学更多更有效的技术支持，这些技术的运用必然会带来学习模式的变革。比如，我校数学组开展的"纸笔同步精准化教学"的尝试，在教学中精准定位，及时掌握学生薄弱环节；精准反馈，有效提高课堂教学效率；精准评价，帮助后续学习减负增效。在此基础上逐渐形成了数据驱动精准教学的"三阶两定一动"

的靶向教学模式：在课前、课中、课后三个阶段，分别有两个"定"、一个"动"，即课前定学情分析、定教学目标，动态推送学习资源；课中定教学策略、定评价标准，动态调整教学深度、广度和节奏；课后定分层教学方案、定个性辅导策略，动态完善高精准数字作业。以学生核心素养培育为靶心，依托纸笔作业的伴随式数据分析，以学定教，教、学、练、评环环相扣，实施靶向教学，提质增效。

再如英语组积极探索信息技术与教育教学活动的深度融合，充分开发"AI听说课堂"的应用，打造多模式结合的教学方式，覆盖课前、课中、课后全场景，实现精准教学，提升教学质量与效率。早读模式：传统的早读课上，学生虽然在大声朗读，但教师无法准确把握每位学生的朗读情况，是否真的在读，有没有读错。此外，传统检查背诵课文的形式会耗费师生大量时间，且大多只有主观评价和纠错，没有较为统一和标准的评价维度。借助AI技术可以帮助实现学生按流程自主练习或朗读，减少教师的监管负担。同时，系统的实时打分功能能激励学生多开口，让早读更有效，在早读的黄金时间解决学生语音的问题，为正课其他教学环节预留时间。学生完成朗读后，系统即时生成多维度评价分析报告，班级学情和个人学情一目了然，助力教师进行分层教学和学生个性化学习。课堂模式：为实现"教—学—评"一体化的听说课堂，教师可以设计各种听力检测和口语表达环节，如听后回答、听后复述、朗读课文、续说对话等。除了教师日常常用的观察、提问、追问、生生评价等方式，还可使用AI技术进行辅助评价。学生先根据教师要求准备并作答，作答结束后得出班级整体的作答报告详情。教师简要分析完班级整体报告后，挑选中下游学生的录音进行回放，辅助教师分析学生口语发音是否标准流畅，内容是否完整、具有逻辑。这样教师能根据需要进行指导或教学环节的调整，真正做到以评定教，以评促教，以终为始，将整节课各个环节串联成一个完整的闭环，充分体现"教—学—评"一体化的内涵。测评模式：上海英语中考增加听说测试以来，更加强调学生听说能力在英语学习中的重要性。教师不仅要采取更加科学的教学方式培养学生的听说能力，学校更要为学生创造积极备考的硬件环境。使用AI技术便能将普通教室直接转化为语音教室，配合中考配套听说套题，使学生能在日常教学中进行模拟测试，熟悉考试流程，克服畏惧心理。同时，教师可根据系统即时反馈的学情报告，根据学生的具体试卷进行分析，为他们提供针对性的提升建议，帮助学生在备考过程中找到突破口，从而提高英语听说水平。

再如体育组：基于"智慧体育"的开展，在体育课程中，教师通过智慧教学平台，实时共享竞技体育、群众体育等资讯，将体育知识及技能融合到日常体育教学中，并通过心率带实时监控学生心率,优化教学策略,确保学生在安全的环境中进行体育运动和练习;基于智能体育评测与教学系统,教师对学生体育运动成绩、状态、体能等运动指标实时采集、分析、评测与指导,最终实现体育教学场景、考试场景的无感化、智能化,降低体育教学负荷。同时,我校作为乒乓特色初中,将人工智能与乒乓教学融为一体,以反映学生个性差异、促进学生个性发展为目标,创设教、学、测、评智能化乒乓课程,辅助体育教师进行乒乓球教学。通过与人工智能企业合作开发的智慧乒乓教学系统,创设了适用于提高学生个性化练习水平的乒乓智慧学习场景,结合日常教学内容,为涵盖四个年级处于不同乒乓球技能水平阶段的学生制定以提高命中率、出球速度、落点精准度等技能目标的个性化练习计划。

（三）形成"自主＋探究"的教学模式

不管在学科教学还是跨学科教学中,我们都注重培养学生的自主学习和探究学习能力。教育数字化转型,让学习方式的多样化有了更多的可能。比如道德与法治学科,利用数字技术和数字资源,教师课前布置活动任务,并提供相关学习资源,学生通过自主学习,并尝试完成学习任务,为课堂主动参与和深度学习打下良好的基础。再如,语文教材安排了《昆虫记》的名著导读,旨在培养学生整本书阅读的能力和兴趣。在上教版生命科学八年级中,学生也会学习到很多和昆虫有关的知识,因此,我们开展了"博物馆中的昆虫记"主题的跨学科项目化学习,以完成"昆虫记"主题的一平米博物馆策展为驱动任务,设计场景式、体验式科学实践活动,整合学习内容、学习资源及学习情境,帮助学生进行探究学习,发展思维能力和创造性的问题解决能力。

三、 教学质量提升，实现减负增效

在智慧学习场景的构建下,学校的学科教学质量逐年提升,而且在教学管理方面、学生学习方面等都实现了减负增效。

以学校的课后服务工作为例。1 308位学生、3 000多选课人次、80余位老师、50多项活动、100％参与率等数据勾画出娄山中学丰富的课后服务活动。两年来,我校结合学校实际,在课后服务工作中探索新举措、记录新变化,通过长宁数字基座上的课后服务平台实现了对课后服务课程申报、教学评价、教师管理、家校沟通等方面的系统性升级,实现了对选课、授课、巡课、评课等工作的"一屏监管"。

（一）开发在线选课系统，课后服务随心选，科学管理全覆盖

长宁基于教育数字基座建设推进教育数字化转型，以数字基座赋能"活力教育"。在课后服务实施和生源数递增的迫切需要下，我校也借长宁数字基座建设的东风，充分开发利用平台上的在线选课系统。

2022学年利用在线选课系统协助课后服务，同时容纳全校1 308名学生线上选择社团，第一第二志愿的层级设置以及结合数据及时调整班额数，支持学生选择符合自己特长和兴趣的活动，选课人次达3 000余次。智能选排课结束会生成师生家同步课表，实现多终端巡课管理、点名签到、表现记录和实时评价反馈，大幅度提高课后服务管理效率。

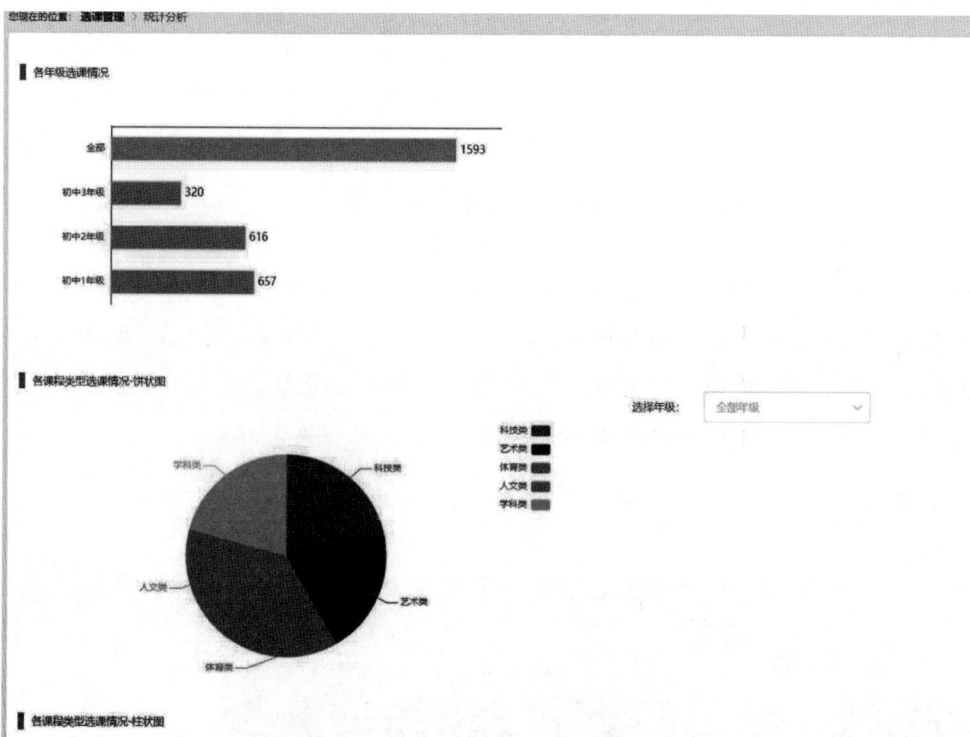

图4-1 选课平台数据概览

（二）搭建实时管理系统，工作管理精细化，活动落地高质量

集选课、授课、巡课、评课于一体的"一屏监管"，实时显示课后服务课程开设情况、师生参与动态、学生成长模型等指标数据，全方位过程性监管课后服务实施情况；自动化留存各教师课后服务参与数据，提升了考核评价工作效率。

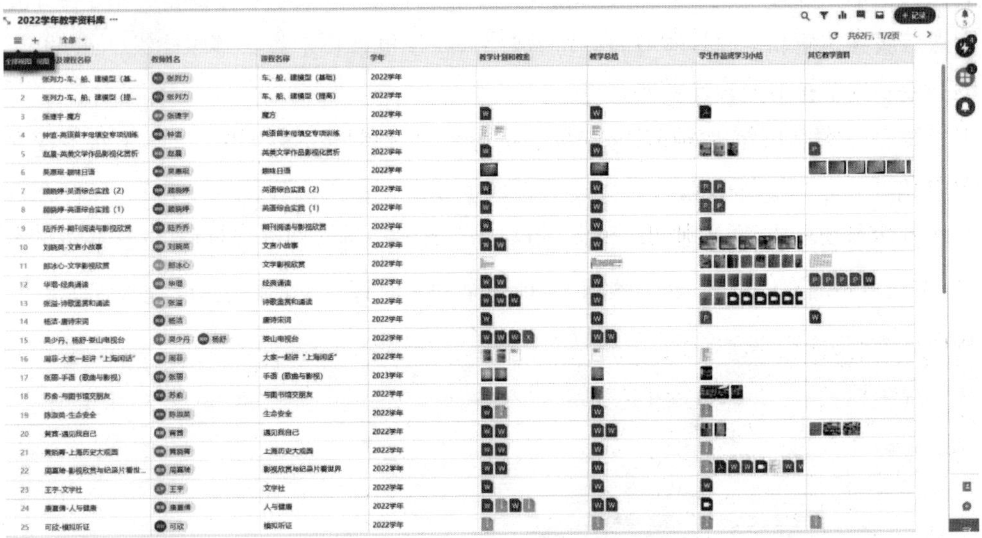

图 4-2　教学资料库概览

图 4-3　教学资料库举隅

利用在线选课系统中的评价模块,协助完成学生的课程评价及整体学习情况评价,教师能够在管理后台实时看到每节课程学生的评价情况,从而更好地以学定教,改进和优化课程设计。与此同时,借助低代码开发平台开发课后服务过程性记录应用,进行学生作品的收集以及教师教案的收集,形成一定的校本资源库,充分发挥校内教师共建共享实效,引导教师共同学习成长,为之后的课程开展提供了良好的数据以及材料留存。

在家校协同方面,教师可抓拍开课过程中的照片,实时同步家长 App,让家长随时随地了解学生在校学习情况,全方位参与共育。

图4-4 娄山中学课后服务"一屏监管"

（三）融合各方优质资源,多彩校园新样态,五育并举提素养

我校在汇总学生对课后服务内容的需求的基础上,不断调整课后服务内容与形式,优化课后服务排片表。利用校本特色项目、社团活动等内容与形式,开展共青团(少先队)、科普、体育、科技、艺术、影视、卫生、急救、生命教育、劳动、安全实训等各类素质教育活动。

一方面,用好区域校外教育资源和优质非学科类校外培训机构资源;另一方面,充分挖掘发挥各类教师的业余爱好、特长。最终凝结出丰富多彩的"素质教育活动超市",包括学科课程的延伸、综合、拓展以及各类兴趣活动等。琳琅满目的"商品"供全校学生自由选择,涵盖科技创造、自然探究、艺术审美、人文素养等多个模块,包括文学社、影视欣赏、信息学奥林匹克、科幻画、创意美术、车船建模型、空模技能、环境科学实验班、科学种子实验班、创意手工面塑、实验感知、将棋、茶艺、京剧、合唱等50余项社团活动,具体见表4-1。

表4-1 娄山中学课后服务素质教育活动部分简介

序号	名　称	活　动　简　介
1	文学社	在这里你可以用文字做画笔描绘你脑海中的画面,你们的文章将会在校刊《娄山荟》中刊登。
2	影视欣赏	一部电影就是一部社会发展史。在这里你可以穿越时间和空间,遨游人类的历史和未来。
3	信息学奥林匹克	课程的核心是算法设计和编程。在这里你可以成为一名"极客",感受高速数据"冲浪"的乐趣。
4	科幻画	科幻是未来的预言。这里生活着的是一群预言家,拿起你们的画笔创造未来。
5	创意美术	在这里你可以创造和定义"美"的形式,打开"美"的任意门。
6	车船建模型	赛车手? 水手? 建筑师? 怀揣职业梦想的你们可以在这里开始你的试练。
7	空模技能	如果你想冲上云霄,这里将为你插上梦想的翅膀。
8	环境科学实验班	发现身边点滴自然之美,让你带上"放大镜"来一场"梦游仙境"之旅。
9	科学种子实验班	这里你将学习STEM课程,在你的小脑袋里种下一颗会发芽的科学种子。
10	创意手工面塑	中华非物质文化遗产代表性项目进校园。小小一块泥,可以在手中幻化为春花秋雨。
11	实验感知	积木与编程的碰撞,在手作达人的手中创造出属于"我的世界"。
12	将棋	天马行空,棋如人生。你可以参加"娄山杯"将棋邀请赛进行棋艺比拼。
13	茶艺	你可以学习茶艺文化,沏茶、品茶,静心雅致,陶冶情操。
14	京剧	长宁区重点艺术团队。学习京昆艺术,做中国传统文化的传承者。
15	合唱	长宁区重点艺术社团。或深情或激昂,你可以用音乐抒发感情,用音乐放飞梦想。

屏幕数据背后丰富的素质教育活动使娄山中学的校园生活更多彩,也建立了"双减"背景下育人的新样态,引导娄山学子加强文化道德修养,提高综合素养,促进德智体美劳全面发展。

图 4-5　京剧与服装设计的跨界传承

数字化赋能的课后服务也结出了累累硕果。我校乒乓球队取得多项全国比赛奖项;合唱队被评为区特色艺术团队,在市、区各类艺术比赛中屡屡获奖,2024 学年第一学期更荣获长宁区艺术团考核第一名;我校京剧社团是长宁区重点艺术团队,经过激烈的评选与角逐,我校被中国少儿戏曲小梅花上海基地授予"上海市青少年戏曲人才传承示范学校";作为上海市科技教育特色学校,创造发明、模型、科幻画创作等项目获得多个国家和市、区级大奖;在 2022 年全国信息学奥赛(NOIP)中,我校初二(4)班蔡弈凡和初一(4)班左天佑达到省级一等奖分数线,2023 年在第 40 届全国青少年信息学奥林匹克冬令营中,我校初一(4)班蒋周运获得银牌。

立足全人教育,围绕娄山 WISH 的育人目标,即培养"品行端正、身心健康、基础扎实、自主发展"的初中生,娄山中学课后服务实施采用信息技术赋能,实现课后服务工作精细化管理,课后服务活动高质量落地,既为每一个娄山学子提供了全面发展、个性张扬的教育,也为数字化赋能教育做出了有益的探索。

图 4-6　荣获上海市青少年戏曲人才传承示范学校

四、 学校交流辐射，提高了影响力

我校在数字化转型过程中，积累了一些经验，已经在区级、市级乃至国家级的交流分享活动中，得到各方面的高度肯定。

2022 年 2 月 21 日，上海市教委副主任李永智来校参访学校数字化转型。2022 年 6 月 10 日，上海市副市长陈群来校参访。2022 年 9 月 1 日开学伊始，教育部科学技术与信息化司司长雷朝滋来我校调研长宁教育数字化转型工作，雷司长一行实地了解了学校利用长宁教育数字基座搭建的健康打卡等低代码应用，观摩了学校基于智慧班牌开展的学生五育活动的精彩瞬间，详细了解了学校利用数字基座汇聚学生五育成长的数据、形成学校五育综评画像等创新做法，还参观了智慧体育、AI 英语听说课堂等学科专项课堂的教学应用。9 月中旬，学校又迎来了市人大常委会主任蒋卓庆一行，市领导参观了学校的学史空间、创新空间等数字化学习场景，了解了学校英语智慧教学、数学智慧教学、校级教育数字基座建设运行成效、课后服务综合管理等情况，无形中也推动了学校数字化转型的进程。2022年9月份的教师节,我校的《智慧学习 活力成长》娄山中学数字化转型视频在区域播放。这一年中我们还接待了国家防疫督查组、长宁区副区长、长宁区教育局领导、杨浦区教育局信息处负责人向晋榜一行、长宁区小教一学区等率团来校参访。

2023年10月份,教育部王光彦副部长一行莅临我校考察调研,详细了解了学校数字化转型工作的推进情况,并给予了高度的评价。这一年中我们还接待了教育部舒华副司长、北京大兴区教育局、安徽芜湖教育局、虹口区教育局等十余家教育行政部门的调研考察,接待了合肥46中、天山初中等二十余所兄弟学校千余人次的参观交流。

2024年3月份,福建省教育厅党组和中国教育科学研究院数字教育研究所先后赴我校调研教育数字化工作,详细了解了学校数字化转型工作的推进情况,并给予了高度的评价。半年来,我们还接待了广州第二师范学院、黑龙江名校园长、西延安等外省市及兄弟学校等十余家单位的参观交流。

这一方面使我们学校的知名度和社会影响力不断提升,另一方面也是在促使我们要不断加快学校信息化前进的步伐。

第二节　学生发展成效

一、 三力指数提升，促进学生综合素养发展

长宁区培养学生的方向是以活力教育为导向，重在激发学生的生命潜能，实现学生全面的发展；学校在落地活力教育时，是以"三力"指数为抓手去量化学生的综合素质发展。

"三力"指数是基于伴随式采集学生过程性学习数据，构建分析模型，并从生命力、解决力和学习力等三个维度出发，去量化学生综合发展的指标体系。其中，生命力侧重学生学习专注度培养，即在保障质量的情况下，能否以更高的效率去完成；解决力聚焦学生面对困难问题的坚韧性，助力其克服畏难情绪，拔尖提优；学习力则以提升学生课堂的积极性为核心，助力课堂爆发出更多的互动性。

如图4-7所示，学校七年级学生专注性高，体现在七年级学生做答作业又快又对，较少出现频繁跳题、冲动答题，这是学生学习的潜在势能，是一种生命力的体现。在七年级各班的比较中，6班的学生在遇到难题时更能坚持去突破，反映学生具备较高问题解决能力的水平，这也得益于教师日常教学中注重学生问题不带回家的原则，

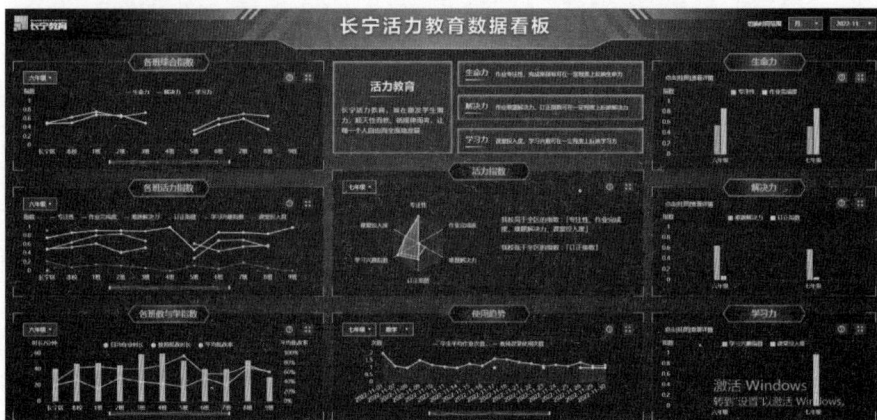

图4-7　七年级学生活力教育数据

好的教学方式得到验证后也能更广泛地被应用。

"三力"指标体系不仅关注学生学业水平的提升，更聚焦学生良好学习习惯、优秀学习品质和综合学科素养的培养，是学校立德树人，实现学生活力发展、综合培育的有效抓手。

二、 实施多元评价，促进学生个性化发展

数字化转型和教育信息技术的运用切实让学生的发展变得更加可视化。在信息技术的支持下，学校建立了多维度的数字评价体系，对学生进行更客观、更深入的综合评价。利用班级优化大师，建立学生个性化档案，不仅每一位学科教师都能即时点评学生课堂表现，家长也可以通过教师发布的家庭小活动，对学生居家表现进行评价反馈。这些评价记录留存在班级优化大师中，逐步生成学生个性化发展报告，更好地实现因材施教，为全员导师制等德育工作的开展提供便利。

更值得一提的是，我们借助长宁数字基座平台，以数字赋能贯彻"五育并举"，开展了校本化学生五育画像评价体系的建设。学校探索数字赋能之下的学生综合素质评价实施路径和方法，力图建构"全面记录、科学评价、强化激励、关注成长"的动态变化评价体系，逐步建成了"123456"黏性链接的五育画像评价体系，具有突出过程性评价、重视多主体评价、评价工具关联度高、可生成评价画像等特点。希望以评价撬动课改和教育综改的深度推进，助力学校的高质量发展。

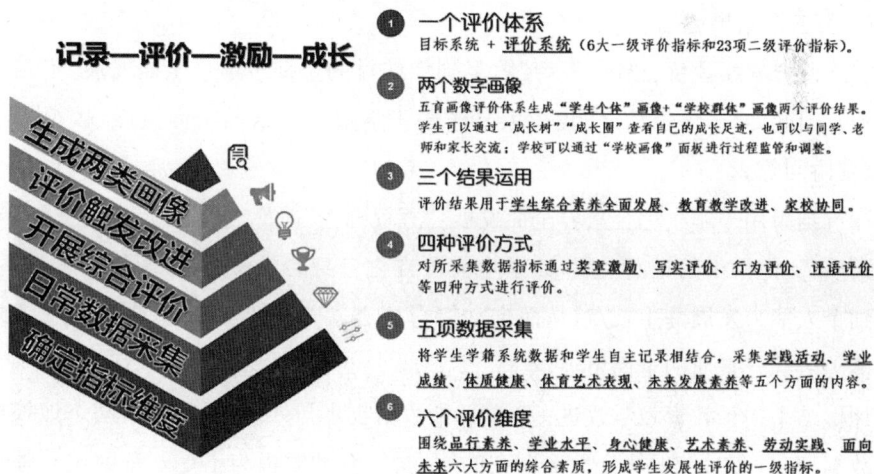

记录—评价—激励—成长

生成两类画像
评价触发改进
开展综合评价
日常数据采集
确定指标维度

1 **一个评价体系**
目标系统 + **评价系统**（6大一级评价指标和23项二级评价指标）。

2 **两个数字画像**
五育画像评价体系生成**"学生个体"画像+"学校群体"画像**两个评价结果。学生可以通过**"成长树""成长圈"**查看自己的成长足迹，也可以与同学、老师和家长交流；学校可以通过**"学校画像"**面板进行过程监管和调整。

3 **三个结果运用**
评价结果用于**学生综合素养全面发展、教育教学改进、家校协同**。

4 **四种评价方式**
对所采集数据指标通过**奖章激励、写实评价、行为评价、评语评价**等四种方式进行评价。

5 **五项数据采集**
将学生学籍系统数据和学生自主记录相结合，采集**实践活动、学业成绩、体质健康、体育艺术表现、未来发展素养**等五个方面的内容。

6 **六个评价维度**
围绕**品行素养、学业水平、身心健康、艺术素养、劳动实践、面向未来**六大方面的综合素质，形成学生发展性评价的一级指标。

图 4-8 "123456"黏性链接的五育画像评价体系

（一）一个评价体系

《深化新时代教育评价改革总体方案》提出建立以"德智体美劳全面发展"为导向的评价体系。学生评价已转变为一种价值多元的全方位发展性观点，旨在促进每一位学生的综合素质发展，激励其面对现实世界的挑战，引导其实现短期或长期目标，为未来生活做好准备。

因此，我校建立了包含办学理念、校训、育人目标的目标系统，设置了6项一级评价指标和23项二级评价指标的评价系统，并规定了相关数据来源。通过"记录—评价—激励—成长"，让数字化记录每一位学生的点滴成长。

（二）两个数字画像

通过数据的收集、分析、汇总、反馈，五育画像评价体系生成了"学生个体"画像和"学校群体"画像两个评价结果。学生可以通过"成长树""成长圈"查看自己的成长足迹，也可以与同学、老师和家长交流；学校可以通过"学校画像"面板进行过程监管和调整。

在数据收集阶段，我校采用智能电子班牌、家校电子互动交流平台、数字基座校信平台、智学网等智能平台或终端，实时采集全样本全时空数据，体现学生在社区、家庭、校园等日常学习与生活中的行为记录、课堂表现；在评价分析阶段，利用学校的数字化平台快速整理与集成海量数据，实现评价数据从"碎片"到"集约"；在评价汇总与反馈阶段，通过大数据输出与推送技术，生成学生"五育画像"，提供个性化的评价反馈与差异化的发展建议，促进学生的全面发展与个性彰显，达成基于综合素质的培养目标。

（三）三个结果运用

实施综合素质评价、绘制"五育"数字画像的目的是促进学生全面发展，不是甄别和选拔。因此，对于评价结果，我校主要作用于学生综合素养全面发展、教育教学改进、家校协同等。

评价结果用于学生综合素养全面发展："五育画像"评价指向适应未来生活的六大综合素质，关注学生的全面发展，让学生能可视化自身的成长，及时调整和改进不足，寻找到个人能力发展的生长点，从而推动综合核心素养的切实落地，真正诠释了学生德智体美劳综合素质的全面发展。

评价结果用于教育教学改进：通过日常数据收集与处理，教师可以动态地根据学生的数据情况，及时发现部分学生存在的问题、教育的短板与不足。有助于教师具体分析问题，从而调整教育教学策略。

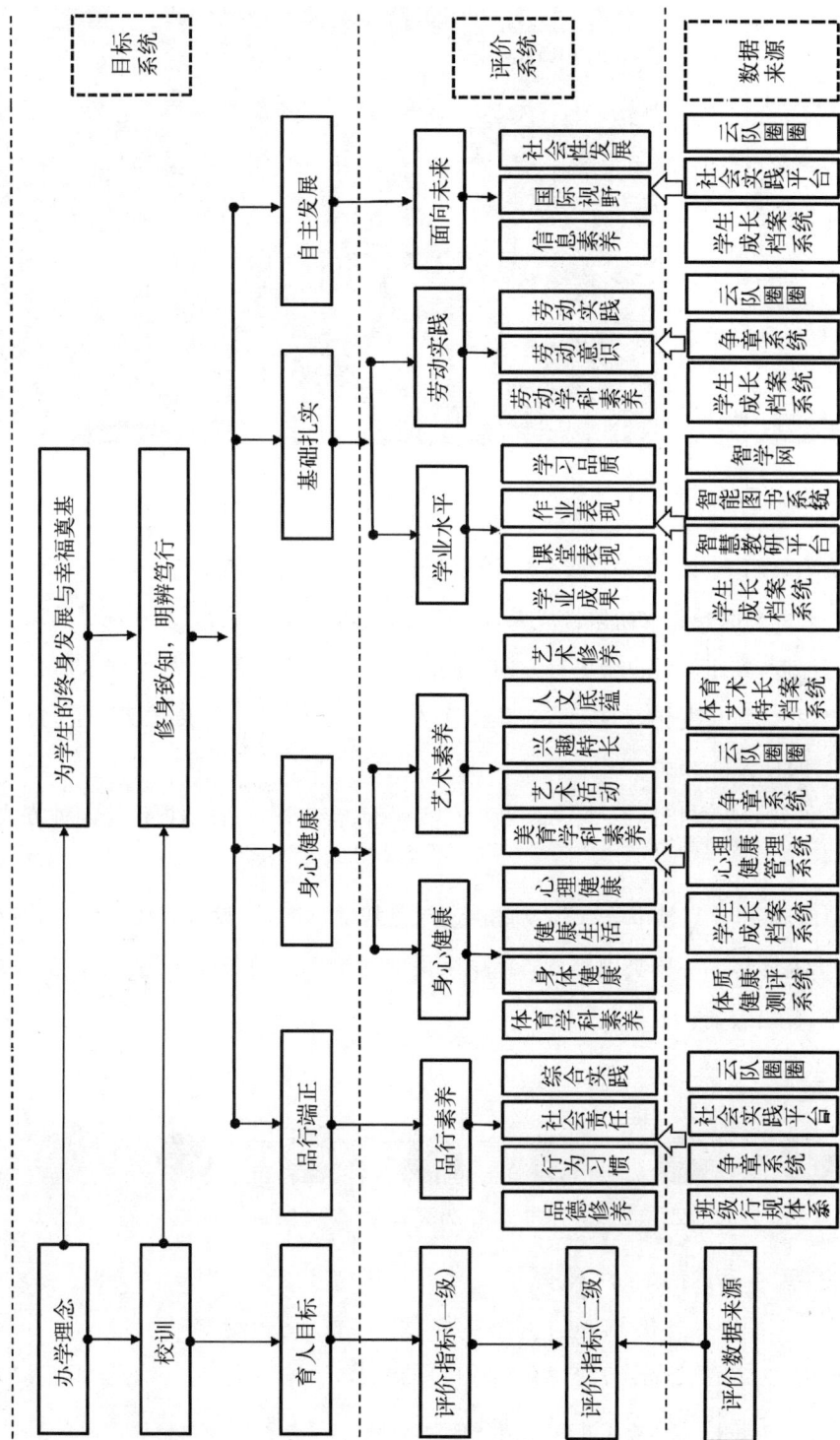

图 4 – 9 "五育画像"评价指标框架体系及数据采集对应平台

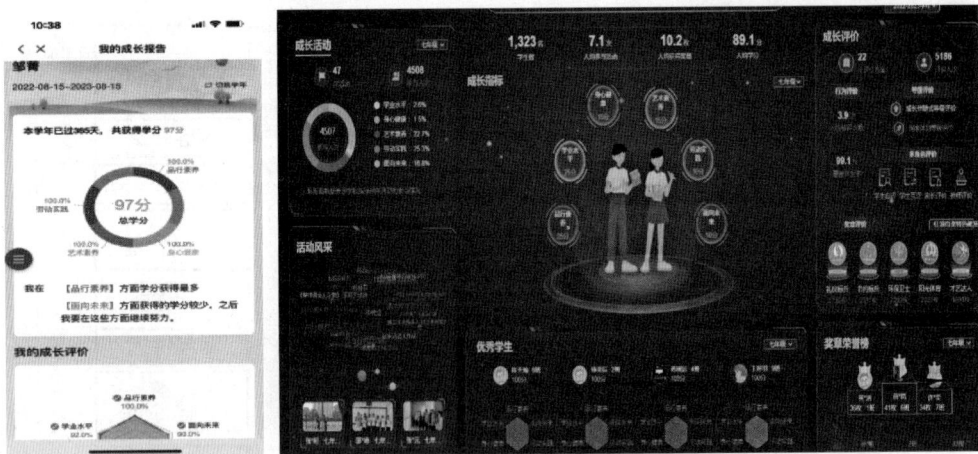

图 4-10　数字基座"五育评价数字画像"面板显示

评价结果用于家校协同：家长从生成的五育画像综合素质报告中，能够得到孩子在学校表现的即时数据和阶段性成果，便于家校之间的协同教育。基于证据的家校协同会更有深度，家庭教育也会更有方向。同时也有助于亲子沟通，如及时了解孩子的职业理想、兴趣特长变化，和孩子一起制定目标，从而让学习变成孩子自主的事情。

（四）四种评价方式

对采集到的数据指标通过奖章激励、写实评价、行为评价、评语评价等四种方式进行评价。

奖章激励：与"红领巾争章"活动相结合，在基础章之外，设置我校红领巾特色奖章，形成丰富多样的不同类别奖章。根据采集到的学生活动表现，班主任及老师可以授予奖章，提出表扬。

图 4-11　数字基座"五育评价"相关联"红领巾争章"面板显示

写实评价：对学生记录的写实活动通过参与次数或者活动表现赋予积分。

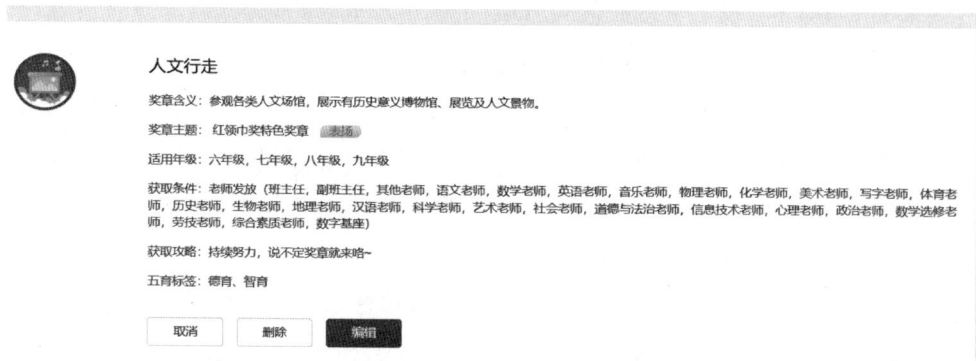

图4-12　数字基座"五育评价"相关联"写实评价"面板显示

行为评价：对学生的自尊自爱、传承文化、敬老爱幼等某一学期的道德风尚进行程度评价，由学生自评和互评、教师和家长评价构成。

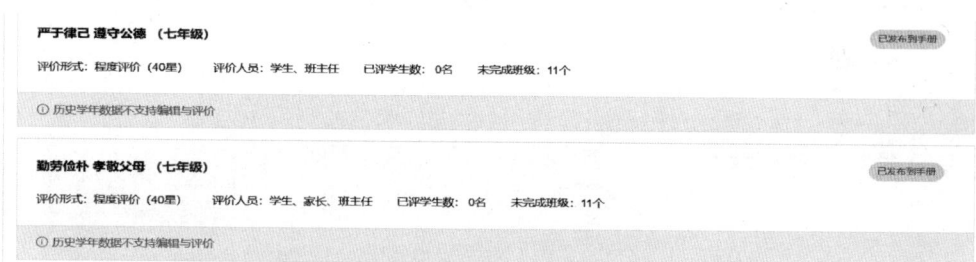

图4-13　数字基座"五育评价"相关联"行为评价"面板显示

评语评价：对学生的学期综合表现进行评价，由学生自评、家长评价和教师评价共同组成。

（五）五项数据采集

将学生学籍系统数据和学生自主记录相结合，采集实践活动、学业成绩、体质健康、体育艺术表现、未来发展素养等五个方面的内容。

实践活动：包含小队社会实践、学校大型活动、校外（社区）实践等，学生参与、记录、总结活动经历和感受，上传校信平台"云队圈圈"和学生个人成长档案袋。

学业成绩：通过智学网进行链接导入，通过数据分析检测学生学业质量。

体质健康：记录学生体检和体育健康测试成绩。

体育艺术表现：校信平台低代码应用、学生个人成长档案袋，学生自主录入体育、艺术等方面特长。

　　未来发展素养：校信平台低代码应用、学生个人成长档案袋，记录参与信息、科技、电视台、财商等学校社团的经历。

　　（六）六大评价维度

　　结合评价内容，围绕"品行端正、身心健康、基础扎实、自主发展"育人目标，提炼学生品行素养、学业水平、身心健康、艺术素养、劳动实践、面向未来六大方面的综合素质，形成学生发展性评价的一级指标。

　　综合素质落地还需要细化到更为具体的二级指标，如"品行素养"就包括品德修养、行为习惯、社会责任、综合实践4个二级指标。这样，六大综合素质总共细化为23个二级指标，再对二级指标进行解读，使其更加细化，可检测、有量化参考、方便记录。例如，学校非常重视学生"面向未来"综合素质，如信息素养、国际视野和社会性发展。

图 4-14　数字基座"五育评价"面板指标体系显示

　　我校积极探索基于数字赋能的学生五育画像评价体系，力求通过数据分析和技术创新，更新教师的德育理念，提升教师的育德能力，并增强学生的综合素养。目前已实现各年段、全学生"五育评价"数字画像，进行了两学年、三学期的实时数据采集，并在一定程度上反映了学生综合素质发展过程性记录。

　　通过全面的数据分析和个性化的教育方案，学生们在道德品质、学业水平、身心健康、艺术素养和社会实践等方面都得到了全面的提升。学生们更加自信、自律，具有较强的创新能力和社会责任感。同时，数字技术的应用也为学生们提供了更多的学习机会和资源，使他们的综合素养得到了更好的培养和发展。

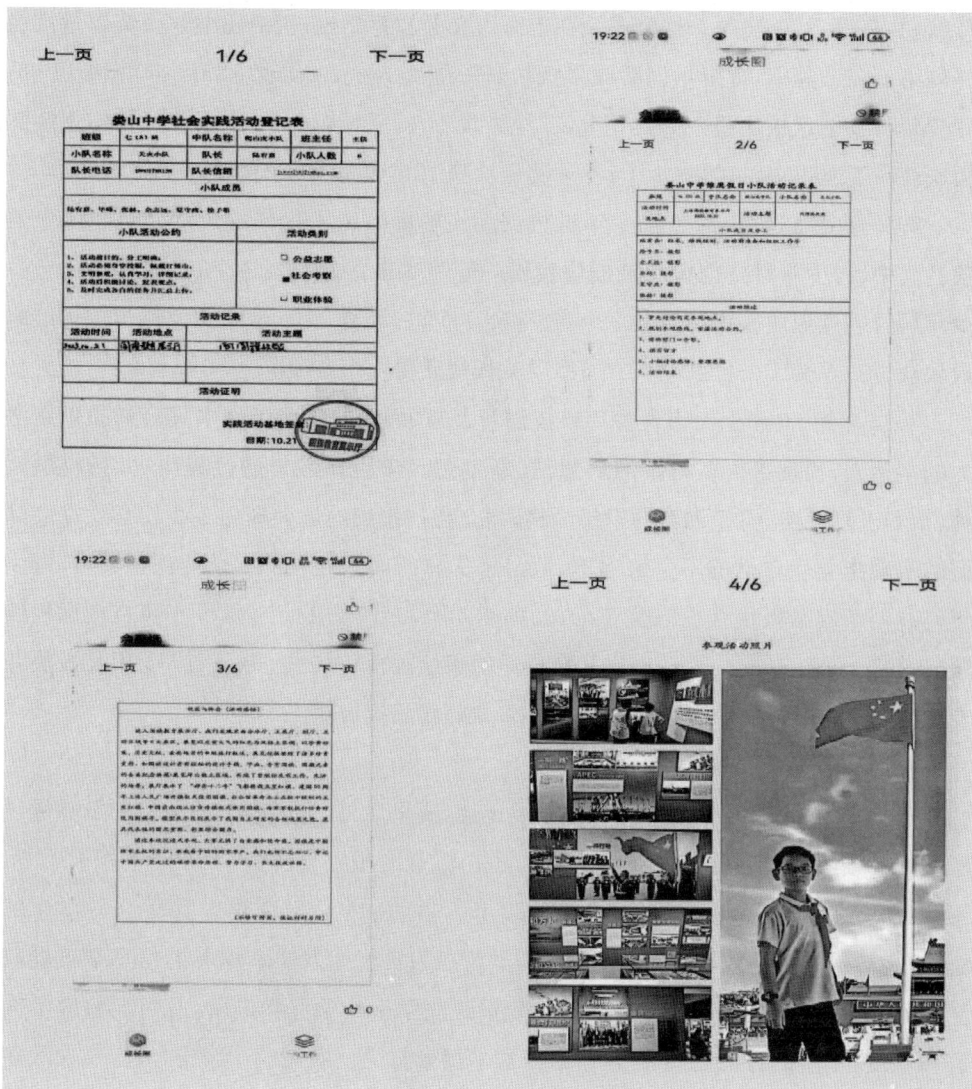

图 4 - 15 "五育评价"面板"成长圈"学生社会实践报告

三、关注思维培养，提升学生的创新素养

（一）创新大赛大显身手

数字化转型的背景下，学校学生的创新意识逐渐增强，思维不断提升。学校学生创新团队在指导老师的带领下，于 2022 年第 37 届上海市青少年科技创新大赛中斩获

佳绩,共获得 70 个奖项。这个成绩在上海市义务教育学校,初中和小学获奖数量排名并列第三名。其中,青少年创新成果板块获一等奖 5 个,二等奖 18 个,三等奖 17 个;青少年科技创意板块获一等奖 3 个,二等奖 5 个人,三等奖 7 个;少年儿童科幻想绘画板块获一等奖 1 个,三等奖 1 个;专项奖板块获 12 个单位 13 个奖项。

2023 年第 38 届上海市青少年科技创新大赛中取得了优异的成绩,斩获 47 个奖项。其中,青少年科技创新成果板块获得一等奖 3 个,二等奖 12 个,三等奖 20 个;青少年科技创意板块获得一等奖 2 个,二等奖 1 个,三等奖 3 个;少年儿童科学幻想绘画板块获得一等奖 1 个,二等奖 1 个;专项奖板块获得 4 个专项奖。

2024 年第 39 届上海市青少年科技创新大赛中,我校凝聚了许多具有科技创新潜力的小达人,涌现了很多科技的新想法、新创意。学生在参与的过程中,弘扬科学精神,培养求真务实、勇于创新的思想品格,树立科技报国的远大理想。我校学生在老师们的辛勤指导和自己的不懈努力下,取得了优异的成绩,获得 35 个奖项。其中,青少年科技创新成果板块获一等奖 3 个,二等奖 4 个,三等奖 14 个;青少年科技创意板块获二等奖 4 个,三等奖 5 个;少年儿童科学幻想绘画板块获一等奖 1 个;专项奖板块获专项奖 2 个;实践活动板块获二等奖 1 个;教师作品板块获二等奖 1 个。

(二)信奥联赛崭露头角

近年来,长宁区教育数字化转型发展迅速,成果显著,为区内中小学校的发展提供了很好的基座平台和数字资源。娄山中学在区"教育数字化转型"大方向下积极思考,不断摸索,在学校"智慧学习场景"构建的同时,借助数字化教育教学手段,关注学生的思维培养,提升教学效率。2020 年开始,学校在为资优生发展和培养的信息学奥赛教学中引入数字化教学手段和工具,通过数据跟踪学生的学习和进阶,及时调整教学内容和难度,学生的计算思维能力和编程水平提升显著。2022 年,学校有近 50 人次在全国和市级信息学竞赛取得一、二、三等奖。

2022 年,全国青少年信息学奥林匹克联赛(NOIP)每年由中国计算机学会统一组织,为高中生五大奥赛之一。每年各省会选拔少部分前期成绩优秀的初中生参加。今年初中学校获奖人数排位前三的学校分别为华育、上外附中和娄山中学。其中我校初二(4)班蔡弈凡和初一(4)班左天佑达到省级一等奖分数线。

2023 年伊始,学校有三位同学参加了第 40 届全国青少年信息学奥林匹克冬令营的学习和测试,在学员对象主要是高中生选手的测试中,我校初一(4)班蒋周运在冬令营测试中奋勇拼搏,获得银牌。

在 2023 年全国青少年信息学奥林匹克联赛（NOIP）的比赛中，我校学生再传捷报：一等奖获奖人数位列全市初中第三；何之雨同学在初中女生中位列第一；我校左天佑、蒋周运、蔡弈凡、张奕轩四位同学达到省级一等奖分数线。

2024 年 3 月中国计算机学会 GESP 编程能力等级认证中，娄山信奥队员 17 人获得等级证书，其中：一级 11 人，最高 98 分；二级 4 人，最高 98 分；四级 1 人；六级 1 人。

学校信息学奥林匹克社团先后被评为"十四五"期间首批上海市学生科技创新社团、全国少年科学院"红领巾科技小社团"。

第三节　教师发展成效

一、　开发了教师培训课程

数字化转型大背景下，我们在教师信息素养提升方面开设了特殊培训课程。

"智慧作业技术的教学应用研究"课程是上海市娄山中学市级课题"提升教学效能的'智慧学习场景'构建研究"引领下开设的课程，旨在提升教师信息素养，提高课堂教学的有效性，提高学生的学习积极性。

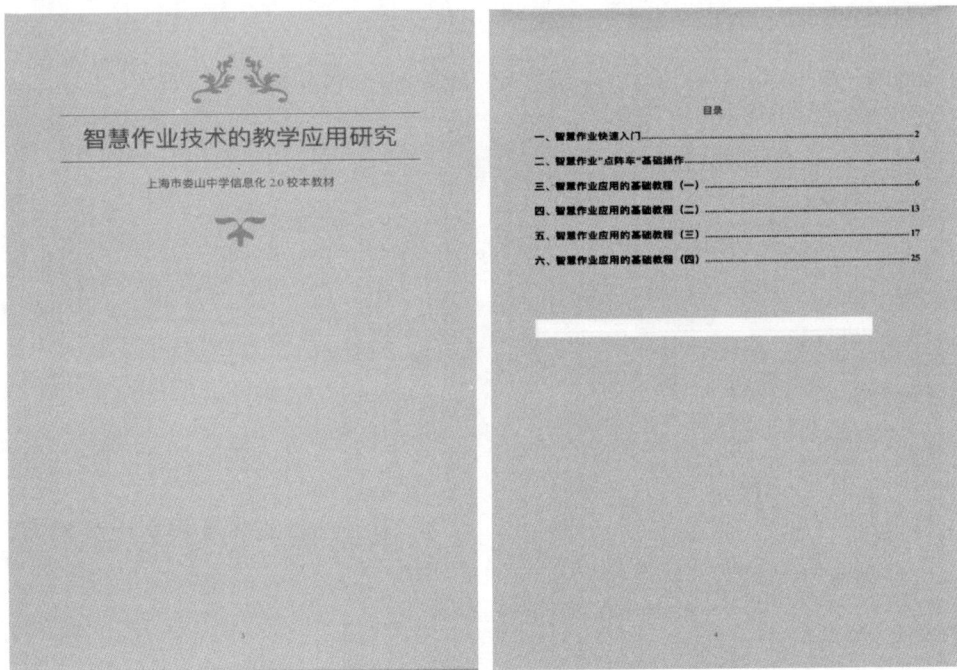

图 4-16　智慧作业技术的教学应用研究校本课程

我校开设了"希沃电子白板技术的教学应用研究"校本课程，通过研读高效课堂的教学模式，借助希沃、dis 系统和 ppclass 等技术软件的功能学习与开发，将交互式电子白板技术更好地应用于教学,能有效提高教学质量,促进学生健康和谐发展,促进教师专业成长。

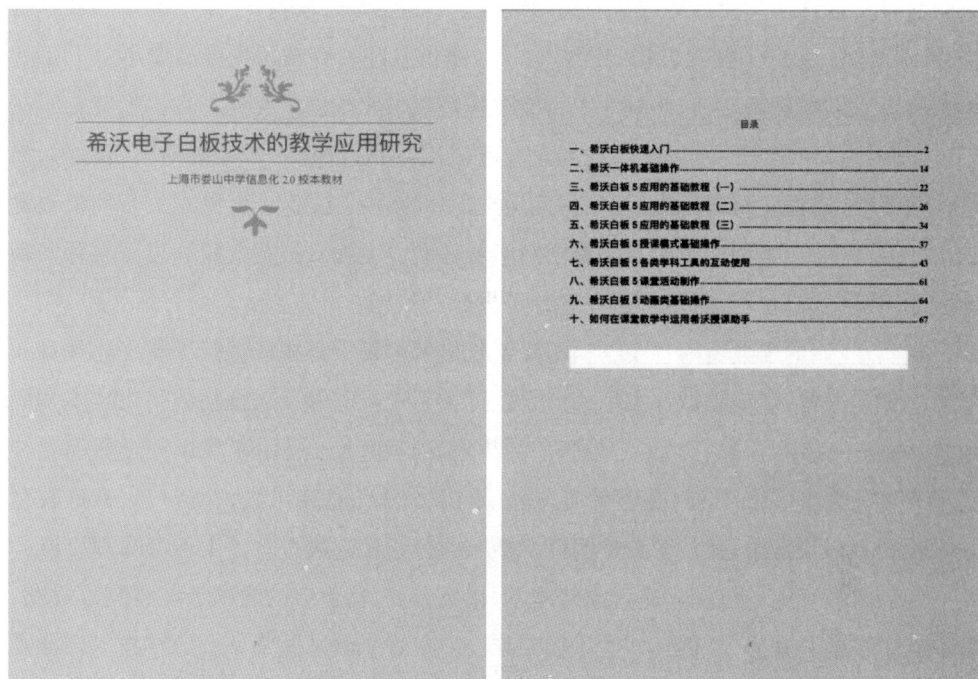

图4-17　希沃电子白板技术的教学应用研究校本课程

二、 提升了教师信息素养

信息素养主要包括对教学相关信息的需求意识,教学信息的选择和获取,信息技术设备及素材的相关知识,各种媒体素材的加工处理,教学课件的评价和制作,信息化教学设计、实施评价与反思等方面的知识和能力。传统的教学中,教师的信息意识、知识、能力仍有限,知道信息技术与课程、教学整合的重要性,但很多时候缺乏尝试和方法。在学校的硬件支持、培训学习后,教师的信息意识和素养明显提高,主要表现在高效地获取信息与处理信息的能力、数字化教学技能、创新技术的能力等成长迅速。在课堂中运用信息技术的频率和效果都是出乎意料的,无论是对教师的专业成长还是对学生的发展,成效是非常突出的。从而让教师走出传统教学模式,树立新工具时代的新课堂教学理念,以全新的思维进入新课堂教学角色,在课堂中熟练运用数字化技术实施教学,最大限度地发挥智能终端对教育教学的促进作用。

2023年5月,我们依托长宁教育数字基座的智慧教研平台先后与新疆克拉玛依区的数学和信息科技教师举行了沪克两地教学研讨活动,并进行了线上教学的展示与交流。7月份,我们学校代表长宁区参加了上海市教师教育学院主办的中小学人工智能课程教学创新研讨活动,并就人工智能课程建设与实施做了交流发言。生境花园在科技总辅导员粟老师的推进下在我们学校建成后,吴有红和王荣等教师不断参与,推进开发了"生境课堂"和"昆虫记"等特色课堂,不断拓展"生境+"沉浸式生态环境教育功能,为我们的学生创造了丰富的跨学科学习体验。上海日报英文版和第一教育等媒体先后对我们的生境+跨学科课程进行了报道。

其实,我们的语数英等各个学科组在组长们的带领下都积极进行了数字化教育教学的实践与探索,涌现出像陈思思、孙怡俊、陈芙莉老师等等一大批在数字化技术和应用领域的先行者和探索者。正是教师们的积极参与和付出,才有了娄山中学数字化转型的积累与高度。11月份,在华东师大召开的中小学信息技术教育研讨会,推进教育数字化转型分论坛中,我们学校作为区域数字化好学校代表进行了案例分享和交流。

我们将教师的先行探索进行总结展示,以点带面,让更多的教师参与、体验、收获。我们在学校的公众号上开设了"数字微论坛"栏目,青年教师就某一个数字技术与课堂教学的融合运用进行经验分享,营造了一种数字赋能教学的积极的学习氛围,让更多的教师感受到数字教育的魅力所在。这个过程中涌现出一批数字素养极高的教师,他们分享的专题有"纸笔课堂使用技巧""聚焦数字力量 赋能化学教学""点阵笔如何优化信息科技课堂体验""智慧纸笔系统支持下的历史活力课堂教学实践""依托人工智能技术,赋能英语听说教学"等。

同时,学校数学组纸笔系统运用也已逐渐深入。目前,学校六、七、八年级所有学生都配备了点阵数码笔,点阵数码笔通过笔尖的摄像头和传感器即时反馈学生的作答情况,提高了课堂效率,同时学生的书写轨迹和作答步骤通过平台也可以很方便地进行展示和呈现,大大地方便和提升了课堂的互动频次。数学教研组作为纸笔系统的第一批使用者,积累了相当丰富的使用心得和经验,他们在使用的过程中不断摸索总结出"三阶两定一动"的靶向教学模式,通过数据驱动精准教学,引起了教育局领导和专家的高度关注。

随着数字化转型的深入,教育领域的每一次创新都不再是简单的技术应用,而是需要我们从教学本质出发,通过数据驱动来实现教学的个性化和精准化。

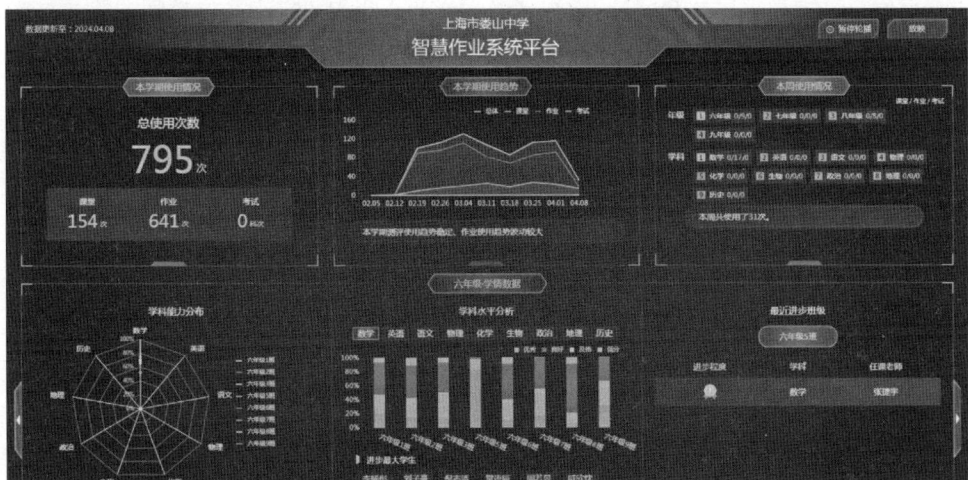

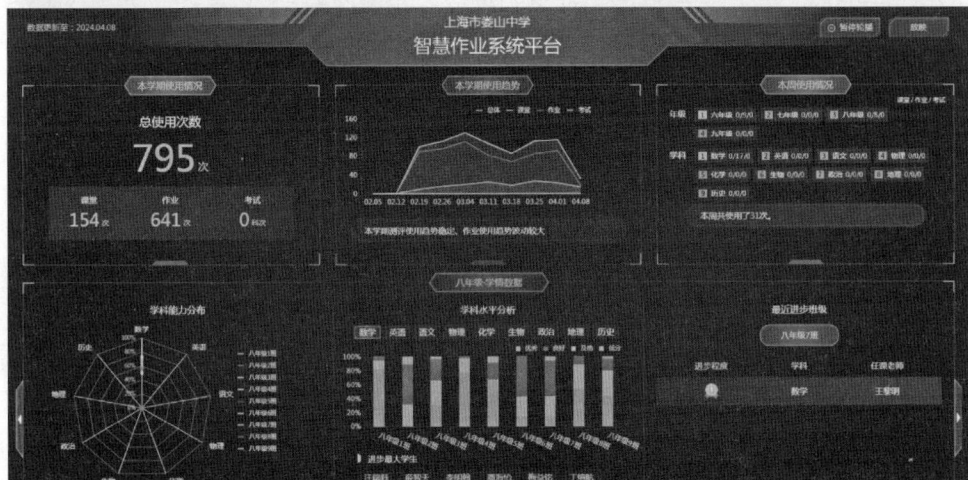

图 4-18　智慧作业系统

　　同时，教师参与低代码开发。教师深度参与应用开发，营造技术与教育相互促进的生态。响应信息技术与教育基座支持低代码轻应用开发，依托长宁教育数字基座低代码平台，为满足教学深度融合的要求，教师深度参与应用开发，有效促进信息技术从教育的外生向内生变量发展。教师通过"拖拉拽"方式可以快速开发个性化应用。我们已经开发了多款应用，例如文印管理、点餐系统、公开课申报系统、访客管理、教师健康调查等。如疫情期间，依托长宁区教育数字基座的问卷调查和健康调查应用，进行"健康信息填报""课后服务意愿征询""线上课考勤统计""家长会反馈情况"，为学校的事务性工作减负增效。这些低代码应用的搭建满足了学校个性化发展的需求。数字基座为校园管理带来了智慧便捷,实现了降本增效。我们还有十几位教师积极参与区域的低代码搭建比赛,一线教育工作者深度参与教育应用场景开发,大大丰富了应用生态。

三、 促进了教师专业成长

教师从对信息技术的不知所措到熟练运用各类技术手段,再到创新使用方式、创新实验方案甚至创新技术功能,开发新软件,在一次次实践中提升了教学设计能力和教育科研水平。

（一）数字化转型引领科研探索新方向

2020—2023 学年,我们先后立项了市级信息化课题"基于学生核心素养培育的'智慧教室'建设的实践研究"、上海市科研课题"提升教学效能的'智慧学习场景'构建研究",立项了区级创新团队。在龙头课题引领下,教师们不断孵化子课题,立项了"依托数字化课堂提升初中生英语自主学习能力的实践研究""'四史'教育融入初中道德与法治课的信息化路径研究"2 个市级青年课题,"指向未来课堂的初中综合理科智慧学习场景的创设与运用的研究""基于'智慧教室'应用的青年教师'活力课堂'实践研究""初中数学元认知视频说题活动的实践研究""教育数字化转型背景下初中乒乓智慧学习场景的构建研究"等区级课题,还有 17 项学校校级研究微课题,促进了学校科研高质量发展。

基于"信息技术"立项的市、区科研课题有 9 项,其中有市级课题 4 项、区级课题 5 项,还有校级课题 12 项。（见表 4－2 和表 4－3）

表 4－2 市、区级课题

序号	课 题 名 称	负责人	课 题 类 别	立项时间
1	基于学生核心素养培育的"智慧教室"建设的实践研究	钟杨校长	上海市基础教育信息化一般课题	2020.12
2	基于师生共同成长的"智慧学习空间"建设的实践研究	钟杨校长	长宁区重点课题	2021.3
3	提升教学效能的"智慧学习场景"构建研究	钟杨校长	市级课题	2022.1

序号	课 题 名 称	负责人	课 题 类 别	立项时间
4	指向未来课堂的初中综合理科智慧学习场景的创设与运用的研究	童 煜	区一般课题	2022.3
5	基于"智慧教室"应用的青年教师"活力课堂"实践研究	王 荣	上海市师资培训中心青年教师(2—5 年)专业发展实践项目区级项目	2021
6	"四史"教育融入初中道德与法治课的信息化路径研究	可 欣	上海市青年教师课题	2022.11
7	依托数字化课堂提升初中生英语自主学习能力的实践研究	陈芙莉	上海市青年教师课题	2022.11
8	初中数学元认知视频说题活动的实践研究	孙怡俊	区一般课题	2023.3
9	教育数字化转型背景下初中乒乓智慧学习场景的构建研究	王大琴	区一般课题	2023.3

表 4-3 校级课题

序号	申报人	题 目	组室
1	可 欣	"四史"教育融入初中道德与法治课的信息化路径研究	政治
2	施颖雯	核心素养视角下智能技术与思政教育的融合研究	政治
3	孙怡俊	点阵数码笔在初中数学教学中的应用策略研究	数学
4	郑 敏	从线上教学的优势反思线下教学,基于智能技术实现初中数学线下评价性教学活动设计	数学
5	陈芙莉	依托数字化课堂提升初中生英语自主学习能力的实践研究	英语
6	田诗媛	初中英语在线听说作业设计策略——以初一年级第二学期为例	英语
7	陈婷婷	智慧学习场景下的初中语文古诗教学实践研究	语文
8	周嘉琦	"后疫情"时期双线混融教学的课堂实践探究	语文

序号	申报人	题 目	组室
9	王 宇	教育数字化转型背景下初中文言文情境教学研究	语文
10	沈家燕	数字化初中历史教学的研究与反思	历史
11	杨 舒	"我想更懂你"——知识图谱思维在历史单元教学评价中的应用	历史
12	孙怡俊	信息技术在初中数学"学困生"转化中的应用研究	数学

（二）校级、区级公开课

学校数字化转型建设以来，教师的教学方式发生了改变，信息素养也不断提升，在课堂中对信息技术的运用与教学的结合也越来越紧密。每学年，我校教师利用信息技术开设校级、区级公开课15节左右。

（三）论文获奖与发表

近三年，在数字化转型方面，我校教师在教学、科研方面在区、市、国家级层面的各类奖项都有所斩获，论文发表也是硕果累累，论文获奖、发表30余篇。

（四）形成学校典型案例

《乘"云"破晓，融"智"贯通——娄山中学个性化教学与辅导》，此案例被中国教育技术学会中小学专业委员会推荐为"2022年人工智能助力教育数字化转型"典型案例优质作品。

（五）撰写书稿《面向未来的智慧学习场景——数字化转型背景下的学校教与学》

书稿的主体部分是由学校各个学科有意向参与的老师撰写的，40余位老师参与，稿件20余万字。

后 记

　　党的二十大首次将"推进教育数字化"写进了党代会报告,使推动教育实现数字化转型成为当前教育改革发展的重要任务。习近平总书记指出:"教育数字化是我国开辟教育发展新赛道和塑造教育发展新优势的重要突破口。"实施教育数字化战略行动是信息技术和现代教育融合发展的必然要求,也是"十四五"时期加快教育数字化转型的重要战略。

　　作为全国首个教育数字化转型试点区,2021 年 11 月,上海市教委发布《上海市教育数字化转型实施方案(2021—2023)》,以"整体性转变,全方位赋能,革命性重塑"为目标,积极探索数字教育"新环境、新体系、新平台、新模式、新评价"体系建设,大力推进数字化赋能学生个性化多元化学习与成长。

　　长宁区是上海市教育数字化转型的第一个试点区域,以长宁"活力教育"发展为主旨,围绕"构建一个智慧教育生态系统、两级数字基座、三类数字资源、四大功能转型、N 个应用场景",积极推进长宁数字化转型,为全市推进教育数字化转型先行探路、示范赋能。

　　娄山中学作为区域试点校,借助长宁区数字基座的建设,不断探索数字技术赋能教育教学的新途径。近年来,学校根据数字教育"五个新"意图,积极思考,进行智慧教育场景创设。通过聚焦资源、工具、学习化群、教学社群、学习方式等场景要素,探究数字化学习场景的内涵,构建应用体系,以推进智慧校园新样态、智慧学习新形态为目标,打造数字时代下多元学习场景新生态。

　　本书体现学校在教育强国、数字中国的战略背景下,以教育数字化转型为重点,以学校的变革与创新为抓手,以智慧学习场景的构建为突破口,不断实践创新所形成的新模式。

　　本书在编写过程中,得到了学校领导、全体教师、校科研室及校外特聘专家的大力支持。钟杨校长、吴悦校长相继主持本书的编写工作。前任钟杨校长打下了坚实的基础，后任吴悦校长在此基础上进一步深化、细化。两位校领导目标一致、聚心合力，起到了重要的引领作用。我校全体教师积极参与，全身心投入，边学习、边实践、边磨炼、边研究、边创新，最终形成来之不易的成果。

学校科研室负责组织、落实了本书的编写。科研室主任刘慧芬老师在统筹与编写推进过程中投入了极大精力，使编写工作在近两年的时间中有条不紊地顺利进行。本书还受到了校外特聘专家沈民冈老师的策划与指导。在老师们遇到困惑时，沈民冈老师予以点拨，帮助老师们细化框架，形成文稿，促进每篇文稿质量相应提高。

本书的编写同样离不开校外各方在学术、技术等方面的支援。感谢华东师范大学教育信息技术学系主任顾小清教授团队在教育理论、学生研究方面提供的帮助。感谢点阵数码笔、科大讯飞、一起作业、希沃、AI 听说在技术培训方面的协助。

当然，本书只是我校近两年来对于教育数字化转型初步探索的成果，还有许多不成熟之处，恳请批评指正。

我们深知，每一次尝试都可能存在不足，每一次探索都可能面临挑战。因此，我们热切期望兄弟学校的同仁们能够不吝赐教，提出宝贵的意见和建议。这是对我们工作的最大支持，也是对我们工作的最好鼓励。在今后的工作中，我们会继续以推动教育数字化转型为使命，不断摸索前进。

本书编写组